해외 부동산
투자 & 개발 바이블

해외 부동산 투자 & 개발 바이블

제1판 1쇄 발행 2015년 8월 20일
    3쇄 발행 2019년 12월 10일

지은이 유현선
펴낸이 서정희
기획·제작 ㈜두드림미디어
마케팅 김형진 이진희

펴낸곳 매경출판㈜
등 록 2003년 4월 24일(No. 2-3759)
주 소 (04557) 서울특별시 중구 충무로 2(필동 1가) 매일경제 별관 2층 매경출판㈜
홈페이지 www.mkbook.co.kr
전 화 02)333-3577(내용 문의 및 상담) 02)2000-2636(마케팅)
팩 스 02)2000-2609 **이메일** dodreamedia@naver.com
인쇄·제본 ㈜M-print 031)8071-0961
ISBN 979-11-5542-311-0(03320)

책값은 뒤표지에 있습니다.
파본은 구입하신 서점에서 교환해드립니다.

GLOBAL REAL ESTATE
INVESTMENT & DEVELOPMENT BIBLE

해외 부동산
투자 & 개발 바이블

유현선 지음

매일경제신문사

감사의 말

'가능한 쉬운 내용으로 그동안의 강의 노트를 정리해 실무에도 도움을
줄 수 있는 해외 부동산의 가이드북을 만들어보자.'

짧은 기간이긴 하나 그동안 부동산대학원에서의 강의를 통해 정리한 자료들과 지난 십여 년간의 실무 경험과 지식들을 모아 책을 집필하고 싶었다. 전하고자 하는 내용들은 많은데 수업 시간은 제한되어 있어 학생들이 강의 자료로만 내용을 이해하기에는 어려움이 있었다. 이들에게 강의가 끝난 후에도 필요할 때마다 실무에 도움을 받을 수 있는 작은 선물이 되었으면 한다.

온 국민이 부동산에 관심을 갖는 우리나라에서 대형 서점의 한 칸을 겨우 채우고 있는 해외 부동산 전문 서적들을 보며 뜻모를 사명감이 솟아오른 것도 조금은 작용했으리라….

한국에서는 아직 성숙되지 않은 부동산 시장의 형태가 해외에서는 이미 보편화되었을 경우, 해외 부동산 시장의 지난 변화 추이를 보며 한국 부동산 시장의 변화를 유추해볼 수 있다. 불과 몇 년 전까지만 해도 전세와 매매 중심으로 거래가 이루어졌던 한국의 부동산 시장은 지금 빠르게 월세 문화로 재편되고 있다. 한편, 이러한 임대 중심의 월세 문화는 이미 미국이나 영국 등 해외 부동산 시장에서는 보편화된 현상으로, 그들의 시장 시스템을 이해함으로써 국내 디벨로퍼들이나 시장 관계자들은 나름의 대비를 할 수 있다.

해외 부동산 시장의 변화는 한국 부동산 시장에 점점 더 중요한 의미를 지닌다. 이는 미국과 같은 선진국들과 한국의 부동산 시장과의 시간적인 간극이 눈에 띄게 좁아지고 있기 때문이다. 몰링(Malling)이 한국에 들어오기까지 수십 년의 시간이 걸린 반면, 라이프스타일 센터(Lifestyle Center)는 국내외에서 동시대적인 관심을 받고 있는 현상이 이를 뒷받침한다.

과거와 달리 국내외의 법적, 경제적 상황에서 해외 부동산을 공부할 때 생기는 기회들 역시 풍부하다. 국내 여러 기관 투자자들이 세계적인 큰 손으로 글로벌 부동산 시장에서 입지를 공고히 하고 있다. 기업들은 해외 진출을 포함한 신사업 확대를 위해 해외 시장으로 눈을 돌리고 있으며, 최근 1%대의 저금리 시장환경에 이제는 개인들도 해외 펀드에 큰 관심을 가지며 투자 기회를 엿보고 있다.

남들보다 한 발 앞서 부동산 시장의 흐름을 전망하고 블루오션을 준비하고자 하는 분들에게, 때로는 역으로 국내 부동산 시장에서의 경험을 바탕으로 동남아시아와 같은 개발도상국에서 성공의 기회를 엿보고자 하는 분들에게 해외 부동산의 개론적인 이론과 방법론을 제시하고자 한다.

부동산 시장은 마치 살아있는 유기체처럼 계속적으로 성장하고 발전하기에 최대한 최신 자료를 바탕으로 시장의 흐름을 설명하고자 했다. 다른 한편 시간의 흐름 속에 국가별, 지역별 차이에도 불구하고 보편타당한 원론적인 지식을 전달하고자 했다. 해외 부동산과 관련해 'Emerging Trends in Real Estate(Source: Urban Land Institute)'와 같은 양질의 보고서들이 정기적으로 발간된다. 이 책은 이러한 주요 보고서들의 의미있는 데이터를 요약표나 그래프로 재구성함으로써 독자의 이해를 돕고자 했다.

여느 사회 문화가 그러하듯, 부동산 역시 지역적 특수성이 존재하며 이 책에 전 세계의 다양한 부동산 시장의 차이를 담을 수는 없다. 다만, 시중에 나와 있는 수많은 훌륭한 부동산 관련 이론 서적들과 함께 해외 부동산에 대한 관심과 이해를 이끌 수 있는 가이드북으로 조금이나마 도움이 되길 바란다.

감사는 인생의 행운을 불러들이는 주문이라고 하는데, 이 책이 나오기까지 너무나 많은 주문을 걸어야 했다. 이 책의 기획과 집필 단계에서 유용한 조언을 주셨던 많은 분들께 감사의 말을 전하고 싶다.

출판진행에 도움을 주신 신용한님, 바쁜 시간을 내서 흔쾌히 부족한 책의 내용들을 감수해주신 김달호님, 이은복님, 신미란님께 감사한다. 대중적이지 못한 내용들과 주제임에도 불구하고 이 책이 세상에 나올 수 있도록 함께 고민해주신 두드림미디어 한성주 대표님과 공민호 실장님께 그 누구보다 큰 감사의 말을 전하고 싶다.

부족한 제게 항상 진심어린 응원을 아끼지 않는 동기들과 선후배 지인들에게, 특히 건국대학교 부동산대학원과 한양대학교 부동산융합대학원 수강생들에게도 특별한 감사의 마음을 전한다.

책이 완성될 수 있도록 추천의 글을 써주신 건국대학교 부동산대학원 유선종 교수님, 딜로이트안진회계법인 이형 부대표님, 세빌스코리아 양미아 전무님, 메리츠종금증권 김명환 이사님께도 진심으로 감사드린다.

마지막으로 언제나 묵묵히 따뜻한 응원과 사랑으로 나의 든든한 버팀목이 되어준 가족들에게, 특히 부모님께 이 책을 바친다.

유현선

Contents

감사의 말 … 4

PART 01 세계 거시경제 지표 및 인구통계학적 동향

Chapter 01 부동산에서 알아야 할 세 가지 거시경제 지표에 주목하자
글로벌 경제의 성적표는? … 16
경제의 바로미터, 실업률 … 19
경제의 예측 변수, 인플레이션율 … 22

Chapter 02 인구통계를 들여다보면 부동산 시장의 흐름이 보인다
낮아지는 인구 증가율, 빨라지는 도시화율 … 26
고령화되는 지구 … 30
경제의 중심축인 중산층의 성장 … 33
소비와 문화의 중심축, Y세대로의 세대교체 … 36
Tip 부동산 시장을 이끄는 경제 동력 … 40

PART 02 해외 부동산 시장 분석

Chapter 01 해외 부동산 시장을 분석하는 방법을 알아보자
시장 분석 방법, 나의 시장을 아는 것이 경쟁력이다 … 44
부동산 시장의 수요와 공급 … 48
유사 사례 비교법 … 54
미래를 보여주는 거울, 사업 타당성 분석 … 57
Tip 미국 부동산 시장 분석 시 유용한 웹사이트 … 59

Chapter 02 주요 국가들의 부동산 시장을 살펴보자
미국과 유럽의 부동산 시장 동향 … 62
아시아퍼시픽의 부동산 시장 동향 … 66
중국의 주택 시장 동향 … 69
인도의 주택 시장 동향 … 75
말레이시아와 베트남의 외국인 주택 투자 시장 … 79
해외 부동산 거래 시 세금 … 86
Tip 해외 부동산 '단위(Unit)'의 이해 … 89

용도별 부동산 상품 특성

Chapter 01 주거용 부동산(Residential)
소유권에 따른 집합 주택의 분류 … 94
주택 형태에 따른 집합 주택의 분류 … 99
분양형 주거 vs. 임대형 주거 … 103
수요 트렌드를 보여주는 주택자가율 … 107
미국 주택 시장의 수요 트렌드 … 110

Chapter 02 리테일 부동산(Retail)
쇼핑센터의 유형별 특징 … 116
앵커 테넌트의 구분 … 125
리테일의 임대 계약 방식 … 127
리테일 부동산 시장의 동향 … 129
Tip 드라이브 스루 매장 … 133

Chapter 03 오피스 & 산업용 부동산(Office & Industrial)
오피스의 분류 기준에 따른 특징 … 136
오피스 부동산 시장의 동향 … 141
산업용 부동산의 분류 기준에 따른 특징 … 144
산업용 부동산 시장의 동향 … 151

Chapter 04 호텔 부동산(Hotel)
호텔의 유형별 분류에 따른 특징 … 156
Tip 리미티드서비스 호텔의 이해 … 160
수요 분석에 따른 유형별 특징 … 164
중국의 관광 시장 동향 … 167
호텔의 운영 구조에 대한 이해 … 172
Tip 주요 호텔 브랜드 소개 … 176
사업성 분석을 위한 호텔 디자인 개론 … 179
호텔의 사업성 분석 방법 … 182
Tip 흥미로운 호텔의 가치 평가 방법 … 187

 **해외 부동산 금융과 투자**

Chapter 01 부동산의 가격과는 다른 진정한 가치를 분석하라
돈의 시간적 가치 … 192
부동산의 가치는 현금흐름이 말해준다 … 197
부동산의 가치 평가 방법 … 199
Tip 부동산 대출 사례 분석 … 207

Chapter 02 국내 부동산에도 활용되는 투자 분석 기법을 배워보자
자본환원율 … 210
순현재가치 vs. 내부수익률 … 215
Tip 현재가치 vs. 순현재가치 … 220
현금흐름할인법 … 221
사업비 세부 항목 … 228
토지의 잔여 가치 … 234

Chapter 03 부동산 금융의 구조를 알아야 한다
대출의 상환 구조 방식 … 240
메자닌론과 브리지론 … 246
대출의 재원 … 249

Chapter 04 부동산 투자에도 전략이 필요하다
부동산의 위험과 수익률 … 254
부동산 투자 전략, Value-added 투자가 주목받는다 … 259
상업용 부동산의 임대 계약 방식 … 265
Tip 2008년 글로벌 금융위기의 이해 … 270

PART 05 해외 부동산 개발

Chapter 01 부동산 개발도 가치 증대를 위한 투자다
부동산 개발의 이해 ⋯ 276
프로젝트 파이낸스(PF) ⋯ 280
해외 건설 계약의 유형 및 특징 ⋯ 284
Tip 주요 국가별 건설 공사비 ⋯ 288

Chapter 02 해외 부동산 개발의 트렌드를 포착하자
틈새 시장에 대한 전망 ⋯ 290
CASE 1. 대중교통중심개발(TOD) ⋯ 293
CASE 2. 학생 주거(Student Housing) ⋯ 298
CASE 3. 셀프 스토리지(Self-Storage) ⋯ 303

GLOBAL REAL ESTATE

PART 01 | 세계 거시경제 지표 및 인구통계학적 동향

"The future of cities today depends less on building
and more on the mental organization of socio-economic relations."
- Teddy Cruz

"오늘날 도시의 미래는 건물 자체보다는
사회·경제적인 관계들의 관념적인 체계에 좀 더 영향을 받는다."
- 테디 크루즈

니콜라스 호스킨스(Nicholas Hoskins)는 2004년 4월 '거시경제 변수들과 부동산 수익률(Macroeconomic Variables and Real Estate Returns)'이란 기사에서 전 세계적으로 부동산의 수익률과 거시경제의 관계가 투자 전략에 중요함을 밝히면서, 국내총생산(GDP)과 실업률, 인플레이션율을 선진국들의 상업용 부동산의 수익률에 영향을 주는 핵심적인 거시경제의 결정 요인이라고 평했다.

우리가 어느 나라의 부동산 가격을 살펴보건 부동산은 그 나라의 경제 성장의 예측 변수일 뿐만 아니라 더 나아가 세계 경제의 호황과 불황에 영향을 받는다.

이 파트에서는 이처럼 해외 부동산 투자나 개발을 위해 시장을 이해할 때 반드시 알아야 할 세 가지 경제 지표인 국내총생산 증가율과 실업률, 인플레이션율에 대해 주요 관심국가 위주로 거시경제 지표의 큰 흐름을 살펴보겠다.

또한, 거시경제 지표와 함께 최근의 사회학적인 변화의 트렌드를 크게 네 가지로 구분해 각각의 주요한 특징들을 살펴봄으로써 해외 부동산 시장을 바라보는 통찰력을 키워보고자 한다.

Chapter 01

부동산에서 알아야 할 세 가지 거시경제 지표에 주목하자

GLOBAL REAL ESTATE

| 글로벌 경제의 성적표는? |

　부동산은 흔히들 국가의 부를 보여주는 요소 중 가장 큰 구성인자라고 한다. 부동산의 가치는 시장에서 거래되는 실제 임대료나 매매가격과 같은 부동산과 직접적인 연관성이 있는 내생 요인들에 영향을 받는다. 동시에 이자율이나 오일가격과 같은 거시경제 지표인 외생 요인에도 영향을 받는다. 따라서 거시적인 관점에서 세계 경제를 이해하는 것은 부동산의 미래가치를 판단함에 있어 중요한 잣대를 제공해준다.

　한 나라의 경제 규모를 보여주는 국내총생산(Gross Domestic Product)의 성장률은 부동산 시장의 수요공급 측면에서 가장 중요한 지표 중 하나다. 국내총생산(GDP)은 한 나라에서 생산된 모든 것의 금전적인 가치의 합으로 각국 경제의 전반적인 변화를 보여준다. 즉, 경제의 성장으로 개인의 소비가 증가하고 개인 투자가 증가하면 이는 부동산 시장으로의 수요 증가로 연결되며, 수요와 공급 간의 시간 공백으로 가격의 상승을 지지하면서 부동산 가격은 상승하게 된다.

일반적으로 한 나라의 경제 성장을 측정할 때 물가상승분이 반영되지 않는 실질 국내총생산(Real GDP)을 기준으로 하는 반면, 부동산 시장에서는 해당 연도의 시장가격을 최종 생산물에 곱해 산출된 명목 국내총생산(Nominal GDP)을 기준으로 한다. 현재의 가격으로 계산됨에 따라 물가의 영향이 반영되는 명목 국내총생산은 부동산의 가격, 특히 주거용 부동산의 가격에 큰 영향을 받는다. 다른 한편 부동산의 가격은 경제의 성장을 이끌고 인플레이션을 조장하기도 한다.

국제통화기금(IMF)에 따르면 2018년 세계 경제는 전년(3.8%) 대비 다소 낮은 3.6%의 성장률을 보였다. 2018년 세계 국내총생산은 미국(세계 명목 GDP의 24.18%), 중국(15.82%), 일본(5.87%), 독일(4.72%), 영국(3.34%)순으로 총 약 45조 7,024억 달러를 생산했다. 즉 국내총생산 상위 5개국이 전 세계 국내총생산(명목, 약 84조 7,403억 달러)의 약 53.9%를 생산한 것이다. 반면, 이들 상위 5개국이 세계 인구수의 약 26.6%만을 차지한다는 사실은 주목할 만하다.[1] 개인의 부의 불평등만큼이나 국가의 부의 수준도 편중되어 있음을 알 수 있다.

한편, 프라이스워터하우스쿠퍼스(PwC)의 보고서는 2050년 구매력평가(PPP) 기준 세계 경제 규모 상위 5개국을 중국, 인도, 미국, 인도네시아, 브라질순으

---

1. 2018년 기준 전 세계 인구수 약 76억 2,000만 명 중에 미국이 4.30%, 중국이 18.29%, 일본이 1.66%, 독일이 1.09%, 영국이 0.87%를 차지한다(출처: 2018 World Population Data Sheet, Population Reference Bureau, 2018).

로 뽑았다.[2] 특히 2050년에는 E7(Emerging 7) 신흥 국가(중국, 인도, 브라질, 멕시코, 러시아, 인도네시아, 터키)가 전 세계 국내총생산의 약 50%를 차지하며 세계 경제를 이끌 것으로 전망했다. 2030년 3위였던 인도는 미국을 앞지르며 세계 2위 경제강국으로 도약하며, 국내총생산도 미국과 유사한 수준이 될 전망이다. 특히 2021년 이후 중국의 경제성장률은 3%대로 낮아지는 반면 인도는 여전히 5%에 가까운 높은 경제 성장률을 보일 것으로 전망했다. 참고로, 한국은 2030년 14위에서 2050년에는 18위로 하락할 것으로 전망됐다.

세계 경제에서 차지하는 미국의 기여도가 점점 줄어드는 것은 사실이나, 여전히 단일 국가로서 세계 경제를 좌지우지하는 영향력은 앞으로도 지속될 것으로 본다. 글로벌 부동산 시장의 흐름을 파악하기 위해 미국 부동산 시장에 대한 이해가 필요한 이유도 여기에 있겠다.

다만 한 가지, 경제 규모가 큰 국가가 반드시 부유한 국가를 의미하지는 않는다.[3] 한 나라의 생활수준은 그 나라의 생산성에 달려 있는데, 실제로 국민들의 삶의 질을 보여주는 1인당 국민소득(GDP per capita)은 개인의 소비와 투자 측면에서 중요한 지표다. PART 02에서 부동산 시장의 주요한 수요 요인 중 하나로 언급되는 '소득'과 연계되어 1인당 국민소득은 부동산 시장의 가격 결정의 중요한 경제 지표라 하겠다.

---

2. 출처 : The World in 2050, PricewaterhouseCoopers, 2017
3. 국내총생산(GDP)은 행복한 삶을 구현하는 데 필요한 모든 요소를 포함하지 못하고, 환경 문제 같은 외부 효과를 반영하지 못하며, 주부의 가사 노동 같은 시장 밖의 경제 행위를 반영하지 못한다고 비판받기도 한다(출처 : 네이버 지식백과).

︱ 경제의 바로미터, 실업률 ︱

　　실업률은 경제의 불황과 호황을 미리 알려주는 거시경제 지표로 부동산 시장에 순환적인 영향력을 끼친다. 예를 들어, 실업률이 올라가면 사람들은 주택을 구입할 수 없게 되고, 주택 공급자는 주택을 지을 수 없게 되어, 줄어든 건설 시장의 노동수요는 실업률을 높이는 악순환으로 이어진다. 국제노동기구에서 발표한 '세계 고용과 사회 전망(World Employment and Social Outlook)' 보고서에 따르면, 2018년 기준 전 세계적으로 약 2억 명의 실업자가 있으며, 1990년대 1.5%의 고용 성장률 대비 2018년에는 1% 이하로 고용 성장률이 줄어들긴 했으나 2020년까지 안정적인 추세를 보일 것으로 전망된다. 즉 안정적인 세계 경제 성장의 전망과 함께 2018년(5.0%) 대비 2020년까지 평균 4.9%의 실업률이 전망된다.

　　미국의 실업률은 2009년 9월 약 10%로 정점을 찍은 이후 지속적으로 하락하고 있으며, 2014년 4월 이후 연방준비제도(FEB)가 기준한 금리 인상의 한계치인 6.5% 이하로 떨어졌다. 유럽은 국가별로 극심한 실업률의 차이를 보

[자료 1.1] 주요 국가별 실업률

(단위: %)

구분	2012	2014	2016	2018
미국	8.1	6.2	4.9	3.9
캐나다	7.3	6.9	7.0	5.8
영국	7.9	6.1	4.8	4.0
독일	5.4	5.0	4.1	3.4
스페인	24.8	24.4	19.6	15.3
호주	5.2	6.1	5.7	5.3
일본	4.4	3.6	3.1	2.4
한국	3.2	3.5	3.7	3.8
OECD 평균	5.9	7.3	5.9	7.3

출처 : OECD Labour Force Statistics 2009-2018, OECD, 2019

이는데, 독일이나 오스트리아와 같은 중북부 지역은 5% 이하의 낮은 실업률을 보이는 반면, 남부 유럽 특히 스페인(2018년 15.3%)이나 그리스(2018년 19.3%)는 15%를 상회하는 높은 실업률을 보였다. 2018년 기준 아시아퍼시픽 국가들은 전반적으로 5% 이하의 낮은 실업률을 보였으며, 일본은 2018년 2.4%에서 2020년에는 3.8%로 다소 높아질 전망이다. 한국도 3.8%에서 2020년 4.1%로 점차로 높아질 것으로 전망된다.

경제학에 나오는 숫자들이 절대적인 객관성과 정확도를 갖기 어려운 것처럼, 전 세계 실업률 수치도 선진국과 개발도상국의 산업 구조나 고용보험과 같은 사회제도의 차이로 상대적인 수치 비교에는 한계가 있다. 예를 들어, 태국은 인구의 40% 이상이 농업에 종사하고, 실업자가 된 이후에도 농사를 짓거나 길거리에서 노점상이나 오토바이 택시 운전 등의 비공식적인 노동으로 고용 상태를 연장함에 따라 낮은 실업률을 보인다.

이처럼 표준화된 조건으로 국가 간 실업률을 비교하는 것은 어느 정도 한계가 있으나, 그 나라의 부동산 시장을 이해하고 미래의 자산가치를 이해하기 위해서 이러한 숫자들의 변화를 분석할 필요는 있다.

예를 들어, [자료 1.2]는 미국의 노동부에서 발표한 실업률과 레이스(REIS)[4]에서 조사한 상업용 부동산의 공실률 간의 상관관계를 보여준다. 아파트와 오피스, 리테일의 공실률이 실업률과 대체로 비례해서 움직임을 알 수 있다. 즉, 30년 동안의 데이터를 보면 실업률이 하락함에 따라 상업용 부동산의 공실률도 함께 감소했고, 특히 오피스 시장이 큰 영향을 받았음을 알 수 있다.

[자료 1.2] 실업률을 따라가는 공실률 추이

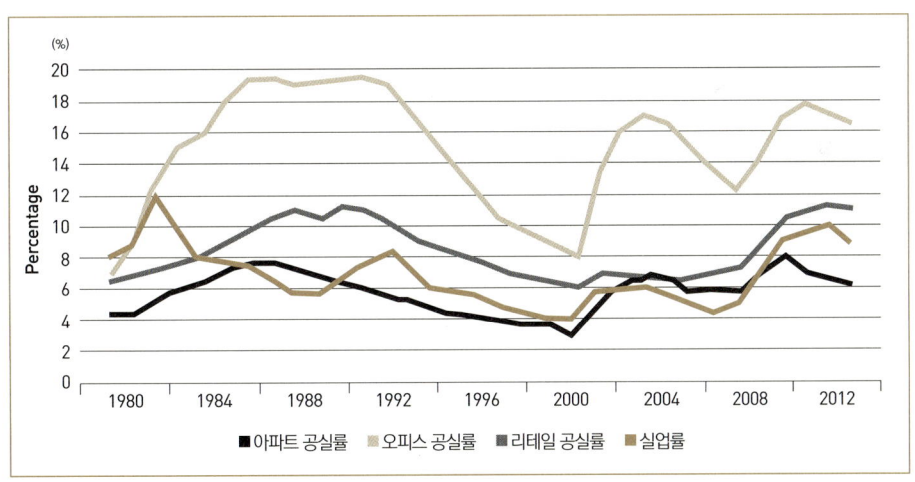

출처 : REIS, BLS, Mood's Economy.com

---

4. 1980년에 설립된 레이스(REIS)는 미국의 상업용 부동산에 대한 포괄적인 데이터를 제공하는 공신력이 있는 부동산 정보업체다.

▎ 경제의 예측 변수, 인플레이션율 ▎

상품과 서비스의 가격이 일정 기간 지속적으로 상승하는 현상을 인플레이션(Inflation)이라 한다. 물가가 올라가면 각각의 통화 단위로 구매할 수 있는 상품과 서비스는 줄어들게 된다. 이처럼 돈의 가치는 각국의 통화로 구매할 수 있는 실제적인 실물의 상품과 서비스의 '구매력(Purchasing Power)'으로 측정되며, 이 또한 인플레이션의 영향을 받는다. 즉, 인플레이션율이 올라가면 돈의 구매력은 떨어지게 된다. 예를 들어, 매년 2%의 인플레이션율이 있는 도시에서 1달러의 과자는 이론적으로 1년이 지나면 1.02 달러가 되어, 이제 더 이상 1달러로는 그 과자를 살 수 없게 되며 구매력은 감소하게 된다. 이러한 상품과 서비스의 일반적인 물가지수를 보통 소비자물가지수(CPI, Consumer Price Index)라고 하며, 물가지수의 변동률을 매년 수치화한 것이 인플레이션율(Inflation Rate)이다.

인플레이션율은 부동산 시장과 관련된 인건비나 자재비(예: 석유, 철강)의 가격 변화를 통해 부동산 가격에 직접적인 영향을 미친다. 최근 2년 동안 오일가격 하락 등으로 주요 자재비들은 전반적으로 하락 추세이며, 앞으로 몇 년 동안은 유사한 가격 수준을 유지할 것으로 전망된다.

그만큼 인플레이션율(물가상승률)은 한 나라 경제 정책의 큰 예측 변수로 대부분의 국가들은 경제의 활력을 유지하기 위해 2%에서 3% 수준을 목표로 삼는다. 개발도상국은 높은 인플레이션율을 보이고 유럽의 일부 국가들은 디플레이션의 위험에 직면해 있으나, 전 세계 인플레이션율은 앞으로 몇 년 동안 큰 변화 없이 3.4%에서 3.6%내에 머물 것으로 전망된다.[5]

미국의 경우, 연방준비제도는 출구전략의 일환으로 테이퍼링(Tapering)[6]을 실시하면서 금리 인상의 기준으로 두 가지의 경제 지표를 제시했다. 바로 실업률과 인플레이션율이 그것이다. 단기적으로 볼 때 인플레이션율은 실업률과 반비례의 관계에 있으며, 실업률이 낮을수록 인플레이션율은 높아진다. '필립스 곡선(Phillips curve)'으로 유명한 실업률과 인플레이션율 간의 역의 관계는 그동안 정책 결정의 바탕이 되었다. 그 한 예로 미국은 실업률이 6.5% 이하로 하락하고 인플레이션율이 2% 이상으로 상승하면 기준 금리를 인상하겠다고 했다.

2019년 8월 기준 미국의 실업률은 한계치인 6.5% 이하인 3.7%로 연방준비제도가 완전고용과 유사하다고 여기는 수준으로 회복되었고, 월간 고용창

---

5. 출처 : www.statista.com
6. 테이퍼링은 '점점 가늘어지다', '끝이 뾰족해지다'라는 뜻으로 버냉키 의장이 사용한 용어다. 같은 긴축이면서도 금리 인상을 의미하는 '타이트닝(Tightening)'과 달리 양적완화 정책 속에 자산 매입 규모를 줄여나가는 방식을 말한다(출처 : 네이버 지식백과).

출 규모도 시장의 기대치를 충족하며 강한 경제 회복력을 보였다. 그러나 인플레이션율은 2015년 0.12%, 2016년 1.26%로 저인플레이션을 나타냈으나 2017년 4분기부터 인플레이션율이 2%대에 진입했다.[7] 인플레이션율이 2%대에 진입하자 2008년 12월 이후 8년간 유지해온 제로금리에 가까운 0.25%의 이자율을 2016년 12월에 0.5%로 인상한 이후로 2019년 1월에 2.5%까지 끌어올렸고 2019년 10월에는 1.5%-1.75% 수준으로 다시 낮추어졌다. 달러 가치의 상승과 에너지 가격의 하락 등으로 지속적으로 상승했던 이자율은 최근 인플레이션율이 낮아지고 중국과의 무역 분쟁과 저조한 글로벌 경제 성장으로 다시 하락하는 추세를 보이고 있다. 미국의 금리 인상은 글로벌 금융시장과 부동산 시장 전체에 큰 영향을 미칠 것이기에 미국의 인플레이션율 수치에 전 세계가 주목하고 있다.

인플레이션율은 경제의 성장을 보여주는 신호 역할을 하며, 이자율과 연계되어 부동산의 가격과 수익률에 큰 영향을 미친다. 특히 부동산 투자에서 인플레이션은 하나의 위험 항목으로 분류되어 위험에 대비해 전략적인 관리방안이 요구된다. 예를 들어, PART 03의 '리테일 임대 계약 방식' 중 소비자물가지수(CPI)의 상승과 연계해 임대료를 조정하는 방식도 인플레이션 위험을 완화시키기 위한 방안 중 하나라고 하겠다. 반면, 예기치 못한 인플레이션 환경에서 상업용 부동산은 가격이 정해져 있는 다른 소비재에 비해 적절한 임대료 상승을 통해 인플레이션 상승율 이상의 수익률을 볼 수 있는 긍정적인 측면도 있다. 이처럼 인플레이션은 부동산 시장에서 '양면의 날'처럼 항상 좋다거나 나쁘다고 할 수 없으며, 적절한 관리가 필요하다 하겠다.

---

7. 출처 : www.tradingeconomics.com

Chapter 02

인구통계를 들여다보면
부동산 시장의 흐름이 보인다

GLOBAL REAL ESTATE

| 낮아지는 인구 증가율,
  빨라지는 도시화율 |

세계 인구의 변화

세계 경제의 흐름은 변화하고 있는 인구통계에 의해 크게 좌우된다. 인구통계는 연령, 수입, 성별, 직업, 교육, 가족 규모와 같은 사회경제적인 요소의 변동을 보여주는 통계학으로 시장 분석에서 중요한 수단이 된다. '노동 인건비'라는 생산 비용의 측면과 '복지'라는 사회 비용의 측면에서 각 나라의 인구 분포도는 그 나라의 국가 경제력에 큰 영향력을 미친다. 또한, 부동산의 수요 측면에서 가계소득과 함께 중요한 지표로 활용된다.

2019년 기준 세계 인구는 약 77억 1,000만 명으로 유엔(UN)은 2030년에는 약 85.5억명, 2050년에는 약 97.3억 명 정도에 이를 것으로 예측했다.[8] 지난 20세기 동안 16억 5,000만 명에서 60억 명으로 세계 인구는 100년 사이 3배 이상의 급격한 증가세를 보였다. 이제는 점점 낮아지는 출산율로 인해 세계 인구가 2배 이상 증가하려면 200년 이상 많은 시간이 필요할 것으로 전

망된다.⁹

    2019년 중반 기준 아시아 인구가 전 세계 인구의 약 59.7%를 차지했으며, 아프리카가 약 17.0%, 아메리카가 약 13.2%, 유럽이 약 9.7%순이었다. 중국과 인도는 전체 아시아 인구의 약 61%를 차지했는데, 중국이 2030년에 약 14.2억 명으로 정점을 친 후 줄어드는 반면, 인도는 2030년에 약 15.3억 명으로 중국을 제치고 인구수가 가장 많은 국가로 부상할 전망이다. '슈퍼 코끼리'로 상징되는 인도가 강한 경제 성장력과 더불어 전 세계 투자자들의 이목을 끄는 이유도 바로 거대한 내수시장의 힘 때문이겠다.¹⁰

    다른 한편으로, 미래의 인구 증가 전망에서 아시아와 유럽은 증가율이 감소하는 반면, 아메리카 대륙은 큰 변화 없이 비슷한 증가율을 보일 전망이다. 아프리카 대륙은 빠른 인구 증가율로 2050년에는 전 세계 인구의 약 25.6%를 차지하며 높은 인구 구성 비율을 보일 것으로 전망된다.¹¹

    이러한 인구통계학적인 변화에 따라 앙고라 공화국이나 우간다와 같은 아프리카 국가들의 수도를 중심으로 현대화된 프라임급 부동산에 대한 수요가 커지고 있으며, 투자의 기회를 찾아 중국과 같은 글로벌 투자자들이 빠르게 아프리카 시장에 진입하고 있다.

---

8. 출처 : World Population Prospects 2019, United Nations, 2019
9. 출처 : www.worldometers.info
10. 출처 : Population Reference Bureau(www.prb.org)
11. 출처 : www.prb.org/international/geography/africa

도시화(Urbanization)

　세계보건기구(WHO)의 발표에 따르면, 1960년의 34% 대비 2018년에는 세계 인구의 55%가 도시 지역에 거주했다. 2015년과 2020년 사이 도시거주 인구가 해마다 약 1.84%씩 증가해, 2030년에는 세계 인구의 60%인 약 50억 명이 도시 지역에 살 전망이다.

　유엔 경제사회국(UN DESA)에서 발표한 '세계 도시화 전망(World Urbanization Prospects)'을 보면 전 세계 도시 인구는 1950년 7억 5,000만 명에서 2018년에는 약 42.2억 명으로 빠르게 증가하고 있다. 그중 약 53.7%가 아시아에 거주하며, 그다음으로 약 13.1%가 유럽에 거주하고 있다. 2018년 기준 1,000만 명 이상의 인구가 거주하는 메가시티(Megacity)는 전 세계의 33개 도시로 전체 도시 인구의 약 12.5%인 약 5억 3,000만 명이 살고 있다. 33개 도시 중 20개 도시가 아시아에 집중되어 있다. 또한 2030년까지 메가시티는 41개로 늘어날 전망이며, 거주자도 10억 명 이상에 이를 것으로 전망된다. 도쿄는 인구 3,800만 명으로 도시화율이 높은 가장 큰 도시이며, 델리(2,500만 명)와 상하이(2,300만 명)가 그다음을 따른다.

　이렇듯 도시화는 21세기의 가장 눈에 띄는 글로벌 트렌드 중 하나로 신흥 시장들의 경제 발전과 부동산 시장의 성장에 큰 견인차 역할을 하고 있다. 특히, 도시화는 1인당 국민소득 증가의 중요한 기폭제가 되는 사회문화적인 지표다. 부동산 측면에서도 도시화는 지속 가능한 도시 개발의 방향에 중요한 지표를 제시한다.

예를 들어, 중국은 1958년에 소개된 호구제도(Hukou System)[12]로 인해 도시화가 제약을 받아, 1950년에는 전체 중국(홍콩 제외) 인구의 겨우 13%만이 도시에 거주했다. 반면, 2018년에는 약 54%인 8억 4,000만 명이 도시에 거주하고 있으며, 2020년에는 도시화율이 60%, 2050년에는 78%에 이를 것으로 전망된다.[13] 2014년에 중국 정부는 호구제도 개혁 방안을 발표하면서 중국의 농촌 인구가 도시로 유입되어 도시화율이 1%포인트 상승하게 되면 도시 거주자의 1인당 연간 소비지출은 2% 상승할 것으로 전망하기도 했다.

미국이나 프랑스와 같은 선진국들은 도시화율이 70%에서 90% 수준이다. 2018년 기준 세계에서 가장 도시화율이 높은 국가는 중국의 마카오와 홍콩, 쿠웨이트, 싱가포르로 100%의 비율을 보인다. 그다음으로 인구 약 225만 명의 카타르가 99.6%의 도시화율을 보이며, 인구 규모 세계 10위의 일본은 약 1억 2,000만 명으로 92%의 높은 도시화율을 갖고 있다. 한국도 약 4,000만 명으로 82%의 높은 비율을 보인다.

반면, 인도나 베트남은 2018년 기준 각각 34%와 36%로 세계 도시화 평균치인 55% 보다 낮다. 글로벌 투자자들이 인도와 베트남 시장에 주목하는 이유도 경제와 인구 성장률이 뒷받침된 낮은 도시화율로 부동산과 인프라 개발 시장의 성장 잠재력이 풍부하기 때문이겠다.

---

12. 중국의 호구제도는 'Huji'라고도 불리는 중국의 카스트 신분제도(Caste System)로 농업에 거주하는 농촌 인구를 유지하기 위한 목적이었다. 골드만 삭스는 중국의 5가지 문제점 중 하나로 호구제도를 꼽기도 했다(나머지 4가지 문제점은 불균형한 성장률, 취약해지는 인구구조, 자본배분을 왜곡하는 금융, 심각한 환경오염이었다).
13. 출처 : World Urbanization Prospects: The 2018 Revision, United Nations, 2019

고령화되는 지구

사람들의 평균 수명이 길어지고 출산율이 저하됨에 따라 전 세계적으로 고령화는 피할 수 없는 추세다. 전 세계에서 65세 이상의 노년층의 비율은 2019년 9.1%에서 2030년에는 11.7%로 증가하고, 2050년에는 15.9%에 이를 것으로 전망된다. 특히, 2018년에는 역사상 처음으로 전 세계적으로 65세 이상의 인구수가 5세 미만의 인구수를 능가해 많아졌다.[14] '나이 의존 비율(Age Dependency Ratio)'은 이러한 인구 분포를 수치적으로 나타낸 지수로, '의존 연령대(Dependent Part)'인 15세 미만 65세 이상의 인구수를 노동 가능한 '생산 연령대(Productive Part)'인 15세 이상 65세 미만의 인구수로 나눈 비율이다.

$$\text{의존 비율} = \frac{(0\text{세} \sim 14\text{세 인구수} + 65\text{세 이상 인구수})}{15\text{세} \sim 64\text{세 인구수}} \times 100$$

의존 비율이 높을수록 그 나라의 정부지출이 건강과 사회안전, 교육에 보다 집중되고 생산 인건비가 높아져 글로벌 경쟁력은 약화된다.

---

14. 출처 : World Population Prospects 2019, United Nations, 2019

세계은행에서 발표한 국가별 의존 비율을 보면, 2018년 기준 주요 선진국 중에 일본이 67.43%로 가장 높고, 미국은 52.71%, 독일은 54.04%, 프랑스는 61.27%로 대부분의 선진국들이 50% 이상으로 노동 경쟁력이 낮다. 반면, 베트남은 43.78%, 중국은 40.45%, 한국도 37.73%로 상대적으로 아시아 신흥국가들은 높은 노동 경쟁력을 갖고 있다. 호주와 같은 몇몇 국가들은 적극적인 이민정책을 통해 노동 가능한 젊은 인구를 유입해 국가경쟁력을 높이며 부동산 시장을 활성화시키고 있다.

일반적으로 65세 이상의 노인 인구가 차지하는 비율이 7% 이상이면 고령화사회(Aging Society), 14% 이상이면 고령사회(Aged Society), 20% 이상이면 초고령사회(Super-aged Society) 또는 후기고령사회(Post-aged Society)라고 한다.

미국은 2016년 기준 65세 이상 인구가 15.2%를 차지하며 이미 고령사회로 진입했으며, 2020년에는 16.9%, 2030년에는 20.6%로 높아져서 2030년에는 초고령사회로 진입할 것으로 예상된다.[15]

'유엔미래보고서 2045'를 보면, 2020년이 되면 세계의 절반 이상이 고령화되면서, 줄기세포 의학과 3D 바이오프린터의 발달 등으로 2045년에는 평균수명이 130세가 된다고 한다. 앞서 살펴본 의존 비율이 낮았던 중국이나 한국조차도 65세 이상의 인구가 차지하는 비율은 2018년 기준 각각 11.9%(14세 이하 인구는 17.8%), 14.3%(14세 이하 인구는 12.7%)로 이미 전 세계가 고령화

---

15. 출처 : www.census.gov/data/tables/2017/demo/popproj/2017-summary-tables.html

사회로 진입했다. 특히, 한국은 2000년에 7%를 넘기며 고령화사회로, 2018년에는 고령사회로 진입했고, 2026년에는 초고령 사회를 맞이할 전망이다.

점점 가속화되는 고령화 추세는 부동산 투자나 개발 트렌드에도 반영되고 있다. 최근 미국이나 유럽의 부동산 투자 전망에서도 볼 수 있듯 실버 타운(Retirement Community)과 같은 노년층을 위한 부동산이 높은 관심을 끌고 있다. 또 다른 예로, 2014년부터 '오바마케어(Obama Care)'로 알려진 '부담적정보험법(Affordable Care Act)'이 시행되면서 미국의 모든 시민권자나 영주권자들이 의무적으로 건강보험에 가입하게 되면서 헬스케어 시설에 대한 증가된 수요로 기존의 리테일 시설들이 '메디컬 몰(Medical Mall)'로 용도가 변경되기도 했다.

도시화와 고령화의 글로벌 추세는 베이비부머 세대의 도심 내 복합개발에 대한 관심으로 이어져 도심 내 임대 시장의 새로운 수요축으로 부동산 시장의 트렌드를 바꾸고 있다. 사회가 고령화될수록 건강에 대한 관심이 커지고, 도시화로 고층 건물의 고밀도 주거에 거주하게 되면서 사람들은 점점 가족이나 이웃들과의 교감을 갈망하게 된다. 이제 한국도 본격적인 '고령사회'로의 진입에 대비해 시니어 고객들의 니즈를 파악하고 새로운 수요 변화에 대응할 수 있는 부동산 상품 개발이 필요하다.

경제의 중심축인 중산층의 성장

세계 경제가 성장함에 따라 '소비 계층(Consumer Class)'이라 불리는 중산층이 많은 사람들의 관심을 끌고 있다. 중산층에 대한 국제적인 기준은 없으나, 최근에는 '중상위층(Upper Middle Class)'과 '중하위층(Lower Middle Class)'으로 세분화되어 정의된다. '중상위층'은 다른 계층과 마찬가지로 국가의 경제 수준에 따라 인구 범위가 달라진다. 사회학자인 막스 베버(Max Weber)는 석사학위 이상의 높은 교육 수준과 편안한 생활의 영위가 가능한 전문가를 '중상위층'으로 정의했다. 일반적으로 소득 외에 교육 수준이나 직업 등으로 계층을 분류할 수도 있으나, 이 책에서는 부동산과 연계해 경제학적인 관점에서 개인 소득 수준만을 갖고 분류하겠다.

경제협력개발기구(OECD)는 글로벌 중산층을 중위소득(Median Income)의 50%에서 150% 내의 소득계층으로 본다. 중위소득의 50% 미만은 빈곤층, 150% 이상은 고소득층으로 분류한다.

[자료 1.3]에서 볼 수 있듯, 2009년 기준 글로벌 중산층에 해당하는 인구 수는 약 18억 명으로 이는 2009년 세계 인구의 약 28%에 해당하는 수치다. 2030년에는 전 세계 인구의 3분의 2(약 49억 명) 수준으로, 대부분이 아시아 퍼시픽 중산층 인구의 폭발적인 증가세에 기인할 것으로 전망된다.

[자료 1.3] 지역별 중산층의 크기

(단위 : 백만 명)

	2009		2020		2030	
North America	338	18%	333	10%	322	7%
Europe	664	36%	703	22%	680	14%
Central and Sorth America	181	10%	251	8%	313	6%
Asia Pacific	525	28%	1,740	54%	3,228	66%
Sub-Saharan Africa	32	2%	57	2%	107	2%
Middle East and North Africa	105	6%	165	5%	234	5%
World	1,845	100%	3,249	100%	4,884	100%

출처 : The Emerging Middle Class in Developing Countries, Homi Kharas, 2010

미국과 다른 G7 국가[16] 내 중산층의 소비는 지난 50년간 전 세계 경제의 수요를 이끄는 중요한 원동력이 되었으나, 유럽이나 일본 등 선진국들의 낮은 경제 성장률로 미래의 경제 기여도는 작아질 전망이다. 반면, 평균 4%대의 꾸준한 경제 성장률을 보이고 있는 아시아 개발도상국들의 중산층의 소비 기여도는 점점 커지고 있다.

---

16. G7 국가는 영문순으로 캐나다, 프랑스, 독일, 이태리, 일본, 영국, 미국을 말한다.

북아메리카의 중산층의 소비 시장 규모가 2015년 11%에서 2020년에는 9%, 2030년에는 7%로 감소하는 반면, 아시아퍼시픽의 중산층의 소비 비중은 2015년 46%에서 2020년에는 54%, 2030년에는 65%로 성장률이 빠르게 증가할 것으로 전망된다.[17] 특히, 중국의 경우, 맥킨지(McKinsey)는 가구 소득이 106,000위안(약 1,900만 원)에서 229,000위안(약 4,000만 원)인 가구를 중상위층으로 분류하고, 이들 중상위 계층이 2022년까지 전체 도시 가구의 54%를, 전체 도시 개인 소비의 56%를 차지할 것이라고 전망했다.[18]

신인류 소비층의 성장은 해당 국가의 부동산 시장뿐만 아니라 경제적인 여유로 해외 여행이 늘면서 전 세계 리테일과 호텔 부동산 시장에도 큰 영향을 끼치고 있다. 예를 들어, 일본은 2014년 4월 소비세 인상으로 럭셔리 상품의 판매가 둔화되었으나, 2014년 해외 관광객 약 1,300만 명(29.4% 증가)의 유입으로 내수 시장의 매출 하락이 완화되기도 했다.

또한 중국 내 중산층의 성장은 레저 수요를 이끌면서 호텔 내수 시장을 빠르게 성장시켜 외국계 유명 브랜드 호텔의 중국 내 진출을 가속화시키고 있으며, 2025년에는 전 세계 호텔 시장의 25% 이상을 차지하고 있는 미국을 추월할 것으로 예상된다.[19] PART 05에서 살펴볼 '셀프 스토리지'의 개발 트렌드도 이러한 중산층의 성장을 배경으로 한다.

---

17. 출처 : The Unprecedented Expansion of the Global Middle Class: An update, Homi Kharas, 2017
18. 출처 : Mapping China's Middle Class, McKinsey, 2013
19. 출처 : China High-Speed Rail On the Economic Fast Track, Morgan Stanley, 2011

소비와 문화의 중심축, Y세대로의 세대교체

　세계 인구의 고령화와 중산층의 성장과 더불어 향후 몇 년간 전 세계의 사회문화적인 트렌드로 주목받는 현상 중 하나가 세대교체다. 세계 경제의 소비와 문화 측면에서, 더 나아가 부동산의 수요 측면에서 각 세대들의 특징과 성향을 이해할 필요가 있다.

　이 책에서는 미국을 중심으로 핵심적인 소비층으로 인식되는 20대에서 70대까지의 세대들에 대해 간단히 살펴보겠다. 참고로 베이비부머 이전 세대는 '조용한 세대(Silent Generation)'라 하며, 1925년에서 1945년 사이에 태어난 세대로 한국전쟁과 베트남전쟁을 겪었다. 또한 밀레니엄 세대 이후인 2000년대 이후에 태어난 세대를 'Z세대(Generation Z)'라고 부른다.

　1946년에서 1964년에 태어난 베이비부머(Baby Boomer) 세대는 '충격파(Shockwave)' 또는 '돼지 먹은 비단뱀(Pig in the Python)'[20]이라고도 불린다. 이름에서도 알 수 있듯이 급격한 출산율의 증가를 보인 세대로 가장 큰 인구비율을 차지하고 있다.

  제2차 세계 대전 이후 '자본주의의 황금기'라고 불리는 성장 위주의 경제 시기를 바쁘게 살아왔다. 이전 세대에서는 경험할 수 없었던 풍요롭고 윤택한 삶을 즐기며 그들 자신을 이전 세대와는 구분되는 특별한 세대로 인식한다. 자녀들이 결혼 등으로 독립한 후 이제는 그저 소파에 앉아 시간을 보내기보다는 수명 연장으로 인해 길어진 노후를 취미생활이나 운동 등을 통해 적극적으로 인생을 즐긴다. 진정한 '은퇴'를 꿈꾸며, 세계 경제의 소비와 부동산 시장에서 중요한 축을 형성하고 있다.

  X세대(Generation X)는 1965년에서 1980년에 태어난 세대로 유년시절에 오일쇼크나 베트남전쟁, 베를린장벽의 붕괴, 냉전시대의 종말과 같은 커다란 정치적 사건들을 보며 자라왔다. 이러한 과도기적 세계 변화 속에서 종교나 인종, 또는 성적 취향 등의 다양성에 대해 좀 더 유연한 태도를 취하게 되며 지역사회에도 큰 관심을 갖는다. 한편, 베이비부머 세대와는 달리 평생 직장에 대한 믿음이 사라지고, 늦은 결혼과 잦은 이혼 등으로 한 부모 가정이 늘어나면서 이러한 의식의 변화가 주택 시장의 수요에도 변화를 주고 있다.

  앞으로 10년 동안 가장 큰 영향력을 발휘하게 될 Y세대(Generation Y) 또는 밀레니엄 세대(Millennial)는 1981년에서 1996년 사이에 태어난 세대를 말한다. 현재 미국에서 2019년 기준 베이비부머 세대보다 인구수가 가장 많은 세대로 2016년 이후로는 미국의 노동시장에서 X세대를 추월해서 가장 규

---

20. 통계 곡선에서 갑작스러운 증가로 불룩하게 돌출된 부분을 비유적으로 표현한 단어로 베이비부머 세대를 일컫는다.

모가 큰 세대로 대두되기도 했다.[21] 미국의 노동인구의 약 36%를 차지하나 2025년에는 전 세계 노동인구의 75%로 가장 큰 비율을 차지할 세대다.[22] 디지털 문화에 익숙하며 컴퓨터가 없는 세상은 상상할 수 없다. 최신 제품에 열광하며 아이폰이나 노트북, 전자상거래, 소셜미디어 등을 통해 매일매일의 생활이 인터넷에 연결되어 있다. 철저한 개인주의적인 성향과 함께 네트워크를 통해 팀을 이루며 협업하는 것도 선호한다.

중국은 밀레니엄 세대를 일컫는 호칭으로 Post-80's(八零后, 바링허우)와 Post-90's(九零后, 지우링허우)가 있다. 1980년에서 1989년 사이, 1990년에서 2000년 사이에 도시 지역에서 1가구 1자녀 정책하에 태어난 세대다. 1989년 천안문 사건 이후 경제 개혁과 빠른 경제 성장으로 현대화된 중국에서 성장하면서 낙관적인 미래관과 개인주의적인 성향을 보인다. 기존의 체제 순응적인 사회에서 탈피하고자 하는 사회문제 의식도 갖고 있고, 인터넷 모바일 환경에 익숙한 신소비층으로 중국의 소비 트렌드를 만들고 있다. 특히 1997년에서 2012년 사이에 태어난 세대를 Z세대(Generation Z) 또는 포스트 밀레니엄(post-Millennial) 세대, 센테니얼(Centennial) 세대로 명명하며 밀레니엄 다음 세대로 최근 큰 관심을 모으며 연구되고 있다.[23]

부동산 주택 시장의 수요 측면에서 좀 더 관심 있게 살펴볼 Y세대(밀레니엄 세대)의 세계적인 추세는 부모에 대한 높은 의존도. 성년이 되어도 결혼 전까지 때로는 결혼 후에도 부모와 함께 사는 보통의 아시아 국가들과는 달

---

21. 출처 : www.pewresearch.org/fact-tank/2019/08/29/facts-about-american-workers
22. 출처 : www.deborahshanetoolbox.com
23. 출처 : www.pewsocialtrends.org/essay/millennial-life-how-young-adulthood-today-compares-with-prior-generations

리, 미국이나 유럽에서는 집을 떠나 독립하는 것이 일반적인 추세였다. 그러나 최근 퓨 리서치 센터에 따르면, 2018년에 밀레니엄 세대인 25세에서 37세 인구 중 15%가 부모와 살았다고 한다. 이는 지난 40여 년 동안 가장 높은 비율로 2007년 금융위기 직전인 32%에서 지속적으로 증가하고 있다. 특히 베이비부머 세대나 X세대가 같은 연령이였을 때 부모와 함께 거주했던 비율이 각각 8%와 6%였던 것과 비교해보면 2배나 높은 수준이다. 이는 단순히 실업이나 대출상환의 부담과 같은 경제적인 이유 외에 대학 진학률이 높아진 교육적인 측면과 낮아진 결혼률, 늦어진 결혼시기와 같은 사회문화적인 변화에서도 그 원인을 찾을 수 있다.

유럽의 경우도 유럽 위원회(EC) 산하 유럽연합통계국(Eurostat)에 따르면, 유럽 28개국의 18세에서 34세 사이 밀레니엄 세대 중 부모와 함께 사는 비율은 2017년에 48.1%에 달했다. 이는 2010년의 47.5%보다 높아진 수치로 특히 이탈리아는 66.4%로 매우 높은 비율을 보였다.

이러한 세대교체의 변화 속에서 직주근접의 도심 거주를 선호하고 '소유'보다는 '공유'나 '접근성'에 관심을 갖는, 독립된 닫혀진 오피스 공간보다는 공유 가능한 오픈된 사무 공간을 선호하는 Y세대(밀레니엄 세대)의 특성을 파악해 이러한 부동산을 개발하는 것이 필요하겠다. 다른 한편 자신들의 가처분소득으로 구매하기 힘든 도심 내 주택들을 '소유'하기보다는 '임차'해서 거주하는 밀레니엄 세대와 '건강'과 '이웃과의 커뮤니케이션'에 대한 관심으로 도심 내 거주를 선택하는 베이비부머 세대가 '도심 주거'라는 공통의 선호도를 가지고있다는 사실은 흥미로운 시사점을 제공한다.

📎 Tip

부동산 시장을 이끄는 경제 동력

부동산 자문 기관인 'CEL & Associates'에서 2011년에 발표한 '부동산 사이클(Real Estate Cycles)'은 부동산 시장을 이끄는 경제 동력을 다음과 같이 요약했다.

가장 관심이 높을 2013년에서 2018년의 주요 동력들을 보면, 최근 미국이나 유럽의 부동산 시장에서 투자 전망이 높은 데이터 센터나 헬스케어, 클리닉 센터 등에 대한 관심과 그 맥을 같이한다. 로봇 공학 외 3D 프린팅 기술과 셀프체크인 키오스크(Kiosk)의 발달은 제조업의 자동화를 통한 효율성으로 노동자수를 줄이면서 리테일이나 산업용 부동산(예 : 데이터 콜센터) 시장에 큰 변화를 초래하고 있다.

성장 시기	부동산의 주요한 경제 동력
2003년 ~ 2008년	· 풍부한 저금리 자본의 성장 · 유례 없는 개인 소비 · 활황 주식 시장
2013년 ~ 2018년	· 세대교체 · 친환경 기술 · 교육 · 공공 인프라 · 지식 중심 산업 · 에너지 · 데이터 저장 · 헬스케어
2023년 ~ 2028년	· 생명과학의 성장 · Y세대로의 전환 · 인공지능 · 대체 에너지 · 융합 · 해양학 · 로봇 공학

PART 02 | 해외 부동산 시장 분석

"Risk comes from not knowing what you're doing."
- Warren Buffett

"위험은 자신이 무엇을 하는지 모르는 데서 온다."
– 워런 버핏

'보이지 않는 손'으로 상징되는 시장의 수요와 공급 법칙에 의한 균형가격은 현대 경제학에서 완전경쟁 시장이어야 한다는 전제조건으로 때로는 비판받기도 한다. 그러나 수요와 공급이 시장의 경제체제를 움직이는 원동력임에는 의심의 여지가 없다.

이 파트에서는 부동산 시장의 주요한 수요와 공급의 요소들을 살펴보고 이를 통한 시장 분석 방법을 소개한다. 또한 PART 03에서 용도별 부동산 상품의 특성을 알아보기에 앞서 단기적인 지역별 부동산 시장의 흐름을 살펴보고, 주요 투자 관심국들의 시장 현황을 설명하겠다.

해외 부동산이 갖는 국가별, 시기별 시장의 유동적인 특수성으로 인해 일반화된 이론을 제시하거나 포괄적인 시장 동향을 명시함에 한계는 존재한다. 이에 국내의 개인 또는 기업 투자자들이 관심을 가질 만한 주택 시장의 주요 동향들을 위주로 살펴보겠다.

Chapter 01

해외 부동산 시장을 분석하는 방법을 알아보자

GLOBAL REAL ESTATE

| 시장 분석 방법,
나의 시장을 아는 것이 경쟁력이다 |

부동산 시장 분석은 일정 지역 시장 단위에서 특정 유형의 부동산에 대한 수요와 공급을 연구·분석해 전반적인 가격 수준과 이의 동태적 경로를 분석하는 작업이다.[24] 따라서 부동산 시장 분석의 목적은 프로젝트에 적용 가능한 예상 임대료와 부동산의 가치를 분석하는 것이다. 이를 위해, 수요 측면에서 잠재적 사용자들의 요구 사항들을 고려하고, 공급 측면에서 각각의 자산들이 그 시장 내에서 어떤 포지션을 갖는지를 파악한다.

부동산 시장 분석은 시장의 모습을 객관적으로 반영해 개발자나 투자자가 시장의 역학관계를 명확히 이해할 수 있도록 해야 한다. 결국 분석된 역학관계를 기반으로 개발자나 투자자 각자가 자신의 강점을 최대한 활용해 부동산의 기본 원칙인 최유효이용(Highest-and-Best Use)을 끌어낼 수 있도록 하는 것, 즉 '나의 시장을 아는 것'이 최고의 경쟁력이 된다.

---

24. 출처 : 《부동산학원론》, 조주현, 2009

부동산 시장은 크게 임대료나 공실률에 의해 가치가 결정되는 부동산 공간 시장(Real Estate Space)과 자본환원율을 통해 가치가 결정되는 부동산 자산 시장(Real Estate Asset)으로 나뉜다. 리츠(REITs)나 주택저당증권(MBS, Mortgage Backed Securities)들이 부동산 자산 시장에 속한다. 앞서 PART 01에서 설명한 것과 같이, 부동산 공간 시장과 부동산 자산 시장은 모두 실제 부동산 가격이나 임대료와 같은 내생 요인들에 직접적인 영향을 받지만, 이자율이나 국제 무역, 오일 가격, 가구당 소득 수준과 같은 외생 요인들에도 큰 영향을 받는다.

경제학의 기본 원칙인 수요·공급의 법칙에 따라 부동산의 가격은 결정된다. 분양형 부동산의 경우 얼마나 많은 가구들이 주택을 소유하고자 하는지와 얼마나 많은 주택들이 시장에서 공급 가능한지에 따라 가격이 형성된다. 상업용 부동산의 경우도, 얼마나 많은 투자자들이 오피스를 매입하고자 하는지와 얼마나 많은 오피스들이 투자 가능한지에 따라 부동산의 가치가 결정된다.

이들 모두 수요가 가격을 끌어올리고 공급이 가격을 끌어내리지만, 부동산의 경우는 다른 소비재와는 달리 수요가 있더라도 공급에 시간차가 있기 때문에 수요의 증가가 공급보다 부동산의 가치에 더 큰 영향력을 발휘하며 때로는 수요의 변화가 가격에 먼저 반영되기도 한다. 특히 토지는 공급에 제한이 있기 때문에 수요가 늘어나면 지료(地料)는 비례해서 증가하며, 이러한 수요의 변화가 토지 임대료의 중요한 결정 요인이 된다. 다만, [자료 2.1]의 그래프에서 보는 것처럼, 부동산의 수요·공급 그래프에서 수요 직선을 오른쪽으로 옮기는 것은 내부 요인들이라기보다는 가구 소득이나 인구 증가와 같은 외부 요인들에 더 큰 영향을 받음을 주목해야 한다.

한 가지 흥미로운 사실은 부동산의 시간차로 인한 공급의 비탄력성이다. 공급의 가격탄력성이란 원인이 되는 가격의 변화에 대해 결과물인 공급량이 얼마나 민감하게 반응하는가를 수치적으로 나타낸 것이다. 예를 들어, A라는 도시에 기업체 이전 등의 변화로 갑작스럽게 중산층의 유입이 늘어나면서 아파트의 수요가 갑자기 증가됐다고 가정해보자. 이 경우 단기간과 장기간의 수요·공급 곡선을 그려보면 [자료 2.1]의 그래프와 같다. 즉, 단기적으로는 수요가 증가함에도 불구하고 신규 건설을 위한 시간차로 갑작스러운 공급의 증가가 어려워 기존의 물량을 유지함에 따라 공급 곡선은 수직으로 나타난다. 반면 장기적으로는 공급자인 디벨로퍼나 임대인들이 시장의 수요 증가에 반응할 수 있는 충분한 시간이 주어져 새로운 주택들이 공급됨에 따라 주택가격이나 임대료는 수요와 공급의 법칙에 따라 상승하게 된다. 또 다른 수요 상승의 요인이 없다면 더 이상의 공급도 이루어지지 않고 균형가격을 유지하게 된다.

[자료 2.1] 부동산의 수요·공급 그래프

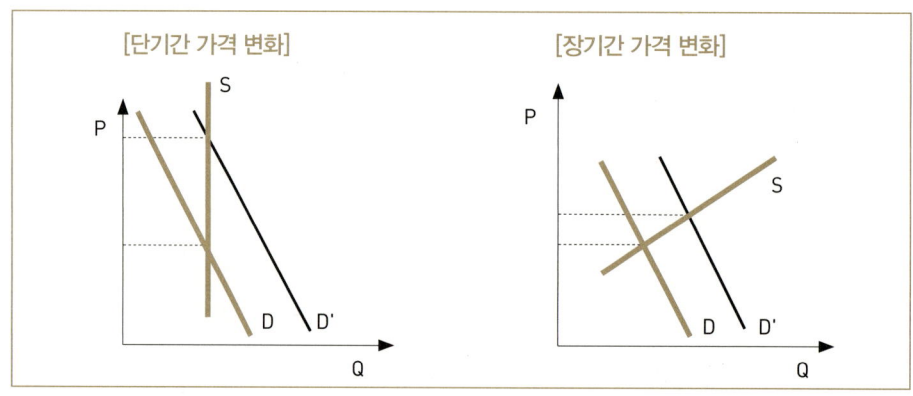

여기서 중요한 점은 동일한 수요량의 증가에 대해 가격탄력성이 비탄력적인 단기간의 가격 상승분이 장기간의 가격 상승분보다 훨씬 크다는 것이다.

물론 장기간의 수요·공급 곡선에서도 수요와 공급 곡선의 탄력도에 따라 가격 상승폭은 달라질 수 있다. 만약 공급 곡선의 탄력도가 높다면 [자료 2.2]의 그래프 [A]처럼 좀 더 수평적으로 움직이며 약간의 가격 상승 효과만 보일 것이다. 반면, 그래프 [B]처럼 탄력도가 낮다면 가격의 상승폭은 훨씬 커질 것이다.

[자료 2.2] 부동산의 수요·공급 그래프

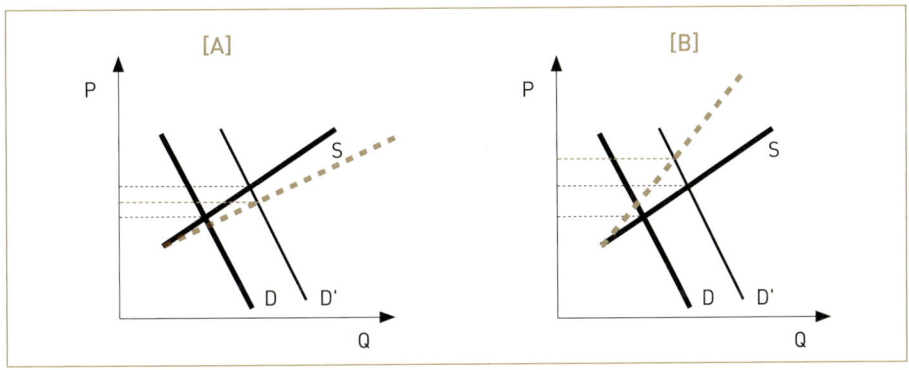

부동산 시장의 수요와 공급

부동산 시장의 수요 분석

일반적으로 정량적인 수요 요인으로 인구수와 가구수, 소득, 구매력, 고용, 이동 패턴, 대체재 가격 등을 들 수 있다. 이 중 주요한 세 가지 수요 요인을 꼽자면, 고용, 인구수와 가구수, 소득을 들 수 있다.

첫째, 고용은 인구 유입을 유발시킨다. 고용, 즉 일자리가 많다는 것은 좀 더 많은 사람들이 필요하다는 것으로 이는 곧 오피스뿐만 아니라 주거용 부동산이 좀 더 필요하다는 것을 의미한다. 임대형 주거 시장이 발달된 해외에서는 창출된 고용 인력들이 분양형 주거를 선호하는지, 임대형 주거를 선호하는지를 분석할 필요가 있다. 또한 해당 지역의 주요 기업들의 사업 확장이나 감축 계획, 이전(Relocation) 계획 등을 함께 고려해야 한다.

둘째, 인구수와 가구수는 미래 수요에 대한 전망을 제공하며 인구수보다는 가구수의 변화가 더 유의한 수치를 제공한다. 1인 가구 또는 2인 가구와 같은 가구당 거주 인원이나 자녀의 유무, 자녀수, 결혼 여부, 전출입 현황, 공유 주거 등의 다양한 요소들을 함께 분석할 필요가 있다.

셋째, 소득은 임대료나 매매가 등의 가격을 결정하는 주요한 요소로 특히 주거용 부동산이나 리테일 부동산의 수요에 직접적인 영향을 끼친다. 정확한 가구당 부의 수준은 확인이 불가능하지만, 일반적으로 소득의 33%를 적정 실질 임대료의 한계값으로 본다. 예를 들어, [자료 2.3]에서 볼 수 있듯이, 1996년부터 2011년까지 미국의 평균 임대료 부담능력(Rent Affordability)은 24.7%로 그 값은 점점 증가하는 추세다. 따라서 주거용 부동산을 투자 또는 개발하고자 하는 경우 그 지역의 가구당 평균 소득 수준을 알면 소득의 30% 이내에서 적정한 임대료 수준을 가정할 수 있다.

[자료 2.3] 미국의 임대료 부담능력

연도	가계소득 중간값	가계소득 내 임대료 비중
2012	$51,310	24.9%
2011	$50,502	24.3%
2010	$51,625	22.8%
2009	$52,660	21.4%
2008	$54,349	22.1%
2007	$55,039	22.0%

출처 : Moody's Analytics, Axiometrics, Census ACS survey, RREEF Real Estate.

국내에서는 월소득 대비 임대료 비율(RIR, Rent-to-Income Ratio)[25]을 사용하는데, 국토교통부가 발표한 '2018 주거실태조사'를 보면, 전국(중위수) 기준은 15.5%로 2016년의 18.1%에 비해 감소했다. 특히 저소득층(중위수)의 월소득 대비 임대료 비율(RIR)은 20.3%로 중소득층의 16.7%나 고소득층의 18.3%보다 높았다. 소득이 낮을수록 상대적으로 임대료 부담도 큰 것을 알 수 있다.

부동산 시장의 공급 분석

공급 측면에서는 기존의 인근 유사 상품과 신규로 공급될 경쟁 상품들의 경쟁력을 파악해야 한다. 이를 위해 현재의 재고 상태, 공실률, 기존의 유사한 경쟁 상품들의 특성, 흡수율, 시장 임대가와 매각가, 임대나 매각 조건, 경쟁 상품 대비 해당 부동산의 특징과 장점들을 다각도로 분석할 필요가 있다. 부동산 시장에서 공급을 예측하는 절차는 다음과 같이 네 가지의 단계로 요약할 수 있다.

⟳ Step 1 부동산 유형의 선택

공급자는 주거용, 오피스, 산업용(Industrial), 리테일, 호텔의 5가지 유형 중 하나를 우선 선택한 후, 하위 카테고리에서 부동산 유형을 세분화해 결정한다. 유형별 세부 카테고리에 대한 설명은 PART 03에서 살펴보겠다.

---

25. 월평균 소득에 대비한 임대료의 비율로 계산되며 임차가구의 주거비 부담을 산술화한 것이다. OECD가 제시하는 적정 월소득대비 임대료 비율은 20%다. 월소득이 199만 원 이하면 저소득층, 200만 원에서 400만 원 사이는 중소득층, 400만 원을 초과하면 고소득층으로 분류된다.

⟳ Step 2 시장에 공급된 현재의 물량 파악

⟳ Step 3 현재 공급된 물량에 대한 미래의 변화 예측

공급 물량에 대한 변화량은 기존의 총공급량에 확장이나 신축 또는 용도 변경 등을 통해 추가로 공급될 물량을 더한 후 여기에 미래에 철거나 용도 변경 등을 통해 사라지게 될 물량을 빼줌으로써 계산된다. 이를 공식화하면 다음과 같다.

공급량 변화 = 기존 공급량 + 공급 예정물량(Pipeline[26]) − 미래 소멸 물량

⟳ Step 4 적정 공급시기를 결정하기 위한 총공급 물량의 예측

결국 부동산 소유주나 디벨로퍼가 시장을 분석하는 이유는, 특히 상업용 부동산의 경우, 해당 자산의 수요와 공급이 같아지는 적정 임대료 수준을 결정하기 위한 것이다. 따라서 경쟁 시장을 아는 것이 최상의 경쟁 우위라 하겠다.

앞에서 살펴본 수요와 공급의 시장 분석 내용을 간단히 정리해보면 다음 [자료 2.4]와 같다.

---

26. 신규로 시장에 공급될 건물들을 '파이프라인(Pipeline)'이라 하는데, 이는 부동산 개발 초기에서 완공까지 중간 진행과정 중에 중단되거나 보류될 수 있음을 암시한다. 즉, 신규 공급 예정인 모든 부동산이 인·허가를 완료한 것은 아니며, 인·허가가 완료되었다고 모든 프로젝트가 착공되는 것도 아니기에, 또한 착공이 되었다고 모든 건물이 완공이 되는 것이 아니기에 그 개발 과정에 누수가 발생할 수 있음을 빗대어 표현한 단어다.

[자료 2.4] 수요와 공급의 비교 분석

구분	수요	공급
주체	소비자 : 구매자나 임차인	경쟁사 : 존재하는 부동산과 시장에 새로 진입할 신규 부동산
주요 항목	· 인구수/가구수 · 고용 · 소득 · 구매력 · 이동 패턴	· 기존 공급 물량 · 공실률 · 흡수율 또는 순흡수량 · 시장 임대가 또는 매각가 · 기존 경쟁 상품 대비 특장점 · 임대 또는 매각의 계약 조건

여기서 한 가지 좀 더 살펴볼 개념은 국내에는 아직 익숙하지 않은 '흡수율(Absorption Rate)'과 '순흡수량(Net Absorption)'이다. 이 개념은 시장 분석 시 중요한 지표가 된다. 먼저 순흡수량은 일정 기간 특정 시장 내에서 점유되고 있는 물량의 변화량을 말한다. 실제 건물에서 점유되고 있는 물량만을 산정하기 때문에 공실의 개념이 반영되어 있다. 상업용 부동산의 공급 시장을 분석할 때 많은 사람들이 주목하는 지표로, 여기에는 전대에 의한 임차나 건물이 완공되기 전 선임대를 통한 점유 물량은 산정되지 않는다. 쉽게 말하면, 존재하는 실제 건물의 입주 물량과 전출 물량의 차이로 계산된다.

반면 흡수율은 주로 콘도미니엄과 같은 분양형 주택 시장에서 사용되는 용어다. 일정 기간 특정 부동산 시장에서 팔리는 주택의 비율로 '판매율(Sales Rate)'이라고 이해하면 된다. 흡수율은 어느 지역의 총주택 거래량을 월 평균 매각 거래량으로 나눈 수치로, 일정 물량이 그 시장 내에서 소진되기 위해 필요한 개월수로 표시된다. 이를 역으로 계산한 수치는 백분율로 표시되는데, 이 또한 흡수율로 불린다.

　이해를 돕기 위해 예를 들어 보겠다. A라는 도시에서 현재 2억 원에서 5억 원 사이의 주택 100채가 4개월 만에 모두 팔렸다면, A라는 도시의 흡수율은 개월수로 표시하면 4.0이며, 백분율 비율로 표시하면 25%[1개월 동안 25개의 주택이 팔린 것으로(25/100)×100=25%]이 된다. 이 경우, 어느 디벨로퍼가 500채의 유사한 가격대의 신규 주택을 공급할 예정이라면, 500채의 주택이 모두 소진되는데 20개월의 기간이 필요함을 예측할 수 있다.

　따라서 어느 지역의 흡수율을 알면, 디벨로퍼들은 언제 그 상품을 신규 공급해야 할지와 언제 그 물량들을 모두 소진할 수 있을지를 예측할 수 있게 된다. 다만, 이는 분석 시점의 시장 흡수율로 분석 기간 동안 추가로 그 시장에 공급되는 물량은 고려되지 않는다.

　일반적으로 20% 또는 5.0의 흡수율을 적정 목표 수준으로 보는데, 20%보다 크거나 5.0보다 작은 흡수율은, 그만큼 판매가 빠르게 진행되는 시장으로 판매자에게 보다 유리한 셀러 마켓(Seller Market)이 된다. 반대로 20%보다 작거나 5.0보다 큰 경우는 판매가 더딘 시장으로, 매수자가 협상력을 갖는 바이어 마켓(Buyer Market, 매수자 우위의 시장)이 된다.

│ 유사 사례 비교법 │

유사 사례 비교법(Comparable Analysis)은 최근 매각된 동일 지역 내 유사한 부동산의 가격을 조사하는 시장 분석 방법이다. 먼저 해당 부동산과 유사한 경쟁 상품들의 임대료에 대한 정보를 얻기 위해 시장을 조사하게 되는데, 최근에는 발달된 정보 기술로 비교적 쉽게 정보를 구할 수 있다. 그러나 반드시 조사과정에서 습득한 정보들의 정확도에 대해 확인·검증을 해야 하며, 무엇보다도 적절한 유사 사례를 선정하는 것이 가장 중요하다. 일반적으로 평방피트당(Per Square Foot) 또는 세대당(Per Unit)으로 금액들을 비교하는데, 주거용 부동산은 세대 타입별로 전용 면적의 차이가 발생하므로 보통 주거 타입에 따라 구분한다. 예를 들어, Studio(원룸형태), 1 bedroom 1 bathroom, 2 bedroom 2 bathroom, 3 bedroom 2 bathroom 등과 같이 각각의 유형에 따라 세대수와 임대료를 구분해 나타낸다.

주거용 부동산은 다음과 같은 11가지 요소에 대해 각각의 유사 사례들을 비교 분석해 세대 타입별로 동일 조건으로 보정한 후 해당 부동산의 임대가나 매각가의 적정 범위를 정하게 된다.

[자료 2.5] 유사 사례 비교 요소

1. 비용정산	가스, 전기, 쓰레기 등의 비용들이 임대료에 포함되어 있는지에 따라 각각 비교 사례들의 임대료 비교
2. 위치	해당 건물의 입지상 적정성, 인근 편의시설이나 리테일과의 근접성 등을 비교 분석
3. 준공연도/상태	준공연도가 최근일수록 경쟁 우위에 있으며, 리모델링 등을 통한 유지관리 수준을 평가해 가격 비교
4. 시공품질	공사 품질 수준으로 임대형 아파트(Apartment)보다는 분양형 콘도미니엄(Condominium)에서 보다 중요한 비교 요소임.
5. 부대시설	휘트니스 센터, 비즈니스 센터, 수영장, BBQ 공간, 애완견 산책로, 컨시어지(Concierge), 경비실 등 부대시설의 종류와 시설 수준에 따른 비교 분석
6. 인근 용도	인근에 리테일이나 공원, 미술관 등의 편의시설이 있는지와 대중교통으로의 근접성 등을 비교 분석
7. 인지도/노출	건물의 인지도 수준과 고속도로나 철도 등으로 인한 소음에 노출되어 있는지를 평가해 비교 분석
8. 세대 마감	바닥 마감재나 주방가구 등의 내부 마감재 수준과 세탁기나 냉장고 등의 빌트인 여부에 따라 가격 비교
9. 세대 면적	세대 전용면적이 작을수록 단위 면적당 임대료는 더 높아지기 때문에 경쟁 상품의 면적 비교
10. 관리	기업형 전문 임대관리회사에서 관리하는 주택이 비전문적인 관리를 받는 주택에 비해 프리미엄을 인정받아 임대료가 높아짐.
11. 컨세션	14개월 임대계약에 2개월 무료 할인을 받아 12개월치 임대료만 내는 경우처럼 실제로 납부되는 실질 임대료(Effective Rent)를 산정해 비교

'세대 면적'은 개발 사업의 사업성 측면에서 중요한 검토 요소로 면밀한 시장 분석을 통해 전략적으로 최적의 면적을 산정해야 한다. 예를 들어, 미국

LA 다운타운에 700평방피트(약 65㎡)의 스튜디오 타입의 임대료는 평방피트당 3.0달러(3.3평방미터당 약 107달러)로 월임대료가 2,100달러다. 반면 동일수준의 1,200평방피트(약 111㎡)의 스튜디오는 임대료가 평방피트당 2.0달러(3.3평방미터당 약 71달러로 월임대료는 2,400달러)로 시장 분석의 지표인 평방피트당 임대료는 낮아지게 된다.

한국의 용적률처럼 미국도 FAR(Floor Area Ratio)이라 부르는 연면적 제한이 있는데, 법에서 허용하는 연면적 내에 평방피트당 최고의 임대료를 받아 사업성을 극대화하기 위해서는 세대별 전용면적에 대한 고민이 필요하다.

'컨세션(Concession)'은 상업용 부동산에서 임대료 협상의 중요한 도구로 시장이 셀러마켓인지, 바이어마켓인지에 따라 또는 임차인의 수준에 따라 컨세션의 조건은 달라진다. 가장 대표적인 제안은 국내에도 이제는 익숙해진 '프리 렌트(free rent)'라고 하는 임대료 할인이다. 임대기간에 따라 차이는 있으나 보통 임대 개시후 1개월에서 길게는 1년까지 또는 임대 종료 전 2개월에서 6개월 내의 임대료를 면제해주는 것으로 실질 임대료의 확인이 매우 중요하다. 예를 들어, 600평방피트당 2달러인 스튜디오가 1개월 프리 렌트를 받았다면, 계약서상의 월임대료는 1,200달러이나, 실질 월임대료는 1,100달러[(600×2×11)/12=$1,100]로 낮아진다. 평방피트당 임대료도 약 1.83달러(1,100/600=약 $1.83)가 된다. 이 외에 임차인이 원하는 인테리어 개보수 비용(Tenant Improvement)을 건물주가 전액 또는 일부를 부담해주거나, 임차인의 이사비용을 대신 부담하거나, 전대(Sublease)를 허용해주는 등 다양한 컨세션의 내용들이 있으니 확인이 필요하다.

| 미래를 보여주는 거울, 사업 타당성 분석 |

　사업 타당성 분석(Feasibility Study)은 제안된 프로젝트의 강점과 약점을 객관적으로 분석하는 것으로 어떤 요소로 구성할지는 프로젝트의 성격에 따라 약간씩 다르다. 일반적으로 자금조달 전략과 같은 금융적인 부분과 인·허가와 같은 법규적인 부분을 중심으로 분석한다. 결론을 먼저 기술하는 서구의 두괄식 사고방식으로 순현재가치, 내부수익률, 디벨로퍼 이익과 수익률 등 가장 핵심적인 결론 내용이 첫 페이지 사업 개요(Executive Summary)에 표현된다.

　보고서의 순서나 내용은 검토 목적이나 부동산의 용도에 따라 다소 차이가 있으나, 보통 사업 개요 이후 디자인 분석과 경제 현황 분석, 입지 분석, 시장 환경 분석, 운영 계획, 위험관리방안, 재무 타당성 분석 등이 기술된다.

　일반적인 사업 타당성 보고서의 주요 항목과 내용들을 정리해보면 다음 [자료 2.6]과 같다.

[자료 2.6] 사업 타당성 보고서의 주요 항목과 내용

항목	주요 내용
1. 사업 개요	- 최종 결론에 대한 요약 제시 - 기술적인 분석의 내용 기술 - 간단한 표나 그래프로 전달
2. 디자인 분석	주요 건축 계획 도면을 보여주고 이에 대한 간단한 검토 의견 제시함. - 건축 개요 - 배치도 및 평면도 - 공사 일정 분석
3. 경제 현황	프로젝트와 관련된 전반적인 경제 시장 환경을 설명함. - 일반적인 경제 상황 - 국내총생산 - 인플레이션과 금리 현황 - 필요시, 해당 산업 시장의 동향(예 : 관광 시장 동향)
4. 입지 분석	입지에 대한 미시적인 세부 분석으로 교통과 인프라와 같은 세부적인 내용도 포함됨. - 도시적인 관점에서 위치에 대한 설명 - 접근성에 대한 입지 평가 - 프로젝트의 세부 입지 분석 - 프로젝트의 입지적 SWOT 분석
5. 시장 분석	보고서의 중요한 장으로 다양한 시장의 데이터 분석과 전망을 보여줌. - 시장의 수요 분석 및 타깃 분석 - 현재와 미래의 공급 전망, 예상 흡수량 - 개발 전략과 시장 분석 - 상품 포지셔닝 - 상품의 경쟁력 분석
6. 운영 계획	호텔이나 쇼핑센터와 같은 상업용 부동산일 경우 운영 전략이 포함됨. - 운영업체 결정 - 다양한 운영 모델 - 유지관리 전략 - 기타 운영 관련 이슈
7. 재무 타당성	보고서의 가장 중요한 장으로 재무분석과 다양한 주요 지표에 대해 설명함. - 가격 책정의 전략 - 예상 필요 사업비(토지비, 공사비, 간접비, 금융비 등) - 수익률(Unleveraged IRR, Leveraged IRR) - 자금조달 전략 - 민감도 분석 및 시나리오 분석

📎 Tip

미국 부동산 시장 분석 시 유용한 웹사이트

국내에서 시장의 데이터들이 다소 폐쇄적으로 공유되는 것과는 달리, 미국과 같은 다른 선진국에서는 상업용 부동산의 시장 분석을 위한 다양한 데이터들이 광범위하게 공유되고 있다. 분양형 아파트가 주를 이루는 국내 부동산 시장은 분양형 주택에 대한 월별 주택가격들의 데이터는 투명하게 공개되는 편이나 상업용 부동산의 실제 거래가격이나 임대료, 자본환원율 등의 데이터 수집에는 여전히 어려움이 많다.

아래의 웹사이트 주소들은 미국에서 특정한 부동산 프로젝트의 분석을 위해 시장 데이터를 수집하고자 할 경우 유용한 데이터들을 얻을 수 있는 곳이니 참고하길 바란다.

유사 사례 분석에 도움이 되는 웹사이트

www.reis.com
www.loopnet.com
www.redfin.com
www.trulia.com
www.zillow.com
www.propertyshark.com
www.apartments.com
www.rent.com
www.realtor.com
www.realestateeconomics.com
www.metrostudy.com
homes.yahoo.com

인구통계학 자료 검색에 도움이 되는 웹사이트

www.bestplaces.net
www.city-data.com
www.mapszipcode.com
www.census.govs
www.clrsearch.com
www.esri.com

Chapter 02

주요 국가들의 부동산 시장을 살펴보자

GLOBAL REAL ESTATE

| 미국과 유럽의 부동산 시장 동향 |

미국의 부동산 시장

　미국 경제의 약 70%를 차지하는 소비는 2008년 금융위기 이후 위축된 모습을 보였으나 최근 빠른 경제 회복력으로 세계 경제 성장의 주요한 동력이 되고 있다. 일자리가 늘어나고 낮은 모기지 대출금리로 좀 더 많은 사람들이 주택을 구매하면서 모든 용도의 부동산들에 대한 수요도 증가하는 추세다. 특히, 저금리로 기존의 주택 소유자들이 리파이낸싱(Refinancing)을 통해 이자 부담을 낮추게 되면서 가처분소득이 커졌다. 이렇게 늘어난 소득이 소비와 투자로 이어지면서 미국의 경제 성장을 이끄는 선순환의 구조를 보이고 있다.

　미국의 부동산 연구단체인 ULI(Urban Land Institute)와 글로벌 회계·컨설팅업체인 PwC에서 발표한 'Emerging Trends in Real Estate 2020'에 따르면, 한동안 계속된 미국 경제의 호황에도 시장에 대한 불확실성이 커지면서 포트폴리오를 다변화하고 상대적으로 안전한 자산에 대한 선호도가 커지고 있다. 다른 한편 메디컬(Medical) 오피스 빌딩이나 셀프 스토리지(Self-storage), 학생 주거(Student housing)와 같은 틈새 시장에 대한 관심도 커지고 있다. 지속적인 관심으로 시장 가격이 상승하면서 우려도 커지나 산업용 부동산은 2014년 이후 2020년에도 7년 연속 투자나 개발측면에서 가장 유망한 용도로 조사되었다(1위 산업용부동산, 2위 주거용 부동산, 3위 오피스, 4위 호텔, 5위 리테일).[27] 저조한 경제 성장과 인건비의 상승 등으로 2014년에 투자 전망이 두 번째로 높았던 호텔 부동산에 대한 전망은 점차로 약해지고 있다. 2015년에는 3위로, 2016년에는 4위, 2017년에는 3위, 2018년 이후 4위로 다시 떨어지면서 오피스 부동산보다 선호도 전망이 눈에 띄게 낮아지고 있다.

미국에서 상업용과 주거용 부동산 관련 건설업이 국내총생산(GDP)에서 차지하는 비율은 2005년에 9.1%(1조 3,000억 달러)로 정점을 찍은 이래로 2010년에는 5.1%(7,487억 달러)로 최하점을 찍었고, 2016년에는 6.0%(1조 2,000억 달러)로 30년 이전 수준으로 낮아졌다.[28] 특히 2018년 신규 주택 건설의 규모는 6,100억 달러로 실질 GDP의 3.0%만을 차지했다. 따라서 부동산 건설업은 다른 OECD 선진국들과 마찬가지로 미국에서 더 이상 GDP의 중요한 기여인자는 아니다. 특히, 오피스와 산업용 부동산의 건설은 증가하는 반면 리테일 부동산의 신규 건설 공급은 다소 줄어드는 추세다. 또한, 오일 가격의 하락에도 불구하고 공사비는 계속적으로 증가하고 있다.

유형별 미국 부동산의 특징들은 PART 03에서 좀 더 살펴보도록 하겠다.

---

27. 'Emerging Trends in Real Estate 2020'은 실제로 2019년에 조사된 보고서로, 매해 동일 기관에서 전 세계 부동산 시장에 대해 다각적인 전망을 발표하고 있다. 2012년에 조사된 2013년 트렌드 보고서에서는 임대형 아파트가 1위로, 산업용 부동산보다 높은 선호도를 보였다.
28. 출처 : useconomy.about.com

유럽의 부동산 시장

국제통화기금(IMF)의 발표에 따르면, 2018년 기준 유럽연합(EU)의 경제 규모는 명목 국내총생산(GDP) 기준 18.8조 달러로 유럽연합을 하나의 단일 국가로 본다면 미국 다음으로 전 세계에서 가장 큰 경제 단위다. 그러나 2011년 1분기 이후로 유럽의 경제 성장은 미국보다 뒤쳐져서 1%대의 낮은 성장률을 보이고 있다. 영국이나 독일과 같은 북유럽 국가들을 중심으로 부동산 시장이 강한 회복세를 보이고 있으나 스페인이나 이탈리아 같은 남부 유럽의 회복세는 한동안 완만할 것으로 전망된다. 눈에 띄는 상승세는 폴란드로 2013년 1.4%의 경제 성장률을 보인 반면 2017년에는 4.8%로 빠른 회복세를 보였다. 2018년에는 5.4%, 2019년 이후에도 3%대 이상의 높은 경제 성장률을 보일 것으로 전망되며, 이로 인해 부동산 가격도 상승하면서 여러 해외 투자자들의 관심이 높아지고 있다.[29]

저조한 유럽의 경제 성장과 함께 부동산 시장도 브렉시트(Brexit)로 촉발된 유로존(Eurozone)의 해체에 대한 불안감과 정치적인 불안전성으로 불확실성이 커지면서 한동안 위축된 모습을 보일 것으로 전망된다. 이러한 불확실성 속에도 대체 투자에 대한 관심으로 유명 대학교를 중심으로 늘어나는 외국 유학생들의 수요를 반영해 2014년부터 꾸준히 학생 주거(Student Housing)의 부동산 투자 전망이 높아지고 있다. 이 부분은 PART 05에서 좀 더 자세히 살펴보겠다. 또한, 유럽 전역의 경제 회복을 기반으로 IT 기술과 빅

---

29. 국민연금도 폴란드의 높은 경제 성장률의 미래가치를 보고 2014년에 폴란드 내 쇼핑몰과 방송통신탑 등에 총 8,200억 원을 투자하기도 했다.

데이터 산업의 발전으로 데이터 센터(Data Center)에 대한 수요도 높아지고 있다. 또한 고령화를 반영한 시니어 하우징(Retirement/assisted Living)이나 헬스케어(Healthcare) 센터와 밀레니엄 세대의 수요를 고려한 공유 오피스 (Shared/serviced Office)에 대한 관심도 지속적으로 이어지고 있다.

주택 시장은 유럽 국가 간 편차가 큰 편인데 경제 회복을 이끄는 영국과 독일, 아일랜드를 중심으로 주택가격 상승폭이 2013년부터 눈에 띄게 높아지고 있다. 글로벌프라퍼티가이드(Global Property Guide)에 따르면, 영국은 2014년 전년 대비 11.5%의 높은 주택가격 성장률을 보였으나 2016년 브렉시트(Brexit) 결정 이후 불확실성이 커지면서 지속적으로 하락해 2018년에는 2.48%의 주택가격 상승률을 보였으나 점차 회복세를 보이고 있다. 아일랜드는 2015년에 가장 급격한 경제 성장인 25.2%의 상승률을 보인 이후 2018년에도 8.2%의 경제 성장률을 보이면서 유럽 국가들 중에서 높은 주택가격 상승률을 꾸준히 유지하고 있다. 독일도 저조한 경제 성장에도 불구하고 낮은 금리로 인해 강한 주택가격 상승추세를 보이고 있다.

반면 이탈리아와 같은 다른 유럽 국가들은 저조한 경제 성장과 대출 규제의 강화 등으로 낮은 상승률이 지속될 것으로 예상된다. 한편 유럽 중앙은행이 2018년말에 종료한 양적완화 정책을 다시 재개하고 실업률에도 불구하고 인건비가 상승하는 등의 시장 환경으로 다른 유럽 국가들의 주택 시장도 꾸준한 회복세를 보일 것으로 전망된다.

아시아퍼시픽의 부동산 시장 동향

　아시아개발은행(ADB)은 2019년 4월에 발표한 'Asian Development Outlook 2019'에서 아시아 경제는 글로벌 경제의 저조한 성장과 미국과 중국, 유럽 간의 무역 긴장 등으로 2018년에 이어 2019년과 2020년에도 5% 후반대의 경제성장률을 보일 것으로 전망했다. 반면 한국이나 싱가포르, 홍콩, 대만, 중국을 제외한 개발도상국가들의 경제성장률은 다소 저조한 5% 중반대를 보일 것으로 전망되었다. 전반적으로 아시아퍼시픽(Asia Pacific)[30] 시장의 주택가격은 정부 규제 압력과 대출심사 기준 강화, 점진적인 이자율 상승 추세 등으로 완만한 상승세를 보일 것으로 전망된다. 반면, 아시아퍼시픽 시장의 투자에 대한 관심이 지속적으로 늘어나면서 늘어난 수요만큼 공급량도 함께 늘어 부동산 시장의 거래 규모는 늘어날 전망이다. 특히, 전 세계적인 금리 인하

---

30. 부동산 시장을 분석할 때, 전 세계를 크게 3개의 지역, 즉 Americas, EMEA(Europe, the Middle East and Africa), Asia Pacific으로 보통 구분한다. 여기서 아시아퍼시픽은 아시아 전체 국가들과 호주, 뉴질랜드, 사모아와 같은 태평양 섬들을 포함한다. 명확한 지역별 국가 리스트가 있다기보다는 분석의 목적에 따라 대상 국가들은 변동된다.

추세와 에너지 가격 하락 등으로 수익률이 호전되면서 글로벌 부동산 투자자들이 좀 더 공격적인 투자 성향을 보이며 아시아퍼시픽 시장에 적극 나서고 있다.

'모디노믹스(Modinomics)'로 대변되는 인도와 인도네시아는 정치적인 안정과 친기업적인 경제 정책들을 바탕으로 아시아퍼시픽 시장의 성장을 주도하고 있다. 여기에 일본의 엔저 정책으로 할인효과를 기대하는 해외 투자자들의 관심도 커지고 있다. 또한, 적극적인 이민정책으로 향후 20년 동안 2%에 가까운(2018년 1.96%[31]) 높은 인구 성장률을 보일 것으로 전망되는 호주의 부동산 시장은 거래량이 늘면서 아시아퍼시픽뿐만 아니라 전 세계 부동산 시장의 성장을 이끌고 있다. 특히 지난 몇 년 사이 낮아진 이자율로 주택 시장의 수요가 늘어나면서 호주의 소득 대비 주택가격(Price-to-Income)이나 임대료 대비 주택가격(Price-to-Rent) 비율이 OECD 국가들 중 상위 10위 안에 들 정도로 주택가격이 상승하고 있다.

아시아퍼시픽 도시들 중 도쿄와 상하이, 시드니는 일본과 중국, 호주의 대표적인 관문 도시로 투자자들에게 최적의 투자 시장으로 손꼽히고 있으며, 특히 오피스와 산업용, 호텔 부동산이 높은 관심을 끌고 있다. 자가점유율(Homeownership rate)이 90% 이상(2018년 91%)인 싱가포르의 주택 시장은 인구 감소와 고령화, 1인 가구의 증가 등으로 다소 성장의 한계를 내포하긴 하나 여전히 핵심 투자국으로 부각되고 있다.

---

31. 세계은행의 2018년 인구 성장률을 보면, 한국 0.43%, 중국 0.46%, 미국 0.62%, 인도 1.04%로 호주의 인구 성장률은 선진국임을 감안하지 않더라도 매우 높은 수치다.

반면 해외 투자자들의 최대 관심국인 중국은 대규모 자본력을 바탕으로 북미를 비롯한 아시아퍼시픽 전 지역에서 부동산 투자 규모를 적극적으로 늘리고 있다. 최근 7% 미만의 중국의 저성장 추세는 중장기적인 관점에서 '위기'이기보다는 '기회'로 인식하는 투자자들이 많다. 중국의 노동생산비가 올라가면서 다국적 제조업체들이 그들의 공장들을 베트남이나 인도네시아와 같은 노동비가 저렴한 다른 국가들로 옮기고 있는 것은 사실이다. 그러나 여기에는 또 다른 변화가 나타나고 있다.

중국이 전통적인 제조업에서 벗어나 하이테크 산업이나 유통과 같은 고부가가치 산업으로 비즈니스 구조를 재편하고 있다. 이에 천진(Tianjin)이나 심천(Shenzhen)이 아시아퍼시픽의 주요한 산업용 부동산의 핵심 도시로 다시 부각되고 있다.

이제 아시아의 주요한 관심 국가인 중국과 인도, 말레이시아와 베트남의 주택 시장을 좀 더 살펴보자.

중국의 주택 시장 동향

중국의 모든 토지는 국가가 소유하고 있으며, 개인이나 기업은 토지의 사용권(임대권)과 토지 위 건물의 소유권만을 갖는다. 일반적으로 상업용 부동산이 40년의 임대기간을 갖는 반면 주거용 부동산은 70년의 토지 임대기간을 갖는다. 중국의 주택가격은 다른 나라들에 비해 공사비나 인건비보다는 토지가격에 큰 영향을 받는다. 최근 주거용 부동산의 토지가격은 다시 상승하는 추세로 2017년 1분기 기준 시 평방미터당 6,040 위안(약 99만 원)으로 전년 대비 8.72% 상승했다. 상업용 부동산의 토지가격은 평방미터당 7,017 위안(약 115만 원), 산업용 부동산은 787위안(약 13만 원)으로 전년 대비 각각 3.76%, 2.73% 상승했다.[32]

35개 주요 도시를 대상으로 조사한 [자료 2.7]의 표에서도 볼 수 있듯, 2010년 이전까지는 토지가격의 상승률이 주택가격 상승률의 3배에서 5배가 넘을

---

32. 출처 : China Land Surveying and Planning Institute, 2017

[자료 2.7] 연간 평균 실질 성장률

	2004	2005	2006	2007	2008	2009	2010	2011
House Price	4.14%	5.56%	6.72%	13.60%	8.18%	9.17%	23.31%	8.47%
Land Price	32.07%	12.22%	23.51%	46.39%	-5.34%	28.46%	31.36%	2.57%
Construction Cost	6.26%	0.12%	0.22%	1.26%	6.77%	-1.87%	1.76%	-
Construction Industry Wage	8.24%	12.38%	14.19%	10.73%	8.56%	14.62%	10.26%	-
Number of Cities Included	15	22	25	33	34	35	35	35

출처 : Land and House Price Measurement in China, Yongheng Deng 외, 2012

정도로 두 자리수의 급격한 상승률을 보여왔다. 2008년 금융위기 시기를 제외하고 2010년까지 다소 비정상적인 높은 토지가격 상승세를 보이던 주택용 토지 시장은 베이징이나 상하이와 같은 주요 도시들을 중심으로 2011년부터 한 자리 숫자로 하락하기 시작해 지금까지 완만한 추세를 보이고 있다.

중국은 국가통계국(NBS, National Bureau of Statistics)과 국가발전개혁위원회(NDRC, National Development Reform Commission)에서 주택가격에 대한 정기적인 시장 데이터를 발표하고 있다.[33] 국가통계국의 발표에 따르면 2018년 부동산 개발 관련 투자금이 12조 위안(Yuan)으로 전년 대비 9.5% 증가했으며, 주거용 부동산이 전체 부동산 투자개발에서 차지하는 비중이 70%

---

33. NBS는 1997년부터 35개 대도시의 주거용 부동산에 대해서만 매년 평균 주택가격을 제공하고 있는 반면, NDRC는 2007년부터 매월 평균 주택가격을 제공하고 있다. 특히, NDRC는 도심 내 주거와 상업용 부동산의 복합된 데이터를 제공하며, 전반적으로 NBS 데이터보다 높은 가격대를 보인다.

[자료 2.8] 상하이(Shanghai)의 주택가격 변화

	Q1	Q2	Q3	Q4
2018	-0.40	-1.18	0.14	-1.09
2017	-0.38	0.50	-2.28	-0.15
2016	8.20	5.80	6.62	1.68
2015	0.55	2.92	3.10	4.24
2014	0.58	0.14	-2.06	0.03
2013	2.35	4.36	2.84	2.73
2012	-0.35	0.08	0.35	0.46
2011	0.78	0.43	0.12	-0.54
2010	1.67	0.16	-0.62	0.67
2009	0.09	3.45	2.54	2.44

% change over a quarter(QoQ)
출처 : www.globalpropertyguide.com/Asia/China/Home-Price-Trends

로 전년 대비 빠르게 증가하는 모습을 보였다.

중국의 부동산 산업은 국가 경제의 약 15%를 차지할 정도로 지난 수십 년 동안 부동산 시장은 중국의 경제 성장을 이끌어 왔다. 2014년에서 2015년 사이 주택가격의 하락세는 단순한 부동산 시장의 침체를 넘어 구리나 철강과 같은 원자재의 수요까지 하락시키며 경제 전반에 큰 영향을 끼쳤다. 특히, 중국의 주택 시장의 발전은 통화 정책과 같은 거시경제 지표에 밀접하게 연관되어 있다. 중국 정부는 2014년 11월에 2년 이상 유지해왔던 6.0%의 기준금리를 5.6%로 낮추었고, 2015년 10월에는 4.35%로, 2019년 9월에는 4.2%로 또다시 인하하며 부동산 시장을 살리기 위해 노력하고 있다. 동시에 부동산 규제 완화 정책도 펼치고 있다. 공공주택자금을 대출받는 생애 최초 주택

구입자들에게 계약금 비율을 기존 30%에서 20%로, 두 번째 주택 구입 시는 60%에서 40%로 기준을 낮추었다. 판매세(Sales Tax) 면제 혜택 기간도 매입 후 5년에서 2년으로 축소하는 등 다양한 조치를 취하고 있다.

중국인들은 보통 그들의 주택을 구매할 때 규제적인 제한과 문화적인 이유 등으로 대출보다는 자신들의 현금으로 구매하는 경향이 높다. 따라서 미국이나 다른 선진국들과 비교해볼 때 가구 대출 비율은 매우 낮은 편이다. 2007년 미국의 GDP 대비 가구 대출이 100%에 달했던 것과는 달리 중국은 당시 겨우 20% 수준에 머물렀다. 그러나 2018년 기준 GDP 대비 가구 부채의 비율은 53.2%로 상승했고 가계의 가처분소득대비 대출 비율도 약 85%로 점점 높아지고 있다.[34]

국제결제은행(Bank for International Settlements: BIS)의 보고서를 보면, 가계 부채 비율이 높다고 알려진 한국과 비교할 때도 그 증가세를 엿볼 수 있다. 2018년 4분기 기준 한국의 GDP 대비 국가 부채 비율이 286%로 그중 가계 부채가 97.7%를 차지했다면, 중국의 GDP 대비 국가 부채 비율은 282%, 가계 부채 비율은 52.6%로 빠른 증가세를 보였다. 개인과 기업을 포함한 부동산 관련 대출(주택담보 대출과 부동산 개발금융 포함)도 금융권 전체 대출의 20%를 차지할 정도로 그 비중은 점점 커지고 있다.

---

34. 'Chinese Academy of Social Sciences(CASS)'에서 발간한 'China Balance Sheet 2013'에 따르면, 중국의 2012년 말 국가 부채는 18.2조 달러(111.6조 위안)로 중국 GDP의 215.7%이다. 그중 기업 부채는 113.5%, 정부 부채는 53.5%, 가계 부채는 31.1%, 금융기관 부채는 17.6%를 각각 차지했다.

최근 중국은 자산유동화증권(ABS, Asset Backed Security)으로 대표되는 자본 시장을 키우기 위해 2008년 금융위기를 이끌었던 서브프라임 모기지(Sub-prime Mortgage)나 부채담보부증권(CDO, Collateralized Debt Obligation)과 같은 복잡한 파생상품을 허용하기 시작했다. 다만, 소수의 주택저당증권(MBS, Mortgage Backed Security)이 주로 거래되고 있기 때문에 부채 비율 대비 시장의 상대적인 안정성은 기대할 수 있다.

중국에서 부동산은 2017년 법 개정을 통해 더 이상 '외국투자산업(Restricted Foreign Investment Industries)'에 속하지 않게 되었다. 중국에서 부동산 개발을 비롯해 매매 거래나 임대 사업 등을 하려는 외국인 투자자들은 부동산개발 '외국인 투자 회사(Foreign Investment Enterprises)'를 설립해야 한다.[35] 또한 주거용 부동산에 대해서는 100% 외국인 소유기업(Wholly Foreign Owned Enterprise)인 독자투자 방식으로 부동산을 개발하는 것을 허용하는 반면 오피스나 호텔과 같은 상업용 부동산에 대해서는 여전히 외국인들은 조인트벤처(Joint Venture)라는 합작투자 방식 구도하에서만 개발할 수 있도록 제한하고 있다.

부동산 관련 중국의 일반적인 조세 기준을 살펴보면 [자료 2.9]와 같다. 중국도 미국과 마찬가지로 지역마다 조세 기준이 다르기 때문에 해당 도시의 조세 기준을 확인할 필요가 있다. 예를 들어, 베이징에서는 개인이 주택 임대소득이 있을 경우, 관련된 모든 세금(BT, IIT, RPT, LUT)을 합쳐서 총임대

---

35. 출처 : Real Estate Going Global, PwC, 2018

수익의 5%를 내야 하나, 심천에서는 그 비율이 4.1% 또는 6%로 달라진다.

[자료 2.9] 중국의 부동산 관련 조세 기준

항목	세율	과세 대상
영업세(BT, Business Tax)	5%	임대 수익 또는 매각 수익 대비
법인세(CIT, Corporate Income Tax)	25%	순임대 수익(NOI) 대비
개인소득세(IIT, Individual Income Tax)	10%/20%	임대 수익 또는 매각 수익 대비
토지세(LVAT, Land Value Appreciation Tax)	30% – 60%	양도소득 대비
양도소득세(Capital Gain Tax)	25%	
토지사용세(LUT, Land Use Tax)	평방미터당 0.6 위안 – 30 위안	
부동산세(RPT, Real Property Tax)	1.2% 12%	감정 평가금액의 70% 또는 80% 임대가격 대비
취득세/등록세(DT, Deed Tax)	3% – 5%	
인지세(Stamp Tax)	0.05% 0.1%	매매가격 대비 임대 수익 대비

출처 : Real Estate Going Global, PwC, 2018

| 인도의 주택 시장 동향 |

2012년을 제외하고 지난 5년 동안 매년 6% 이상의 높은 경제 성장률을 보였던 인도는 2018년에도 중국의 6.6%보다 조금 높은 6.8%의 실질 경제성장률(Real GDP Growth)을 보였다.[36] 2020년 이후에도 해마다 7% 이상의 높은 경제 성장률을 보일 전망이며 도시화도 빠른 속도로 진행되고 있다. 풍부한 젊은 노동력의 인구 구성과 외국인 투자 규제 완화 등 여러 거시적인 경제 지표와 함께 경제 개혁 의지로 인도 시장에 대한 세계적인 관심은 점점 더 커지고 있다.

인도는 원칙적으로 외국인이 부동산 실물 자산에 직접적으로 투자하는 것은 허용하지 않는다. 부동산 건설이나 개발 프로젝트에 우선주(Preference Share)나 무담보전환사채(Convertible Debenture)와 같은 간접 투자만 허용했다. 그러나 모디 정부는 적극적인 해외 자본 유치를 위해 20,000평방미터(기존 50,000㎡) 이상의 부동산 건설과 개발 사업에 대해서 외국인직접투자

---

36. 출처 : www.imf.org/external/datamapper/NGDP_RPCH@WEO/OEMDC/ADVEC/WEOWORLD/IND

(FDI)를 허용하며 규제를 완화하고 있다. 2017년에 부동산 산업이 인도 GDP의 6%-7%를 차지했다면, 2025년에는 GDP의 13%까지 상승할 것으로 전망된다. 또한 건설업은 앞으로 10년 동안 해마다 7%에서 8%의 높은 성장률을 보일 것으로 전망되며, 고용 시장의 약 9% 이상을 현재 부동산 산업이 이끌고 있다.[37]

반면 인도 경제의 큰 견인차 역할을 하고 있는 부동산 시장은 다른 나라와는 다른 독특한 특성을 보여준다. 예를 들어, 2017년 남부 뭄바이의 120평방미터(120㎡) 아파트의 월 임대료는 약 2,530달러로 한국과 유사한 수준이다. 반면 동일한 아파트의 시장 가격은 평방미터당 약 10,930달러로 일본이나 한국보다 주택가격이 높으나 임대수익률은 2.3% 수준으로 낮은 편이다. 이를 3.3평방미터로 환산하면 약 36,100달러로 이를 원화로 환산해보면 약 4,300만 원이 넘는다.[38]

일반적으로 선진국의 임대 수익률은 인도와 같은 개발도상국의 임대 수익률보다 높다. 그러나 인도의 도심지 주거용 부동산의 임대 수익률은 2.5%에서 3.8% 수준으로 임대료나 주택가격이 유사한 다른 나라들과 비교해도 매우 낮다. 인도네시아나 필리핀의 경우, 예금금리보다 높은 주거 임대 수익률이 형성되어 있다. 글로벌 컨설팅 회사인 존스랑라살르(Jones Lang LaSalle)의 보고서를 보면, 정기예금금리를 기준할 때 뉴욕의 예금금리는 1%로 임대

---

37. 출처 : https://aqli.epic.uchicago.edu/news/real-estate-may-add-13-to-indias-gdp-by-2025-here-are-the-hurdles-that-lie-ahead
38. 출처 : www.globalpropertyguide.com/Asia/India#rental-yields

수익률은 금리의 약 6배인 6.2%가 평균적이다. 도쿄도 예금금리 0.2% 대비 4.7%의 경쟁력 있는 임대 수익률을 보인다. 또한, 베이징이나 시드니는 예금금리와 거의 유사한 수준인 각각 2.8%, 4.8%의 임대 수익률을 보인다. 그러나 인도의 델리나 뭄바이는 임대 수익률이 각각 2.0%, 3.5%로, 이는 정기예금금리 8.25%의 30%에서 40% 수준으로 매우 낮다. 높은 금리로 세계적으로 매우 높은 금융자본 수익률(복리로 이자율 산정 시 20% 이상)을 보이는 인도에서 주거용 부동산에 투자할 경우 이러한 낮은 임대 수익률에 대한 검토가 필요하겠다.

그런데 이처럼 수요·공급법칙에서 벗어난 비정상적인 가격 형성을 보이는 이유는 무엇일까? 이는 인도의 도심 내 주택 분양 시장의 주요 구매자들이 거주 목적의 최종 소비자가 아닌 투자 목적의 소비자들이기 때문이다. 그들은 시장의 높은 공실률에도 불구하고 임대료를 할인하지 않고 구매한 주택을 높은 임대료로 다시 시장에 공급하고 있다. 디벨로퍼들도 미분양 등의 어려운 분양 시장 환경 속에서도 부동산의 가치 하락을 막기 위해 분양가를 할인하지 않는다. 가격을 조정하기보다는 장기적인 보유를 통해 임대가나 분양가를 유지하기 때문에 임대 수익률에 비해 높은 임대료와 주택가격이 형성된 것이다.

또한, 인도에서는 건물이 완공되기 전에 주택을 구매하는데, 대출을 통해 자금을 조달하는 비율은 상대적으로 낮다. 2018년 기준 인도의 주택담보대출은 국내총생산의 약 5.4% 수준(가계대출은 10.9%)으로 다른 아시아 국가들과 비교했을때 매우 낮은 수준이며, 부동산담보대출비율(LTV)도 80%를 넘지 않았다.

인도의 일반적인 조세 기준을 살펴보면 [자료 2.10]과 같다. 인도도 중국이나 미국과 마찬가지로 주마다 다양한 조세 기준을 갖고 있으니, 해당 도시의 조세 기준을 확인해야 한다.

[자료 2.10] 인도의 부동산 관련 조세 기준

항목	세율	과세 대상
원천세(Withholding Tax)	15%	총임대 소득
양도소득세(Capital Gain Tax)	20% 30%	2년 이하 보유 시 2년 초과 보유 시
서비스세(Goods and Services Tax)	12%/8%	
부동산세(Property Tax)	6% – 10%	임대가격 대비(델리 기준)
리츠(REIT) 배당소득세	5%	
인지세(Stamp Tax)	5% – 15%	

출처 : Real Estate Going Global, PwC, 2018

말레이시아와 베트남의 외국인 주택 투자 시장

2008년 6월 이후 주거 목적이나 투자 목적 모두 해외 부동산 취득금액에 한도가 없어지고 저금리 시대를 맞이하면서 새로운 투자처를 모색하는 개인 투자자들 사이에서 해외 부동산에 대한 관심이 커지고 있다. 이에 미국이나 영국, 호주와 같은 선진국과 더불어 동남아 국가들에 대한 관심도 높아지고 있다. 중국과 인도 다음으로 세계에서 가장 큰 노동력을 제공하는 아세안(ASEAN)[39] 국가들은 제조업과 무역업의 중심지일 뿐만 아니라 빠르게 성장하는 소비 시장으로 해외 투자자들의 주목을 끌고 있다. 특히, 이들 국가 중 인도네시아와 말레이시아, 베트남, 필리핀, 태국은 아세안 5개국(ASEAN 5)으로 분류되어 보다 많은 주목을 받고 있다. 향후 5년에서 10년 내에 중산층이 급격한 비율로 성장하면서 풍부한 젊은 노동 가능 인구를 바탕으로 빠르게 소비 시장이 확대될 것으로 기대된다.

---

39. 아세안(ASEAN)은 인도네시아, 말레이시아, 필리핀, 싱가포르, 태국, 부르나이, 베트남, 라오스, 미얀마, 캄보디아의 10개국으로 구성되어 있다.

말레이시아의 주택 시장

말레이시아는 'International Living'에서 발표한 'World's Best Retirement Destinations for 2019'에서 파나마, 코스타리카, 멕시코, 에콰도르 다음으로 세계에서 다섯 번째로, 아시아퍼시픽에서는 첫 번째로 은퇴자들이 선호하는 지역으로 조사됐다. 이는 저렴한 생활비와 낮은 세금, 아열대 날씨와 영어로 의사소통이 수월한 여러 환경적인 요인들에 기인하며, 여유로운 노후 생활을 즐기고자 하는 외국인들이 선호하고 있다. 또한 높은 교육시설과 의료시설 수준으로 보다 다양한 연령층의 관심을 끌고 있다. 이에 2002년부터 말레이시아 정부는 마이세컨홈프로그램(MM2H, Malaysia My Second Home)이라는 준영주권 제도를 통해 외국인들이 10년까지 장기체류 비자로 거주할 수 있도록 허용하고 있다.

마이세컨홈프로그램은 지원자를 크게 세 가지의 카테고리로 분류해 신청 자격을 제한하고 있다. 먼저, 50세 이상의 지원자로 매월 부부합산 최소 1만 링깃(약 280만 원) 이상을 국외에서 연금 형태로 수령받는 경우, 잔고증명 없이 신청이 가능하다. 또는 월소득이 1만 링깃 이상으로 말레이시아 현지 은행의 정기적금통장에 15만 링깃(약 4,200만 원)을 이체하는 경우로, 추가로 35만 링깃(약 9,800만 원) 이상의 은행 잔고를 증명해야 한다. 이 경우 1년이 지나면, 정기적금통장에 입금해 놓은 15만 링깃 중 5만 링깃(약 1,400만 원)까지 주택 구매나 자녀교육비, 의료관련 비용 등의 목적으로 인출할 수 있다.

반면, 50세 미만의 지원자로 월소득이 1만 링깃 이상인 경우, 정기적금통장에 30만 링깃(약 8,400만 원)을 이체해야 하며 최소 50만 링깃(약 1억 4,000만 원) 이상의 은행 잔고를 증명해야 한다. 이 경우, 50세 이상 지원자와 마찬가지로 1년 후 15만 링깃까지 같은 목적으로 인출이 가능하다. 마지막으로 말레이시아에서 현금으로 100만 링깃(약 2.8억 원) 이상의 부동산을 구입하는 경우, 50세 이상의 지원자는 정기적금통장에 10만 링깃을, 50세 미만의 지원자는 15만 링깃을 이체해야 한다. 여기서 한 가지, 2019년 9월 기준 말레이시아의 기준금리는 3.0%로 한국의 1%대 금리수준과 비교할 때 이자소득에 따른 투자효과도 부가적으로 기대할 수 있다.[40]

말레이시아는 증가되는 가구부채 비율(2018년 기준 GDP 대비 83%)을 낮추기 위해 2013년부터 중앙은행의 주택대출에 대한 승인을 강화하고 있다. 또한, 2015년 4월부터 실시했던 6%의 부가가치세(GST)로 자재가격과 인건비 상승 등으로 주택가격이 상승하면서 주택 시장도 다소 위축되기도 했다. 2018년 기준 말레이시아의 평균 주택가격은 416,993 링깃(원화로 약 1.16억 원) 수준이나 쿠알라룸푸르의 평균 주택(콘도미니엄) 가격은 786,800 링깃(원화로 약 2.2억 원)으로 높은 편이다. 반면 말레이시아의 월 임대료는 약 1,280달러(약 150만 원)로 낮은 수준이다. 2017년 이후 주택가격지수가 하락하고 있으나 4%대 이상의 높은 경제성장률과 매년 1.5% 수준의 높은 인구증가율, 3%대의 낮은 실업률, 개인 소득수준의 향상, 낮은 수준의 부실대출비율(2019년 8월 기준 1.6%로 영국보다 낮은 수준임.) 등으로 말레이시아 부동산 시장은 긍정적으로 평가된다.

---

40. 말레이시아는 베트남과 같은 다른 동남아 국가들과는 달리 선진화된 금융시스템을 갖추고 있다. 이슬람채권인 수쿠크(Sukuk)의 전 세계 채권금액의 약 34%(2018년 기준)를 발행할 정도로 금융 시장 규모도 크다.

[자료 2.11] 말레이시아의 부동산 관련 조세 기준

항목	세율	과세 대상
법인세(Corporate Income Tax)	17%/24%	
소득세(Income Tax)	최대 28%	400,000링깃 이상의 과세대상자
양도소득세(Capital Gain Tax)	30% 5%	3년 이하 보유 시(외국인은 5년 이하) 6년 이상 보유 시(외국인은 10%)
부동산세(Property Assessment Tax)	4% – 10%	임대가격 대비
인지세(Stamp Tax)	1% – 4%	부동산 시장가 대비

출처 : International Tax Highlights, Deloitte, 2019

베트남의 주택 시장

말레이시아와 함께 외국인 직접 투자국으로 높은 관심을 끄는 베트남은 5%대의 높은 경제성장률과 3% 이하의 낮은 실업률로 중국의 상승하는 노동인건비를 대체할 만한 제조국으로 큰 관심을 받고 있다. 30세 이하 인구가 전체 인구수의 50% 이상을 차지할 정도로 젊은 노동력을 기반으로 1%대의 안정적인 인구증가율과 급속한 도시화율로 계속해서 외국인 직접 투자를 이끌어내고 있다. 특히, 한국은 2018년 기준 베트남의 외국인 직접 투자 2위(1위 일본) 국가로 삼성전자와 LG전자가 베트남 전체 수출의 큰 비중을 차지할 정도로 국내 기업들의 관심을 모으고 있다. 그러나 커피 수출국 세계 2위인 베트남에서 스타벅스가 2013년에 처음으로 매장을 오픈하고, 2014년에 맥도널드가 처음 진출할 정도로 글로벌 기업들의 진입장벽이 높은 것도 사실이다.[41]

---

41. 스타벅스와 맥도널드는 매장 점포개설에 엄격한 기준을 갖고 있고 입지선정이 까다로워 상권 분석 시 지표 역할을 한다.

2008년과 2011년 말 15%에 육박하던 기준금리는 2014년부터 2017년 5월까지 6.5%, 2019년 9월까지 6.25%로 안정적인 모습을 보이고 있으며, 이에 따라 20%까지 치솟던 주택담보대출 금리도 8%-10% 수준을 유지하고 있다. 또한, 2008년에 18.7%까지 올라갔던 인플레이션율도 2019년에는 2%-3% 수준으로 안정화되었다. 이에 2007년과 2008년 상반기 사이 주택 시장의 버블 이후 과잉공급으로 침체된 부동산 시장도 상승세를 보이고 있다.

지난 몇 년 동안 베트남의 부동산 시장은 프로젝트를 수행할 충분한 자본금의 부족과 수요·공급의 불균형한 시장 상태, 비합리적인 분양 가격 등으로 어려움을 겪었다. 비현실적인 정부 정책과 시장에 대한 불확신 등으로 주택을 포함해 오피스와 리테일 부동산 모두 임대료가 하락했다. 말레이시아 투자은행 CIMB의 보고서에 따르면, 미분양 아파트의 대부분이 150,000달러(약 1억 7,000만 원) 이상의 고급 주택들로 하노이와 호찌민의 1인당 국민소득을 고려해볼 때 베트남 내국인들만의 수요에는 한계가 있음을 알 수 있다.

이에 정부가 적극적으로 부동산 시장과 경제를 살리기 위해 열악한 도로여건이나 교통시설 등의 인프라를 확충하고 있다. 또한, 외국인들의 주택 구매를 허용하는 법을 2014년 11월에 통과시켜 2015년 7월부터 시행하고 있다. 일반적으로 베트남에서 토지에 대한 소유권은 중국과 마찬가지로 국가 또는 국영회사가 소유하며, 임대차 계약을 통해 개인이나 기업은 토지 사용권의 부속물로 건물 소유권을 갖는다.

2009년 이후 베트남에서 일하는 외국인들은 주택을 소유할 수 있었으나 사용권의 제한 등으로 주택을 소유하는 비율은 낮았다. 그러나 이제는 비자를 보유한 외국인 개인이나 베트남에 진출한 외국인 기업, 부동산개발기업, 투자펀드, 금융기관 등이 50년까지 주택을 소유할 수 있게 되었다. 주거 목적 외에 투자 목적으로 주택을 구입한 후 임대를 주거나 차익실현 후 매매하는 것도 허용된다.

다만, 개정된 법에서는 아파트 단지 내에는 30% 이하까지, '구(Ward)'[42]라는 행정구역 단위 내에는 최대 250채까지 외국인이 소유할 수 있다. 이러한 조치는 외국인 주택 구입에 제한을 두지 않을 경우, 대형 외국계 투자자나 중국인들이 도시 전체의 주택을 구매할 수도 있기 때문이다. 참고로 태국도 콘도미니엄 단지 내 49%로 외국인 주택 구매를 제한하고 있다. 이러한 부동산 시장 활성화 정책에도 불구하고 여전히 기관 투자자들이 부동산을 거래한 후 그 차익을 본국으로 회수하는 방법에는 불확실성이 존재하며, 이러한 제도가 지속적으로 유지될지도 의문이다.

한편 외국인(법인 포함)의 부동산 투자를 허용한 법 개정의 영향은 부동산 시장에 큰 상승세를 이끌고 있는 것도 사실이다. 실제로 법 개정이 발효된 2016년 8월 기준 3분기 동안 호찌민시와 하노이시의 아파트 가격은 각

---

42. 베트남어로 'Phuong(프엉)'이라 불리는 행정 단위로, 보통 한 개의 구(區)에는 수천 개의 부동산이 존재하며 베트남 전역에 걸쳐 1,327개의 구로 나뉜다. 하노이는 147개, 호찌민은 259개의 구로 각각 구획된다.

각 7.4%, 8.0% 상승했다. 특히 2016년 호찌민시의 대부분의 신규 주택 공급은 럭셔리 아파트의 공급이 집중되었던 도심 1군 지역이 아닌 외곽 지역인 8군 지역(16%), 빈탄(Binh Thanh)과 7군 지역(12%), 2군과 9군 지역(11%)에 집중되었다. 여기에는 2012년부터 시작되어 2020년에 완공 예정인 지상 메트로(Metro) 1호선 공사로 촉발된 메트로 주변 역세권 개발의 영향이 크며, 메트로 라인을 따라 빈탄 지역과 2군, 9군 지역의 부동산 가격이 빠르게 상승하고 있다.

베트남의 부동산 관련 조세 제도를 보면, 토지가 원칙적으로 국유지임에 따라 현재까지 부동산세는 없다. 다만, 이를 대신해 토지사용세, 토지임대료, 비농지 사용세 명목으로 세금을 징수한다.

[자료 2.12] 베트남의 부동산 관련 조세 기준

항목	세율	과세 대상
법인세(Corporate Income Tax)	20%	
소득세(Income Tax)	최대 35%	외국인은 20%
부가가치세(Value Added Tax)	10%	총임대 수입 대비
상속세/증여세(Inheritance/Gift Tax)	10%	1,000만 동(VND 10,000,000) 이상
인지세(Stamp Tax)	0.5% – 15%	부동산 양도시(개인) 0.5%–2%

출처 : International Tax Highlights, Deloitte, 2019

| 해외 부동산 거래 시 세금 |

해외에서 주택 거래 시 일반적으로 발생되는 세금으로 취득세, 등록세, 인지세, 양도소득세를 들 수 있는데, 이는 국가마다 다양한 기준들을 갖고 있다. 예를 들어, 영국은 125,000파운드 이하의 주택을 구입할 경우 취득세가 없다. 반면, 홍콩은 일정 조건에 만족하면 양도소득세를 낼 필요가 없다. 한국과 마찬가지로 모든 국가의 조세 제도는 해마다 정책 방향에 따라 그 기준들이 변동되는 경우가 많으므로 해당 국가의 최근 조세 기준을 확인할 필요가 있다.

해외 부동산 거래 시 국내에 납부해야 될 세금과 관련해 국세청에서 발표한 '2018 해외부동산과 세금(개인투자자용)'의 내용을 살펴보면, 각 단계별 납세 의무는 [자료 2.13]과 같으며 단계별 주요 사항은 다음과 같다.

[자료 2.13] 해외부동산과 세금

구분		취득단계	보유단계	처분단계	
관련세목		증여세	종합소득세	양도소득세	상속·증여세
내용		취득자금 증여	투자운용(임대)소득	부동산 양도소득	상속(증여)가액
적용세율	내국세법	10% – 50% (누진세율)	6% – 42% (누진세율)	6% – 42% (누진세율)	10% – 50% (누진세율)
	외국세법	국가별로 상이	누진세율 등	누진세율 등	국가별로 상이
국내 과세효과		과세해당분 전액	세율차이분	세율차이분	국가별로 상이

　취득단계에서 주거용 주택을 취득하고 실제로 해외에 거주함으로써 소득이 발생하지 아니하는 경우, 국내에 납부하는 세금은 없다. 다만, 타인(부모 등 친족 포함)으로부터 자금을 증여받아 해외 부동산을 취득한 경우에는 증여세를 납부해야 한다. 예를 들어 '상속세 및 증여세법'에 따라 직업·연령·소득 및 재산 상태 등으로 보아 자력으로 재산을 취득했거나 채무를 상환했다고 인정하기 어려운 경우 타인으로부터 그 자금을 증여받은 것으로 추정한다.

　보유단계에서는 해외 부동산 임대소득(월세+간주임대료[43])을 다른 소득과 합산해 종합소득세를 납부해야 한다. 이중과세 조정을 위해 현지 국가에서 납부한 임대 소득 관련 외국납부세액은 세액공제를 받거나 필요경비에 산입할 수 있다. 예를 들어, 특정인의 국내 적용 세율이 24%이고 부동산 소재지 국의 세율이 15%라면 양국의 세액 차이만큼을 국내에서 더 내야 한다. 반대

---

43. 주택의 경우, 3주택 이상 보유자 중 전세보증금 합계가 3억 원 초과 시는 간주임대료를 과세하며, 주택 외 상가 등에 대해서도 간주임대료를 부과한다.

로 특정인의 국내 적용 세율이 15%이고 부동산 소재지국의 세율이 20%라면 국내에서 세금을 낼 필요는 없지만 해외에서 더 낸 세액을 환급받지는 못한다. 이 경우, 해외에 소재하는 주택의 임대소득은 국내의 주택수에 관계없이 모두 과세대상에 해당한다. 국내 거주자(국내에 주소를 두거나 183일 이상 거소를 둔 개인)가 해외 부동산의 임대소득을 부동산 소재지의 과세당국에 신고·납부하는 것과 별도로 국내의 국세청(세무서)에도 임대소득을 (국내·외)타 소득과 합산해서 신고해야 한다.

마지막으로 처분단계에서는 소득세법에 따라 실거래가격에 대해 양도소득세를 납부해야 한다. 보유단계와 마찬가지로 현지 국가에서 납부한 양도소득에 대해 세액공제를 받거나 필요경비로 산입할 수 있다. 이 경우, 해외 부동산은 1가구 1주택 비과세 규정이 적용되지 않으며, 양도소득세 납세의무자는 국내 거주자(해외 부동산 양도일까지 계속 5년 이상 국내에 주소 또는 거소를 둔 자)에 한한다. 또한, 증여 또는 상속으로 처분한 경우에는 증여세 또는 상속세를 납부해야 한다. 2011년 이후 양도분부터는 예정신고를 하지 않으면 무신고가산세 20%가 부과되며, 2008년 양도분부터는 해외부동산 전체에 대해 장기보유특별공제가 적용되지 않는다. 한편 일반적인 해외 주식의 경우 20% 세율이 적용되지만, 부동산 주식은 대부분 기타 자산으로 분류되어 누진세율 6~42%가 적용된다.

📎 Tip

해외 부동산 '단위(Unit)'의 이해

해외 부동산을 접함에 있어 가장 기초적인 정보이면서 부동산의 물리적인 크기에 대한 개략적인 공간감을 갖기 위해 알아야 될 국제적인 단위들이 있다. 그중 가장 대표적인 단위가 피트(Feet)로 '임페리얼 단위(Imperial Unit)' 또는 '임페리얼 시스템(Imperial System)'이라 부른다. 1970년경 프랑스에서 발명된 '십진 미터법(Metric Unit)'은 국제 단위로, 한국을 포함한 대부분의 국가들에서 공식적으로 채택되어 사용되고 있다. 반면, 전 세계에서 미국, 미얀마, 라이베리아 3개국만이 임페리얼 단위를 공식적으로 사용한다. 그러나 1824년 영국에서 사용되기 시작한 임페리얼 단위는 도로 표지판과 같은 일상 생활 속에서 영국을 포함한 대영제국 시절 식민지 국가였던 호주, 인도, 캐나다, 홍콩 등지에서 여전히 사용 중이다. 또한 유명 글로벌 부동산 컨설팅 회사들의 보고서가 여전히 피트 단위로 표기되고 있기 때문에 임페리얼 단위에 대한 이해는 필요하다.

1피트는 약 0.3048미터로, 1평방피트는 0.0929평방미터다. 역으로 1평방미터는 10.76평방피트가 된다. 국내에서 비공식적으로 사용되는 '평(坪)' 단위로[44] 환산하면 1평은 36평방피트로 1자(약 0.3030m)는 1피트와 거의 동일하다. 보다 유용한 환산법은 100평방피트가 9.29평방미터로 약 2.8평에 해당한다는 것이다. 임대료와 관련해 평방피트당 2.8달러는 평당 약 10만 원 정도다. 또한, 대지면적과 관련해 1에이커는[45] 4,046평방미터이며 '평' 단위로 환산하면 약 1,224평이 된다. 중국 부동산과 관련해 대지면적의 경우 '무(mu, 畝 또는 亩)'라는 단위를 사용하는데, 1무는 666.67평방미터로 약 202평에 준한다.

위의 내용을 다시 요약하면 다음과 같다.

---

44. '평' 단위와 유사하게 일본에서 사용하는 면적 단위로 '츠보(tsubo, つぼ)'가 있다.
45. 기호는 ac 또는 acre로 1에이커는 황소를 부려 하루에 갈 수 있는 땅의 면적을 기준으로 했다(출처 : 네이버 지식백과).

$1ft^2 = 0.0929㎡ [1ft = 0.3048m]$

$1㎡ = 10.76ft^2$

$100ft^2 = 9.29㎡ = 2.81평$

$1평 = 35.6ft^2 (= 36ft^2)$

[1평 = 6자 × 6자 → 1자 = 0.3030m → 1자 = 1ft]

$\$2.5/ft^2$ = 평당 10만 원(환율 \$1 = 1,100원 기준)

$\$100/ft^2$ = 평당 400만 원

$\$250/ft^2$ = 평당 1,000만 원

$\$100/평 = \$2.8/ft^2$

1acre = 43,560ft² = 4,046㎡ = 1,224평 = 6.07mu

1ha = 10,000㎡ = 0.01㎞² = 15mu

1㎞² = 1,500mu

1mu = 666.67㎡ = 201.67평(약 202평)

PART 03 | 용도별 부동산 상품 특성

"Know what you own,
and know why you own it."
- Peter Lynch

"당신이 무엇을 소유하고 있으며
왜 소유하고 있는지를 알라."
- 피터 린치

부동산은 크게 상품 형태별로 주거용(Residential)과 비주거용(Non Residential)으로 구분할 수 있다. 주거용 부동산은 다시 단독 주택이나 아파트와 같은 집합 주택으로 분류하고, 비주거용 부동산은 오피스, 리테일, 산업용, 호텔 등으로 분류할 수 있다. 이 외에 두 가지 형태를 복합한 복합용도개발(Mixed Use Development)이 있다.

부동산 투자자들은 보통 다양한 포트폴리오를 구성할 경우 약 30~40%는 오피스에, 20~30%는 리테일에, 10~20%는 산업용 부동산에, 10~20%는 임대용 아파트에, 나머지 10~20%는 호텔이나 다른 특정 자산에 투자한다. 이 경우, 큰 그림에서 전략을 세운 뒤 세부적인 하위 체계로 내려가 각 용도별 유형들의 시장 상황과 최근의 수익률을 살펴서 투자 전략을 세운다.

이를 위해서는 용도별 유형들의 명확한 개념을 이해한 후, 국가별 경제 상황이나 시장 트렌드에 맞추어 투자와 개발 방향을 수립할 필요가 있다. 이 파트에서는 각 용도별 세부 유형들의 상품 특징과 주요 국가들의 용도별 부동산 시장에 대해 살펴보겠다.

Chapter 01

주거용 부동산
Residential

GLOBAL REAL ESTATE

소유권에 따른 집합 주택의 분류

소유권의 형태에 따라 부동산은 크게 프리홀드(Freehold)와 리스홀드(Leasehold)로 구분할 수 있다. 법적으로 정확한 만료일이 명시되지 않은 자산을 프리홀드 재산권(Freehold Estate)이라고 한다. 이처럼 시간적인 한계가 없고 소유주가 자유롭게 등기를 양도하거나 상속할 수 있는 절대적인 소유권을 단순 부동산권(Fee Simple 또는 Fee Simple Absolute)이라고 한다. 소유권 중 가장 높은 수준으로, 사망으로 종료되는 종신 물권(Life Estate)과는 구분된다. 반면, 리스홀드(Leasehold) 임차권은 일시적인 토지나 건물에 대한 소유권으로 일반적으로 동산(Personal Property)으로 간주되어 시장에서 사고 팔리며 거래가 된다.

집합 주택은 토지분할 방식에 따라 소유권을 구분할 수 있는데, 가장 보편적인 방식은 '공동소유토지분할(Common Interest Subdivision)' 방식으로 흔히들 '공동소유개발(CID, Common Interest Development)'이라고 부른다.

국내의 아파트와 유사한 형태로 소유주가 각자의 집에 대해서는 소유권을 갖지만, 단독으로 소유하기에 비싼 공용 공간이나 수영장과 같은 편의시설에 대해서는 공동의 지분을 갖는 것이다. 호텔 부동산으로 분류되는 타임셰어(Timeshare, 'Vacation Ownership'이라고 불리기도 함)도 공동소유개발(CID)의 또 다른 형태다. 휴가 목적으로 별장을 사는 것이 금전적으로 부담스러운 개인들이 개발 비용 전체를 다른 공동의 소유자와 공유함으로써 일주일 또는 이주일 동안 배타적인 소유권을 갖게 된다. 최근 국내에서 활발히 개발 중인 분양형 호텔이 이에 해당한다. 공동소유토지분할 외 다른 방식으로는 토지에 대해 부분적인 소유권을 갖고 토지 자체는 분할하지 않되 다른 소유주들과 함께 임차인으로 공동 사용하는 '미분할소유토지분할(Undivided Interest Subdivision)'과 공용 공간을 갖지 않는 '표준분할(Standard Subdivision)'이 있으나 여기서는 다루지 않겠다.

전 세계적으로 빠르게 성장하는 공동소유개발(CID) 방식은 다음과 같이 네 가지 유형으로 다시 세분화할 수 있다.

첫째, 우리나라에서 아파트라 부르는 분양형 집합 주택인 콘도미니엄(Condominium)이 있다. 국내와는 달리 해외에서 아파트(Apartment)는 임대형 집합 주택을 지칭한다. 콘도미니엄(흔히들 Condo라고도 함)은 수직적인 주거 개발로, 주로 주거용 부동산을 지칭하나 법적으로는 모든 상업용 부동산을 포괄하는 개념이다. 콘도미니엄 소유자는 각자의 주택에 대해서는 단순부동산권(Fee Simple) 형태로 개별적인 등기를 갖되, 공용 공간의 지분을 포함해 부동산세를 낸다.

둘째, '증권협동조합(Stock Cooperative)' 또는 간단히 '코옵(Co-op)'이라 불리는 조합주택이다. 조합주택을 소유하는 회사로부터 주식을 매입해 거주하는 독특한 형태로, 실질적인 부동산을 구입하는 것이 아니라 건물을 소유하고 있는 회사의 주식을 산다는 점에서 큰 차이가 있다. 조합원은 건물의 특정 세대에 거주할 수 있는 권리와 함께 조합주택의 주요한 의사결정에 투표할 수 있는 권리를 갖는다. 거주자는 건물 전체에 대한 담보대출과 보험료, 부동산세, 공용관리비 등을 매월 관리비 형태로 납부한다. 콘도미니엄 소유자가 각자의 주택을 자유롭게 거래할 수 있는 것과는 달리, 조합주택은 주택을 양도하기 전에 조합위원회의 승인을 득해야 한다. 그러나, 전대(Sublease)를 통한 양도는 가능하다. 조합주택은 주택에 대한 소유권이 없고 대출 시 실물자산으로써의 담보가 아닌 주식으로 인정받아 콘도미니엄보다 대출이 쉽지 않다는 단점이 있다. 또한 세금이 집합 주택 전체에 하나의 물권으로 부과되기 때문에 혹시 한 세대라도 세금을 체납한 경우, 전체 세대에 유치권(Lien)이 부과되면서 세금이 납부될 때까지 저당 잡힐 수 있다.

셋째, '계획개발(Planned Development)', 또는 '계획단위개발(PUD, Planned Unit Development)'이라 불리는 공동으로 개발되는 단독주택 단지다. 특히 소규모 개발에 따른 난개발(스프롤, Sprawl)이나 단조로운 도시 경관 등의 단점을 보완하기 위해 디벨로퍼가 전체 단지에 대해 토지이용계획을 수립한 후 인허가를 받아 개발하는 방식으로 콘도미니엄과는 달리 수평적인 주거 개발 방식이다. 독립된 개별 토지에 주택을 소유하면서 부대 편의시설이나 공용시설에 대해서는 공유 재산권자(Tenant In Common)로 인정을 받는다. 콘도미니엄이 토지에 대해 지상권을 갖는 반면 계획단위개발(PUD)은 각자의 토지를 실제로 소유한다는 점에서 차이가 있다.

넷째, '커뮤니티 아파트 프로젝트(Community Apartment Project)'로 토지는 공유 지분으로 갖되, 주택에 대해서는 소유자가 임대계약 기간 동안 각자의 세대에 대해 독점적인 사용권을 갖는 공유 재산권자 형태로 구매한다.
여기서도 조합주택과 마찬가지로 하나의 신탁증서로 묶이기 때문에 한 세대라도 대출을 연체할 경우 모든 소유자가 공동으로 책임을 지게 되며, 이러한 단점으로 인해 주택 거래가 어려울 때가 있다.

미국은 공동소유개발(CID) 방식으로 개발할 경우, 주택 분양 전 반드시 '주택소유자협회(HOA, Homeowner Association)'라는 기업 형태의 조직을 만들도록 법으로 규정하고 있다. 이는 주택 구매 결정 시 중요한 체크 사항 중 하나다. 주택소유자협회(HOA)는 1964년 이후 보편화된 제도로 마스터플랜 커뮤니티(Master-Planned Community)나 계획단위개발(PUD)의 디벨로퍼들에 의해 정착되었다.

초기에는 개발과 운영, 분양 등에 대한 모범적인 방안을 제시하기 위해 만들어졌으나 점차 개별 주택 소유자들이 주택소유자협회에 운영권을 넘기기 시작하면서 디벨로퍼들은 금융적인 부담과 법적인 부담에서 벗어날 수 있게 되었다.

대부분의 주택소유자협회들은 비영리 법인들로 입주민들로 구성된 이사회를 중심으로 운영된다. 주택소유자협회의 모든 회원들은 공용 조경이나 편의

시설 유지관리비, 보험료, 운영회사와 보안회사의 용역비 등 단지 전체의 유지관리를 위한 비용을 부담해야 한다. 보통 월 200달러에서 400달러 정도이나, 고급 주택단지의 경우는 월 4,000달러가 넘는 곳도 있다. 주택의 스타일이나 크기, 조경, 차량의 종류, 심지어 애완동물에 대한 제한까지 주택소유자협회에서 규정하는 단지 내 규칙들은 매우 다양하다.

주택 구매자는 반드시 모든 규정을 준수해야 하기 때문에 추후 분쟁의 소지를 없애기 위해서는 주택 구매 전 이에 대해 세부적으로 확인할 필요가 있다. 다만, 주택을 매각하면 회원에서 탈퇴되며 새로운 소유자가 신규 멤버가 된다.

ㅣ 주택 형태에 따른 집합 주택의 분류 ㅣ

집합 주택은 각각의 독립된 세대들로 한 건물 내에서 다수의 가구들이 거주할 수 있도록 디자인된 건물을 말한다. 두 세대가 서로 독립된 출입구를 갖는 복층아파트(Duplex)나 한 면만 다른 세대와 접하는 타운홈(Townhome)도 집합 주택의 형태적인 특징에 따른 분류다. 이 책에서는 미국의 집합 주택을 형태적 특징에 따라 다음과 같이 네 가지로 분류해 이들의 주요한 특징들을 살펴보겠다.[46]

가든 스타일(Garden Style)

주로 저밀도 주택 단지에서 많이 볼 수 있는 가든 스타일은 '워크업(Walk-up)'이라고도 불리며 주로 교외에 위치한다.

퍼시픽 뷰 아파트(Pacific View Apartments)
출처 : www.irvinecompanyapartments.com

---

46. 임대료나 공사비 수준은 각 유형별 상대적인 비교를 위한 참고 데이터로 제시했으며, 정확한 금액의 범위는 해당 지역의 시장조사를 통해 확인하길 바란다.

    2층에서 3층 규모의 엘리베이터가 없는 건물 형태로 주차장은 지상 주차로 계획된다. 일반적으로 18~25 DUA(Dwelling Units per Acre, du/ac) 밀도를 가지며 이를 환산하면 330평방미터(m^2)당 1.5세대에서 2세대 정도다. 일반적인 임대료는 평방피트(ft^2)당 1.6달러에서 1.8달러로 이를 환산하면 3.3평방미터당 57달러(약 6만 3,000원)에서 64달러(약 7만 원)정도 된다. 공사비는 평방피트당 보통 95달러에서 125달러로 3.3평방미터로 환산하면 3,380달러(약 370만 원)에서 4,450달러(약 490만 원) 수준이다.

랩(Wrap)

    랩(Wrap)은 '둘러싸다'라는 뜻으로 국내에서는 찾아볼 수 없는 주거 형태로, 주로 도심지나 주거복합 건물에서 볼 수 있다. 3층에서 4층 규모의 목조 주택으로 지상 구조물 형태의 주차장을 단위세대들이 둘러싼다. 주차장은 보통 도로로부터 가려지며, 각 세대와 동일층에 주차를 하게 된다. 각 세대에서 지정 주차까지

칼립소 아파트(Calypso Apartments and Lofts)
출처: www.livecalypso.com

의 거리를 적정하게 유지하는 것이 인·허가상 안전과 연관된 중요한 고려사항이다. 일반적으로 40~55 DUA 밀도를 가지며 이를 환산하면 330평방미터당 3.3세대에서 4.5세대 정도다. 일반적인 임대료는 평방피트당 1.9달러에서 2.2달러로 이를 환산하면 3.3평방미터당 68달러(약 7만 5,000원)에서 78달러(약 8만 6,000원)다. 공사비는 평방피트당 165달러에서 190달러로 3.3평방미터로 환산하면 5,870달러(약 646만 원)에서 6,760달러(약 744만 원)이다.

포디움(Podium)

3층에서 6층 규모로 1층에 리테일이 있으며 그 면적은 전체 면적의 약 10%가 된다. 공사비에 큰 영향을 주는 지하 주차장이 있으며 엘리베이터도 있다. 일반적으로 50~120 DUA 밀도를 가지며 이를 환산하면 330평방미터당 4.1세대에서 9.8 세대로 주로 도심지

트리오 아파트(Trio Apartments)
출처 : www.trioaptspasadena.com

에서 볼 수 있다. 일반적인 임대료는 평방피트당 2.25달러에서 2.5달러로 이를 환산하면 3.3평방미터당 80달러(약 8만 8,000원)에서 89달러(약 9만 8,000원)다. 공사비는 평방피트당 215달러에서 285달러로 3.3평방미터로 환산하면 7,650달러(약 842만 원)에서 10,140달러(약 1,115만 원)가 된다. 포디움 스타일은 미국 전역으로 약 25%를 차지하며, LA를 포함한 캘리포니아 남부 지역에서는 약 55%로 그 비율이 매우 높다.

고층 아파트(High Rise)

주로 도심에서 볼 수 있는 7층 이상의 집합주택으로 엘리베이터와 지하 주차장을 갖추고 있으며, 국내에서도 익숙한 주거 형태다. 일반적으로 120 DUA 이상의 밀도를 가지며 이를 환산하면 330평방미터당 9.8세대 이상이다. 임대료는 평방피트당 3.0달러에서 4.0달러로 이를 환산하면 3.3평방미터당 107달러(약 11만 8,000원)에서 142달러(약 15만 6,000원)가 된다. 공사비는 평방피트당 375

더 버몬트 아파트(The Vermont Apartments)
출처 : plus.google.com

달러에서 450달러로 3.3평방미터로 환산하면 13,340달러(약 1,467만 원)에서 16,010달러(약 1,761만 원)다.

앞에서 살펴본 내용들을 간단히 표로 정리하면 [자료 3.1]과 같다.

[자료 3.1] 집합 주택 유형별 특징

구분	가든 스타일	랩(Wrap)	포디움	고층 아파트
위치	교외	도심 또는 주거복합	도심	도심
층수	2 - 3층	3 - 4층	3 - 6층	7층 이상
주차장	지상 주차	지상 구조물	지하 주차	지하 주차
세대 밀도(DUA)	18 - 25	40 - 55	50 - 120	120 이상
임대료(US$/ft²)	1.6 - 1.8	1.9 - 2.2	2.25 - 2.5	3.0 - 4.0
공사비(US$/ft²)	95 - 125	165 - 190	215 - 285	375 - 450
공사기간	16 - 22개월	20 - 25개월	22 - 28개월	28개월 이상

| 분양형 주거 vs. 임대형 주거 |

　주택을 소유함에 따라 발생되는 비용들을 정리해보면 크게 대출에 따른 원리금(원금과 이자), 부동산세, 보험, 매매에 따른 비용, 주택소유자협회(HOA) 비용 등을 들 수 있다. 반면, 임대는 대체로 임대료만 필요하다고 보면 된다. 보통 임대료는 소유자의 능력과는 무관하게 경쟁 시장 내에서 결정되는 반면, 주택소유비용(Homeownership Cost)은 소유자 개개인의 대출조건에 따라 달라진다. 또한 미국이나 영국과 같이 주택 구매를 장려하는 국가 정책에 따라 세금 감면 혜택이 있는 경우 전체 금액은 상당히 달라질 수 있으며, 반대로 추가적인 비용이 발생할 수도 있다.

　이러한 비용들을 바탕으로 부동산을 소유할지 또는 임대할지의 여부를 분석할 수 있는데, 이는 주거용 부동산 시장의 수요를 측정하는 방법이 되기도 한다. 가장 대표적인 지수로 '주택수익비율(Price-to-Rent Ratio)'이 있다. 미국은 대표적인 주거용 부동산 웹사이트인 'Trulia'의 데이터를 활용해 주요 도시별로 방 2개의 아파트나 콘도미니엄, 타운홈들의 평균 매매가격과 임대가를 비교 지수로 나타낸다. 이 지수는 분양형과 임대형 주택들이 그 도시내에서 얼마나 과평가 또는 저평가되고 있는지를 보여준다.

$$주택수익비율 = \frac{평균\ 매매가격}{평균\ 월임대료 \times 12}$$

주택수익비율이 1에서 15 사이면 구매하는 것이 임대하는 것보다 훨씬 유리한 시장이며, 21보다 높으면 임대하는 것이 구매하는 것보다 훨씬 유리한 시장이다. 그 중간값인 16에서 20인 도시는 일반적으로 임대하는 것이 비용적으로 저렴할 수 있으나 때로는 구매가 더 유리할 수도 있다.

영국의 경제 주간지인 〈이코노미스트(The Economist)〉에서도 '임대료 대비 가격(Price against Rent)'이라는 지수를 발표하는데, 주택을 구매하는 비용과 임대하는 비용의 관계를 보여준다. 100을 기준으로 100보다 높으면 고평가되어 있고 100보다 낮으면 저평가되어 있다고 볼 수 있다.

예를 들어, 90평방미터(m^2)의 도심 내 주택을 다음의 가정 조건을 갖고 구매를 할지 또는 임대를 할지 검토해보자. 다만, 주택의 자산 가치 상승은 없다고 가정한다.

· 대출금 : $400,000
· 이자율 : 4.5%
· 대출기간 : 30년
· 월 원리금 납입액 : $2,027 [1]
· 보험료 : $400 [2]
· 부동산세 : $375 [3]
· 주택소유자협회비(HOA) : $400 [4]

앞에서 설명한 내용에 따라 이러한 주택을 소유하기 위해 내가 지불해야 되는 월 필요비용은 (1)~(4)의 합인 $3,202이 된다. 만약 대출이자에 대한 세금 감면이 $500이라면, 총필요경비는 $2,702(=$3,202-$500)이 된다.

반면, 같은 도시에서 유사한 수준의 주택을 임대할 경우 평균 임대료가 $2,200라면 주택을 소유하기 위해 필요한 비용보다 임대를 하는 것이 매월 약 $500(=$2,702-$2,200) 더 저렴함을 알 수 있다. 즉, 임대 대비 약 18.6%의 마이너스 프리미엄([($2,200/$2,702)-1]×100=-18.58%)이 발생해 결론적으로 임대가 좀 더 유리하다.

분양형 콘도미니엄과 임대형 아파트에 대해 디벨로퍼 입장에서 각각의 장단점을 비교해보면 [자료 3.2]의 표와 같다.

[자료 3.2] 분양형과 임대형 주택의 장단점 비교

구분	분양형 콘도미니엄	임대형 아파트
장점	- 부동산 시장이 호황일 경우 높은 토지 가치의 상승 기대 - 분양을 통한 빠른 투자비 회수 - 상대적으로 적은 자본금으로 개발 가능	- 장기간 매출 발생 가능 - 안정적인 현금 흐름 - 지속적인 임대 수요 발생
단점	- 시장의 변동성이 강함. - 영속적인 현금 흐름은 불가능 - 세금 부담이 큼.	- 부동산 시장이 호황일 경우 토지 가치의 상승 저조 - 지속적인 관리 필요 - 임대료 미납 등의 임차인 문제 발생 가능 - 서민주택과 같은 정책적 제약 적용 가능

| 수요 트렌드를 보여주는 주택자가율 |

　미국의 주택자가율(Homeownership Rate)은 1990년대 중반 클린턴 행정부가 주택소유를 장려한 이래 2000년대 초 부시 행정부에 이르기까지 계속적인 증가를 보였다. 그러나 2004년 6월 69.2%로 최고치를 찍은 이래로 지금까지 지속적으로 하락하는 추세다. 최근 발표된 2017년 1분기 수치는 20년 이래 최저치였던 2016년 62.9%보다 다소 높아지긴 했으나 63.6% 수준으로 거의 1994년 3분기 수준으로 돌아갔다. 2017년 이후에도 이러한 지속적인 하락추세는 한동안 계속될 것으로 보인다.

　물론 최근의 경제 호황으로 일자리가 늘어나고 낮은 모기지 대출금리로 주택 구매가 촉진되면서 주택 시장의 회복에 대한 강한 전망을 보이고 있다. 특히, 밀레니엄 세대(Y세대)를 중심으로 생애 최초 구매자에 대한 대출 규제가 완화되면서 주택구매 추세가 강해지고 있으나 이들이 시장에서 차지하는 비율이 작아서 주택소유율의 상승세를 이끌지는 의문이다.

[자료 3.3] 미국의 주택자가율, 1980~2014

출처 : Commerce Department, WSJ.com

　다른 나라의 주택자가율을 살펴보면 대부분의 선진국들도 주택자가율은 60%대에 정체되어 있다. 예를 들어, 2004년 영국과 프랑스, 독일의 주택자가율은 각각 70.7%, 54.8%, 41.0%였던 반면 2016년에는 각각 63.5%, 64.1%, 51.9%로 대부분 60%에 가까운 수치를 보였다. 세대별로 살펴보면 밀레니엄 세대 중 주택자가율이 높은 나라는 중국(70%), 멕시코(46%), 프랑스(41%), 미국(35%), 영국(31%)이다. 다만, 여기에는 국가마다 주택소유에 대한 정책적인 방향이나 문화적인 차이가 반영되어 있다.

　임대형 주택에 대한 임대료 상승제한 규제나 주택대출 이자상환에 대한 세금 감면 혜택과 같은 정책적인 제도 차이로 주택자가율은 그 나라의 경제 규모와 비례하지 않는 경우가 있다.

예를 들어, 주택자가율이 낮은 독일은 법적으로 임대형 아파트에 대해 3년 동안 15% 이상의 임대료 상승을 못 하도록 제한하고 있으며, 이자상환에 대한 세금감면 혜택도 없다. 거기다 부동산 소유 시 정부의 지원금 혜택이 줄어들고 대출에 까다로운 은행들로 인해 주택대출도 어려워 이자 등의 금융비용도 높은 편이다. 결과적으로 독일은 낮은 실업률이나 높은 경제 성장률에 비해 주택자가율은 유럽 내에서 스위스 다음으로 매우 낮다.[47]

한편, 한국의 경우 국토교통부가 발표한 '2018년 주거실태조사'를 보면 2018년 자가점유율(일반 가구 중 자신이 소유한 주택에서 자신이 살고 있는 주택의 비율)은 57.7%로 다소 상승했다. 지역이나 소득계층별로 보면 수도권은 49.9%, 지방광역시는 60.2%이며, 저소득층은 47.2%, 고소득층은 75.2%로 다소 차이가 있다. 반면, 2017년 기준 전국의 주택보급률(주택수/일반가구수×100)은 103.3%이며, 서울은 96.3%로 자가점유비율과는 차이가 있음을 알 수 있다.[48]

---

[47] 독일과 비슷한 이유로 스위스는 2016년 기준 43.4%(2004년에는 38.4%)의 주택자가율로, 유럽 국가들 중 가장 낮은 수치를 보였으며, 그다음으로 독일이 낮은 비율을 나타냈다.
[48] 출처 : 국가통계포털(http://kosis.kr), 2019

| 미국 주택 시장의 수요 트렌드 |

　미국은 글로벌 금융위기 이후 2008년 12월부터 2016년 12월까지 8년 넘게 0.25%의 연방기금금리(Federal Funds Rate, 기준금리 역할)로 저금리 기조를 유지했고 이러한 낮은 금리는 주택 구매를 촉발시켰다. 미국통계국에서 발표한 '2012년 미국주거조사(2012 American Housing Survey)' 보고서를 보면 주로 1인 가구는 집을 구매하기보다는 임대를 선호했고, 2인 가구는 임대보다 구매를 선호했다. 즉, 1인 가구의 22%가 집을 소유한 것에 반해 2인 가구의 36%가 집을 소유하고 있었고 특히 신규로 건설된 주택을 선호했다. 신규 주택의 대다수인 47%가 3인 이상의 가구로 전체 신규 주택의 44%가 자녀가 있는 가구였다. 이는 임대가구의 35%와 주택을 소유한 가구의 34%만이 자녀가 있는 것과 비교된다.

　이러한 경향은 단순히 미국 주택 시장만의 트렌드가 아니라 글로벌 트렌드로 볼 수 있다. 예를 들어, 호주에서도 2인 가구는 가장 빠르게 성장하는 가구 타입으로 특히 35세 이하의 2인 가구의 45%가 주택을 소유하고 있다. 반면,

2인 가구 못지않게 빠르게 증가하는 1인 가구는 50% 이상이 소유보다는 임대를 선호했다.[49] 이러한 1인 가구의 빠른 성장세로 임대용 주거 시장에 대한 수요가 점점 강해지면서 호주의 일부 디벨로퍼들은 오피스 건물을 아파트로 용도 변경해 자산 가치를 증가시키고 있다.

걸어서 접근 가능한 도심 내 주택에서 살기를 바라는 밀레니엄 세대가 주택을 구매하기보다는 임대를 선호하면서 주택 임대 시장의 새로운 핵심 수요층으로 부상하고 있다. 이러한 임대에 대한 선호로 2015년에 주택 매매가격이 2.5% 상승하는 반면, 주택 임대가는 3.5%로 더 가파르게 상승할 것이라 전망되기도 했다.[50] 다른 한편, 밀레니엄 세대가 결혼을 미루고 자녀를 갖는 것을 주저하고는 있으나, 주택의 구매자로서 분양 시장의 주요한 수요층으로 X세대를 추월하고 있는 것도 사실이다. 이러한 구매층의 변화에 맞추어 신규 건설도 이전에 상위 소득계층을 위한 고급 주택에 집중했던 것과는 달리 저렴한 주택들로 주택 유형이 변화되고 있다. 이처럼 전반적으로 시장은 여전히 집을 사려는 구매자가 시장의 주도권을 좀 더 갖는 바이어 마켓(Buyer Market)이 한동안 유지될 것으로 보인다.

부동산 연구단체인 'Urban Land Institute(ULI)'에서 발간한 '2015년 미국(America in 2015)'을 보면 미국인의 반 이상이 쇼핑센터나 엔터테인먼트 시설 등에 가깝고 대중교통을 쉽게 이용할 수 있어 자동차를 자주 이용하지

---

49. 출처 : www.abs.gov.au
50. 출처 : www.forbes.com

않아도 되는, 다양한 연령대나 소득수준, 문화 배경의 거주자들이 함께 모여 사는 커뮤니티를 선호했다. 특히 밀레니엄 세대와 저소득 가구, 임차인 가구가 이러한 커뮤니티에 대한 높은 선호도를 보였다. 집의 크기가 작더라도 회사나 지역 내 편의시설로의 접근이 용이하고 대중교통의 접근성이 좋은 도심형 주거 복합개발을 선호했다. 여기서 흥미로운 사실은 대도시에 살수록, 학력이 높을수록 대중교통에 대한 선호도가 높았다는 것이다.

같은 보고서에서 미국인의 48%(밀레니엄 세대의 73%)가 앞으로 5년 이내 주거 복합 커뮤니티에 살기를 희망했는데, 이러한 선호도는 미국뿐만 아니라 전 세계적인 트렌드로 볼 수 있다. 전 세계적인 도시화 추세는 이러한 복합개발(Mixed-use)에 대한 선호도를 높이고 있으며, 이미 오랜 복합개발의 역사를 갖고 있는 미국이나 유럽 등지에서도 이에 대한 강한 수요 트렌드를 보이고 있다. 또한, 복합개발에 대한 수요가 강해지면서 주거용 부동산 디벨로퍼와 상업용 부동산 디벨로퍼의 영역도 점점 모호해지고 있다. 예를 들어, 주거용 건물에 리테일이나 헬스케어, 교육시설 등이 복합되거나 오피스 또는 리테일 건물에 주거용 공간이 복합되면서 이제는 디벨로퍼들에게 주거용과 상업용 부동산 모두를 아우를 수 있는 보다 높은 수준의 전문성을 요하게 되었다.

참고로 국가별 평균적인 주택 면적을 [자료 3.4]에서 볼 수 있듯이, 호주나 미국, 캐나다의 주거 면적은 약 2,000평방피트(약 $186m^2$) 이상으로 일본의 2배 이상, 홍콩의 4배 이상 크다. 영국의 주택들은 약 820평방피트(약 $76m^2$)로 유럽 내 다른 국가들에 비해 상대적으로 작은 편이다.

중국의 경우는 도시 내 주택만을 조사한 것으로 약 650평방피트(약 $60\,m^2$)로 주택면적이 빠르게 커지고 있다. 전 세계에서 가장 작은 주택 점유 면적을 갖는 국가는 홍콩으로 약 485평방피트(약 $45\,m^2$)로 매우 작다.

조사대상에서 누락된 한국은 '2018 주거실태조사'에 따르면 1인당 주거면적은 $31.7\,m^2$로 2006년 $26.2\,m^2$보다 약 21% 증가했다.

[자료 3.4] 국가별 평균 주택의 크기

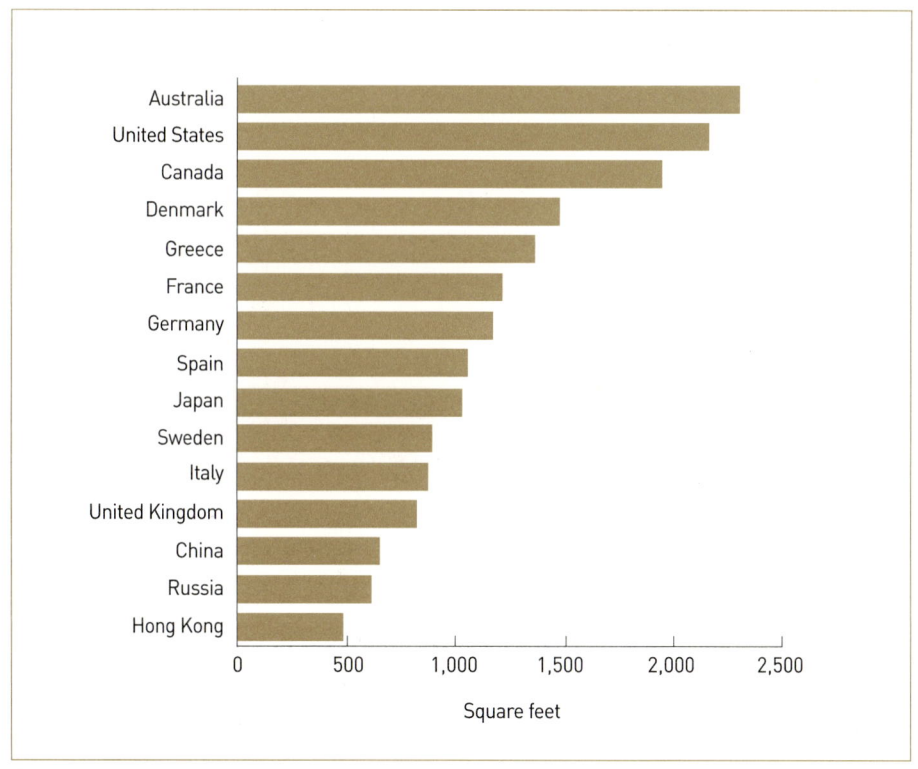

출처 : www.shrinkthatfootprint.com

Chapter 02

리테일 부동산
Retail

GLOBAL REAL ESTATE

쇼핑센터의 유형별 특징

 쇼핑센터는 이제 그저 물건을 거래하는 장소를 넘어서 다양한 목적으로 사람들이 만나는 장소로 변화되고 있다. 쇼핑센터에서 사람들은 놀이와 문화, 사교활동을 위해 그들의 많은 시간을 보내고 있다. 쿠시먼앤웨이크필드(Cushman & Wakefield)가 2014년 5월에 발표한 쇼핑센터 개발에 관한 보고서에 따르면, 51개국 46,846개의 쇼핑센터 가운데 대부분은 총임대면적(GLA)이 5,000평방미터에서 20,000평방미터의 작은 규모나 20,000평방미터에서 40,000평방미터의 중간 규모들이 대다수를 차지했다.

 전 세계의 평균적인 총임대면적은 약 19,700평방미터로 미국이나 유럽은 평균에 근접한 약 17,700평방미터와 21,400평방미터 정도의 면적을 가졌다. 반면, 중국과 같은 아시아 개발도상국의 평균적인 쇼핑센터의 총임대면적은 약 52,700평방미터로 큰 차이를 보였다. 그러나 2016년 말 전 세계에서 건설 중인 3,350만 평방미터의 쇼핑센터 중 아시아퍼시픽 지역의 공급량이 약 80%를 차지할 정도로 빠르게 쇼핑센터가 증가하고 있다. 이처럼 쇼핑센터의 크기나 유형도, 용어에 대한 정의도 국가마다 차이가 있다. 홍콩이나 일본, 한국처럼 토지비가 비싼 국가에서는 대체로 고층으로 상업시설이 개발되는 반면, 미국처럼 저밀도 개발이 발달된 국가에서는 저층으로 낮게 퍼지는 형태가 많다. 그러나 국가마다 국민들의 소득 수준이 유사하다면, 개념적인 정의에는 약간의 차이가 있고 문화적·기후적인 차이로 건물의 디자인이나 임차인 구성이 약간 다를 수 있으나, 근본적인 특성에는 큰 차이가 없다.

다음은 국제쇼핑센터협회(ICSC, International Council of Shopping Centers)[51]에서 미국의 쇼핑센터의 분류에 대해 발표한 보고서를 바탕으로 정리한 내용이다. 앞서 설명한 것과 같이 국가별로 약간의 차이는 있을 수 있으나 용어의 개념이나 특징들을 이해할 수 있다.

[자료 3.5] 쇼핑센터의 분류

다목적 쇼핑센터 (General-Purpose Center)	· 슈퍼 리저널 몰(Super-Regional Mall) · 리저널 몰(Regional Mall) · 커뮤니티 센터(Community Center) · 네이버후드 센터(Neighborhood Center) · 스트립 센터(Strip Center)
특수 목적 쇼핑센터 (Specialized-Purpose Center)	· 파워 센터(Power Center) · 라이프스타일 센터(Lifestyle Center) · 팩토리 아울렛(Factory Outlet) · 테마/페스티벌 센터(Theme/Festival Center)
제한된 목적 쇼핑센터 (Limited-Purpose Center)	· 공항 리테일(Airport Retail)

---

51. 1957년에 설립된 리테일 분야에서는 세계적인 권위를 갖고 있는 협회로 100여 개 국가에 약 63,000명의 회원을 보유하고 있다.

다목적 쇼핑센터

수퍼 리저널 몰(Super-Regional Mall)

대도시의 중심 업무지역 내의 쇼핑센터들과 달리 매우 광범위한 쇼핑 품목들을 제공하며, 주로 3개 이상의 대형 백화점을 앵커(Anchor)로 한다. 일반적인 총임대면적은 800,000평방피트(약 74,320m^2) 이상으로 미국 내의 평균적인 연면적은 1,225,570평방피트(약 113,860m^2)다. 상권의 범위는 5마일(8km)에서 25마일(40km)로, 주로 리저널 몰(Regional Mall)과 유사한 컨셉이나 좀 더 규모가 크고 다양한 품목들을 제공한다.

리저널 몰(Regional Mall)

전통적인 쇼핑몰보다 좀 더 넓은 상권범위(15마일, 약 24km)를 가지며, 접근이 용이한 거리 내에 매일매일의 필요한 생활 용품을 판매한다. 주요 앵커들은 대형 매장, 할인 백화점, 의류 전문매장이다. 일반적인 리저널 몰은 매장 외곽 주변에 주차장이 배치되고 상점들은 보행공간들로 연결된 내부 지향적인 배치 형태를 갖는다. 또한, 운영수익을 극대화하기 위해 주로 최고급 수준의 대형 매장들로 구성되며, 관광 지역에서도 볼 수 있다.

커뮤니티 센터(Community Center)

커뮤니티 센터는 다음에 소개할 네이버후드 센터(Neighborhood Center)보다 규모 면에서 크며, 좀 더 다양한 패션 관련 제품들을 제공한다. 리저널 몰과 네이버후드 센터 사이에 있어 '인비트윈 센터(In-between Center)'라고 불리나, 시장 규모나 고객 집객효과 면에서 다른 2개의 쇼핑센터와 구분이 모호할 때가 있다. 보통 네이버후드 센터보다는 큰 규모의 2개 정도의 앵커(예 : 할인 백화점)를 갖는다. 건물 배치는 일자형이 주로 많으나 대지 형태나 디자인에 따라 'L'자 또는 'U'자 형태를 갖기도 한다.

네이버후드 센터(Neighborhood Center)

인근 지역을 대상으로 하는 작은 규모의 쇼핑센터로 '컨비니언스 센터(Convenience Center)'로도 알려져 있다. 참고로 싱가포르에서는 '서버번 몰(Suburban Mall)'이란 명칭으로 불린다. 인근 지역의 고객들에게 매일매일의 필요한 생필품과 생활 용품을 제공하며 미국에서 가장 흔하게 볼 수 있는 형태다. 매장 면적은 30,000평방피트(약 $2,787m^2$)에서 150,000평방피트(약 $13,935m^2$) 정도다. 보통 슈퍼마켓이나 대형 약국 등을 앵커로 하는 일자 형태가 많으며, 세탁소나 미용실과 같은 생활에 필요한 아이템들을 제공한다.

스트립 센터(Strip Center)

스트립 센터는 여러 매장들을 일렬로 붙여놓은 형태로 보통 매장 입구 앞에 지상 주차장이 있다. 매장과 매장을 연결하는 보행공간이 있는 것은 아니나 매장 전면에 캐노피(Canopy)가 있어 쇼핑센터 전체가 연결된 이미지를 갖는다. 건물 배치는 커뮤니티 센터처럼 보통 일자형이 많으나 'L'자 또는 'U'자 형태를 갖기도 한다. 인근 1마일(1.6km) 정도의 좁은 상권 내에서 한정된 제품과 서비스를 제공한다.

[자료 3.6] 미국의 다목적 쇼핑센터의 사례

구분	Regional Mall	Community Center	Neighborhood Center
명칭	Victoria Gardens	Issaquah Commons Shopping Center	Penn Mar Shopping Center
개장시기	2004년	2005년	1960년(2009년 리모델링)
주(State) 명	캘리포니아주(California)	워싱턴주(Washington)	메릴랜드주(Maryland)
총영업면적	1,500,000 sq. ft. (139,355m^2)	372,390 sq. ft. (34,596m^2)	246,550 sq. ft. (22,905m^2)
주요 앵커	- JC Penny - Robinsons-May - Macy's - AMC Theatres - Victroia Gardens Cultural Center	- Target - REI - Safeway - Trader Joe's - Ross Dress for Less - Bed Bath & Beyond - Petco	- Burlington Coat Factory - Shoppers Food Warehouse - Party City - Dollar Tree - Ross Dress for Less - Petco

출처 : www.victoriagardensie.com   출처 : www.issaquahcommons.com   출처 : www.rosenthalproperties.com

특수 목적 쇼핑센터

파워 센터(Power Center)

일반적인 총임대면적은 250,000평방피트(약 23,226m^2)에서 600,000평방피트(약 55,742m^2)로 전체 영업면적의 75%에서 90%를 3개 이상의 빅 박스(Big Box) 매장들이 차지한다. 보통 할인 백화점과 같은 몇 개의 대규모 독립형 앵커들이 주를 이루며, 소수의 작은 특색 있는 테넌트들이 함께 구성을 이룬다. 전통적인 빅 박스 쇼핑센터보다 건축 디자인이나 차별화에 좀 더 많은 투자를 한다.

라이프스타일 센터(Lifestyle Center)

주로 고급 패션 매장들과 명품 부티크, 수공예 매장들로 구성된 쇼핑센터다. 고품질의 고가의 독특한 제품들이나 특색 있는 패션 용품을 제공한다. 가끔 레스토랑이나 영화관과 같은 엔터테인먼트 매장들이 센터 내에서 앵커 역할을 하는 경우도 있으나, 반드시 앵커를 가질 필요는 없다. 고급스러운 외관과 수준 높은 조경 시설로 세련된 디자인을 보이며, 주로 고소득 수준의 고급 상권에서 많이 찾아볼 수 있다.

팩토리 아울렛(Factory Outlet 또는 Outlet Store)

제조업체들이 각자의 매장에서 그들의 상품을 직접 고객들에게 판매하는 쇼핑센터다. 환불된 상품이나 재고 할인 상품들을 매우 저렴한 가격에 판매한다. 보통 교외 지역에 위치하며 때로는 관광 지역에 위치하기도 하는데, 일반적으로 앵커는 없다. 건물 배치는 일자형이 일반적이나, 둘러싸인 형태(Enclosed Mall) 또는 빌리지 클러스터형(Village Cluster)도 있다.

테마/페스티벌 센터(Theme/Festival Center)

레스토랑이나 다른 엔터테인먼트 시설들을 앵커로 갖는 쇼핑센터다. 통합적인 테마로 '엔터테인먼트'와 함께 '레저'와 '관광' 위주의 상품과 서비스를 제공한다. 도심 내에서 자주 볼 수 있는데, 때로는 역사적인 건물이나 오래된 건물을 리노베이션 하거나 복합개발 프로젝트의 일부로 운영되기도 한다.

[자료 3.7] 미국의 특수 목적 쇼핑센터의 사례

구분	Power Center	Lifestyle Center
명칭	Del Amo Fashion Center	The Shoppes at Chino Hills
개장시기	1961년(2013년 리모델링)	2008년
주(State) 명	캘리포니아주(California)	캘리포니아주(California)
총영업면적	2,600,000 sq. ft. (241,548m^2)	360,418 sq. ft. (33,484m^2)
주요 앵커	- JC Penny - Sears - Macy's - AMC Theatres - Burlington Coat Factory - Crate & Barrel	- Barnes and Nobles - Victoria's Secret - H & M - Forever 21 - Trader Joe's - Pacific Fish Grill
	출처 : m.simon.com	출처 : www.altoonpartners.com

[자료 3.8] 미국 쇼핑센터들의 특징 요약

타입	점유율	대지면적		총임대면적		상권크기
		acres	평	sqft	평	
다목적 쇼핑센터						
Super - Regional Mall	10.4%	60 - 120	73,450 - 146,900	800,000+	22,480	5 - 25 milles
Regional Mall	-4.8%	40 - 100	48,970 - 122,420	400,000 - 800,000	11,240 - 22,480	5 - 15 milles
Community Center	-25.3%	10 - 40	12,240 - 48,970	125,000 - 400,000	3,510 - 11,240	3 - 6 milles
Neighborhood Center	-30.9%	3 - 15	3,670 - 18,360	30,000 - 125,000	840 - 3,510	3 milles
Strip Center	-12.0%	<3	<3,670	<30,000	<840	<1 milles
특수 목적 쇼핑센터						
Power Center	13.0%	25 - 80	30,600 - 97,930	250,000 - 600,000	7,030 - 16,860	5 - 10 milles
Lifestyle Center	-1.9%	10 - 40	12,240 - 48,970	150,000 - 500,000	4,220 - 14,050	8 - 12 milles
Factory Outlet	-1.1%	10 - 50	12,240 - 61,210	50,000 - 400,000	1,410 - 11,240	25 - 75 milles
Theme/Festival	-0.3%	5 - 20	6,120 - 24,480	80,000 - 250,000	2,250 - 7,030	25 - 75 milles

타입	앵커의 수	앵커의 임대면적 비율	앵커의 유형	토지 가치	
				per sqft	평당
다목적 쇼핑센터					
Super-Regional Mall	3+	50 - 70%	백화점, 대형 매장	<$6	<$210
Regional Mall	2+	50 - 70%	백화점, 대형 매장	<$6	<$210
Community Center	2+	40 - 60%	식료품 매장, 대형 약국, 가구 매장	$8 - $15	$280 - $530
Neighborhood Center	1+	30 - 50%	슈퍼마켓	$10 - $15	$360 - $530
Strip Center		N/A	레스토랑, 커피샵	$15 - $100	$530 - $560
특수 목적 쇼핑센터					
Power Center			창고형 매장, 할인 백화점	$5 - $11	$180 - $390
Lifestyle Center			고급 부티크	$15 - $30	$530 - $1,070
Factory Outlet	N/A	N/A	제조사 할인 매장	$5 - $8	$180 - $280
Theme/Festival	N/A	N/A	레스토랑, 엔터테인먼트	$15 - $25	$530 - $890

출처 : ICSC Research, 2015

한 가지 부연 설명을 하자면, '쇼핑센터(Shopping Center)'와 '몰(Mall)'이란 용어는 사실 혼재되어 사용되는 경우가 많다. 이 두 가지 모두 중간 규모 이상의 큰 건물에서 다양한 물건들을 파는 상점들로 구성된 공간이나, 엄밀히 구분하자면 한 가지 큰 차이점이 있다.

쇼핑센터는 일반적으로 일렬로 배치되어 건물을 공유하는 형태로 서로 매장들이 연결되어 있으나, 하나의 매장에는 한 개 또는 두 개의 출입구만 있다. 따라서 다른 매장으로 들어가고 싶으면 건물 밖으로 나와서 그 매장의 출입구로 다시 들어가야 된다.

이런 이유로 좁은 의미의 쇼핑센터를 스트립 몰(Strip Mall) 또는 오픈에어 몰(Open-air Mall)이라 부르기도 한다. 반면에 몰은 앞에서 살펴본 대규모의 쇼핑센터들처럼 모든 매장에 내부적인 연결 통로가 있어서 서로 서로 연결되어 있다. 또한, 냉난방 시스템도 중앙공조로 통합 관리된다.

최근에는 대규모의 닫혀진 몰 형태보다는 외부 공간과 소통이 되는 개방적인 오픈에어 쇼핑센터(Open-air Shopping Center)가 전 세계적으로 큰 관심을 받고 있다. 규모는 대형 몰에 비해 다소 작을 수도 있으나 단순한 매장들의 나열이 아닌 자연의 외기와 녹색의 '그린 스페이스(Green Space)'가 제공되어 쇼핑과 함께 레저와 엔터테인먼트를 추구하는 달라진 소비 트렌드에 부응하고 있다.

| 앵커 테넌트의 구분 |

　앵커 테넌트(Anchor Tenant)는 쇼핑센터에 고객을 끌어들이는 집객효과가 큰 대형 매장으로 쇼핑센터의 수입 증대에 큰 역할을 한다. 이런 의미에서 '트래픽 제너레이터(Traffic Generator)' 또는 '마그넷 스토어(Magnet Store)'라 불리기도 한다. 앵커 테넌트는 다른 소규모 상점들의 매출에 큰 영향을 주기 때문에, 앵커 테넌트의 원활한 영업 활동을 위해 쇼핑센터 내에서 좋은 위치가 제공된다. 또한, 다른 임차인들보다 면적당 저렴한 임대료 조건으로 전략적으로 유치된다. 경우에 따라 앵커 테넌트는 그들의 영업 활동에 영향을 받는다고 판단할 경우 '위성 매장(Satellite Store)'이라 불리는 소규모 다른 상점들의 임차에 대해 의사결정권을 행사하기도 한다.

　이들 앵커 테넌트들을 좀 더 세분화해 보면 크게 세 가지 형태로 구분할 수 있다.

　첫째, '빅 박스(Big-box)'라고 불리는 매장들로, 대규모 할인 매장이나 가정용 건축/인테리어자재 매장, 창고형 가구 매장과 같은 테넌트들을 말한다. 많은 고객들을 꾸준히 끌어들일 수 있는 대규모 매장들로 코스트코(Costco), 타깃(Target), 홈디포(Home Depot) 등을 예로 들 수 있다.

둘째, '카테고리 킬러(Category Killer)'라고 불리는 중규모의 앵커 테넌트다. 매장 면적이 15,000평방피트(약 1,394m^2)에서 45,000평방피트(약 4,180m^2)로 예를 들어 반스앤나블(Barnes & Noble), 베드배스앤비욘드(Bed, Bath and Beyond), 베스트바이(Best Buy) 등이 있다.

셋째, '미니 앵커(Mini-anchor)'로 매장 면적은 8,000평방피트(약 743m^2)에서 15,000평방피트(약 1,394m^2)로 페이리스슈스토어(Payless Shoe Stores)와 페코(Petco) 등이 여기에 해당한다.

[자료 3.9] 대표적인 앵커 테넌트 사례

구분	브랜드명	매장 면적	
		평방피트(ft²)	평방미터(m²)
빅 박스(Big-box)	Wal-Mart	137,000 – 223,000	12,728 – 20,717
	Costco	148,000	13,750
	Target	134,000 – 186,000	12,450 – 17,280
	Home Depot	50,000 – 115,000	4,645 – 10,684
카테고리 킬러(Category Killer)	Barnes & Noble	25,000 – 45,000	2,322 – 4,181
	Bed, Bath and Beyond	35,000 – 50,000	3,252 – 4,645
	Best Buy	30,000 – 45,000	2,787 – 4,181
미니 앵커(Mini-anchor)	Petco	15,000 – 20,000	1,394 – 1,858
	CVS	13,000	1,208
	Party City	12,000 – 13,000	1,115 – 1,208

리테일의 임대 계약 방식

 일반적인 상업용 부동산의 임대 계약 방식은 PART 04의 '상업용 부동산의 임대 계약 방식'에서 구체적으로 살펴볼 예정이다. 이 장에서는 리테일 부동산에서 주로 활용되는 임대 계약 방식에 대해 살펴보겠다.

 첫째, '수수료 임대(Percentage Lease)' 방식으로 리테일 부동산에서, 특히 몰(Mall)과 같은 대형 쇼핑센터에서 보편적으로 사용된다. 테넌트가 기본 임대료에 계약기간 동안 연간 총매출액의 일정 비율을 더해서 전체 임대료를 지급한다. 드물게는 기본 임대료 없이 총매출액의 일정 비율만으로 임대료를 산정하기도 한다. 결과적으로 매출과 임대료가 연동되기 때문에, 만약 건물주가 매출에 대한 기대감이 크다면 함께 위험을 감수함으로써 고정 임대 방식에 비해 높은 임대료를 받을 수 있다. 여기서 기본 임대료(Base Rent)란 임대기간 동안의 최소 임대료로 계약조건에 따라 각 시기별로 상승할 수 있다. 또한, 경우에 따라서는 계약상에 회수 조항(Recapture Clause)을 두어 테넌트의 총매출액이 최소 임대료 이하로 떨어지는 경우, 테넌트가 추가적인 임대료를 지급하도록 한다.

둘째, '고정 임대(Straight Lease)' 방식으로 '플랫 리스(Flat Lease)'라고도 불리는데, 기간별로 일정한 금액의 임대료를 지급한다. 국내에서 보편적으로 적용되는 임대방식으로 건물주는 임차인의 영업 활동에 크게 영향받지 않는다. 임대료 외에 수도료나 냉난방비와 같은 모든 유틸리티 비용이 포함된다.

셋째, '임대료 인상 임대(Step-Up Lease)' 방식으로 '단계별 임대(Graded Lease)'라고도 불린다. 미래의 다양한 시점에서 미리 결정된 금액으로 임대료를 증가시키는 방식이다. 보통 5년 이상의 장기간 임대차 계약에 적용되며, 미래의 임대료 증가를 통해 건물주는 인플레이션이나 다른 운영비용들의 증가에 따른 위험들에 대비할 수 있다. 여기서 임대료의 증가분은 실제 비용에 근거한다기보다는 계약 당시의 예측치에 근거한다.

넷째, '지수 임대(Index Lease)' 방식으로 소비자 물가지수(CPI)와 같은 정해진 경제 지수를 이용해 미래의 임대료를 산정한다. 적용된 지수의 증가가 임대료에 반영되어 임대료가 증가하기 때문에 Step-Up Lease와 마찬가지로 물가상승에 따른 위험을 회피할 수 있다. 다만 1년 전 과거의 경제 지표를 향후 임대료 상승에 적용하는 것이므로 단기 변동성이 급변하고 있는 최근의 경제 상황을 고려해 적절한 지수의 선정이 필요하다.

리테일 부동산 시장의 동향

　미국이나 유럽과 같은 선진국들의 지속적인 주거 시장의 성장과 결혼 등으로 인한 가구수의 증가, 고용에 대한 긍정적인 전망 등으로 글로벌 리테일 시장은 꾸준히 성장할 것으로 전망된다. 그러나 전자상거래의 비중이 해마다 빠르게 증가되면서(미국은 전체 쇼핑의 약 10%, 유럽은 약 5% 규모) 전 세계 리테일 부동산 시장에 큰 영향을 끼치고 있다. 교외 지역으로 나간 리테일 매장들이 점차 성장의 가능성을 찾지 못 하면서, 단독 건물 또는 주거와의 복합건물 형태로 외곽형이 아닌 도심형 리테일 부동산이 선진국을 중심으로 선호되고 있다.

　쇼핑센터를 새로 신축하기보다 건물주는 그들이 소유한 건물들을 리노베이션해 보다 많은 고객들을 끌어들이려 하고 있다. 특히, 건물주가 효율적인 운영비용 관리에 큰 관심을 쏟게 되면서 친환경 디자인에 대한 관심이 리테일 부동산에서도 강하게 부각되고 있다. 2014년 11월에 쿠시먼앤웨이크필드가 유럽의 리테일 투자자들을 대상으로 한 설문조사에 따르면, 전자상거래의 성장에 따른 기존 쇼핑센터들의 경쟁력 확보를 위한 개선 요소들 중 친환경적인 요소(Green Initiatives)가 3위로 꼽혔다. 에너지 절감이나 오·우수 재활용과 같은 친환경적인 개발로 자산관리의 효율성을 높이는 것이 중요한 경쟁력이 되고 있는 것이다. 또한, 디자인 차별화와 발달된 IT기술(예 : 모바일 앱, 무료 Wi-Fi)의 접목이 경쟁력 확보를 위해 매우 중요한 것으로 조사되었다.

[자료 3.10] 전자상거래 성장에 따른 최우선적인 개선요소

출처 : Shopping Centres & E-commerce Survival of the Fittest, Cushman & Wakefield, 2014

글로벌 부동산 시장에는 리테일의 임대료가 특히 비싼 지역들이 있다. 홍콩의 코즈웨이 베이(Causeway Bay)나 뉴욕의 5번가(5th Avenue), 도쿄의 긴자(Ginza) 거리들이 대표적인 예다. 일본에서 가장 비싼 건물은 긴자의 리테일 건물로 평방미터당 3,380만 엔(평당 약 10억 원)으로, 일본에서 땅값이 비싼 5개의 건물 중 4곳이 모두 긴자지역에 위치한다. 한국에서도 가장 땅값이 비싼 토지는 명동의 리테일 건물로 2017년 기준 공시지가가 평방미터당 8,600만 원(평당 약 2억 8,430만 원)이었다. 이렇듯 성공적인 리테일 시장으로

발전하기 위해서는 몇 가지 핵심적인 요소들을 갖춰야 한다. 예를 들어, 다양한 글로벌 앵커 테넌트들을 유치하거나 모던한 건물 디자인으로 풍부한 배후 수요와 유동 인구를 갖는 것이다. 또한, 효율적인 물류 체계에 우호적인 세금 제도 등이 뒷받침되는 투자 환경이 필요하겠다.

미국은 인당 쇼핑센터의 면적(GLA)이 세계 평균의 2배 수준으로 1인당 약 25평방피트(2.32m^2)다(소규모 쇼핑센터까지 포함하면 약 50평방피트다). 이는 유럽 국가들의 인당 면적에 비해 10배나 큰 수치로 영국도 약 5.0평방피트로 미국의 5분의 1 수준이다. 아시아퍼시픽의 대표적인 리테일 시장인 일본도 3.9평방피트(0.36m^2) 수준으로, 빠르게 급성장하고 있는 중국도 인당 쇼핑센터의 면적은 약 6.5평방피트(0.6m^2)로 미국에 비해 작다.[52] 전 세계 리테일 브랜드별 규모를 봐도 미국의 브랜드들이 차지하는 비율은 전 세계 리테일의 약 30% 수준이다.

이러한 미국의 거대한 리테일 시장에 최근 변화가 감지되고 있다. 2017년 기준 미국 내에 약 6,400개의 매장이 폐업했고 2018년에도 3,600개의 매장이 문을 닫거나 닫을 예정이다. 국내와 마찬가지로 JC 페니(JC Penney)나 메이시(Macy's)와 같은 대형 백화점들이 매장들을 줄이고 있는 것이다.

사람들이 온라인 쇼핑이나 접근이 용이한 도심 내 쇼핑센터에서의 쇼핑을 보다 선호하게 되면서 점점 대형 몰들이 문을 닫고 있다. 그리고 이렇게 낙후

---

52. 출처 : www.forbes.com, www.ft.com, www.robeco.com

되어 버려진 쇼핑센터들은 병원이나 대학교, 초등학교, 교회, 공원 등으로 용도가 변경되어 활용되고 있다.

[자료 3.11] 쇼핑센터의 용도 변경 사례

건물명	Highland Mall	Euclid Square Mall	100 Oaks Mall
변경된 용도	대학교	교회	병원
주(State) 명	텍사스주(Texas)	오하이오주(Ohio)	테네시주(Tennessee)
개장시기	1971년	1977년	1968년
특징	2010년에 폐업된 쇼핑센터를 Austin Community College가 매입해 지역인력센터와 도서관 등으로 활용	2006년에 폐업된 쇼핑센터의 일부를 교회가 일요일 집회공간과 주중 성경공부를 위해 임대	2008년에 Vanderbilt University Medical Center가 2층 이상 공간을 병원공간으로 임대
	출처 : www.dyalpartners.com	출처 : www.clevescene.com	출처 : corinthproperties.com

📎 Tip

드라이브 스루 매장

패드 사이트(Pad Site)는 대규모 쇼핑센터나 스트립 몰 앞에 독립적으로 위치한 상업용 부동산 부지를 일컫는다. 주로 도로 출입구나 대지 모서리 부분에 위치하며 동일 부지 내 다른 매장들에 비해 가장 높은 임대료를 요구한다. 고객들에게 브랜드 인지도를 극대화할 수 있고 접근성이 용이해 은행이나 패스트푸드, 레스토랑 등이 선호하는 부지 형태로 보통 면적은 190㎡에서 6,970㎡(2,000 sq.ft-75,000 sq.ft.) 정도이다.[53] 패드 사이트에 유치된 테넌트의 브랜드가 전체 쇼핑센터의 수준을 상징적으로 보여주기 때문에, 주로 스타벅스(Starbucks)나 체이스뱅크(Chase Bank)와 같은 테넌트들이 선호되며, 쇼핑센터 계획 시 패드 부지의 효과적인 배치가 중요하다.

이러한 패드의 임차인이 선호하는 매장 형태가 드라이브 스루(Drive-through)다. 드라이브 스루(DT) 매장은 소비자가 차 안에서 내릴 필요 없이 상품을 구매하거나 거래할 수 있도록 디자인된 테이크아웃 매장이다. 1930년대 미국에서 조던 마틴(Jordan Martin)에 의해 개발된 후 전 세계에 퍼진 형태로 자가용이 일반적인 교통수단이 되면서 유행하기 시작했다. 초기에는 은행에서 주로 선호되었으나 지금은 패스트푸드 전문점에서 많이 찾아볼 수 있다.

스타벅스의 경우, 미국에서 2018년에 새롭게 오픈한 매장들의 80% 이상이 드라이브 스루 매장의 형태를 띠었고, 편리함을 추구하는 소비자들의 선호도로 이러한 추세는 한동안 계속될 전망이다. 대표적인 예로 워싱턴주 투퀼라(Tukwila) 도시에 컨테이너 구조로 42평방미터(㎡)의 매장을 오픈했는데, 다른 스타벅스 매장들처럼 리드(LEED) 인증도 받았다. 월마트도 2014년부터 'Wal-Mart Pickup'이라 불리는 새로운 개념의 드라이브 스루 매장 개념을 선보이며 몇몇 도시에서 시범 운영 중이다.

국내에는 아직 생소한 드라이브 스루 약국의 경우, 미국은 대형 약국 체인 1위인 월그린(Walgreens)과 2위 업체인 CVS 파머시(CVS Pharmacy)가 드라이브 스루 매장을 운영하고 있다. 보통 매장 면적은 약 1,200㎡에서 1,400㎡(13,000-15,000 sq.ft.) 정도의 규모를 갖는다.

---

53. 패드 사이트는 토지임대(Ground Lease) 형태로 임대가 가능하나, 건축비 대출을 위한 별도의 담보 설정은 어렵다. 별도로 분할 받아 매입하는 것은 가능하다.

커피전문점	대형 약국	은행
		CHASE

출처 : www.starbucks.com	출처 : dirtamericana.com	출처 : www.pschwabe.com

국내의 경우, 첫 번째 드라이브 스루 매장은 1992년도 해운대 맥도널드 매장이다. 그 당시 한국의 자동차 보급은 500만 대로 20년 이상이 지난 지금 시장 규모는 4배 이상 성장했고, 자동차 보급률의 성장만큼이나 드라이브 스루 매장도 빠르게 확산되고 있다. 대표적으로 맥도널드는 국내 전체 매장 400여 개 중 180여 개로 공격적으로 드라이브 스루 매장을 확장해가고 있다. 롯데리아가 46개, 버거킹이 20개의 드라이브 스루 매장을 운영 중이다. 커피전문점의 경우, 스타벅스는 2012년 경주 1호점을 시작으로 전국에 30개, 엔제리너스가 9개의 매장을 운영 중이다.[54]

매출도 일반 매장에 비해 하루 평균 20% 이상 높은 추세를 보이고 있어 드라이브 스루 매장은 계속적으로 확대될 전망이다. 미국처럼 쇼핑센터 내에 체계적인 동선 계획을 통해 패드 부지 위에 드라이브 스루 매장을 개발한 사례는 국내에는 아직 없으나 개발의 가능성은 높다. 특히, 미국 스타벅스의 친환경 재활용 컨테이너 매장처럼 도심 내에서 자투리 공간에 낮은 건축비와 차별성으로 투자 가치를 극대화할 수 있는 새로운 리테일 개발 모델을 기대해본다.

---

54. 출처 : 드라이브 스루 전성시대, 〈아시아경제〉, 2015년.

Chapter 03

오피스 & 산업용 부동산
Office & Industrial

GLOBAL REAL ESTATE

| 오피스의 분류 기준에 따른 특징 |

오피스는 다음의 여섯 가지 분류 기준에 따라 그 특징들을 살펴볼 수 있다.

첫째, '입지'에 따른 구분이다. 도심이냐 교외 지역이냐에 따라 쉽게 도심형과 교외형으로 구분한다.

둘째, '등급'에 따라 구분할 수 있는데, 건물의 연식이나 위치, 마감상태, 건물 시스템, 부대시설 수준이나 임대료 등에 따라 크게 Trophy, Class A, Class B, Class C로 구분할 수 있다. Trophy와 Class A 오피스는 특히 연기금 등 기관 투자자들의 투자 대상으로 가장 선호도가 높다. 높은 수준의 마감과 부대시설이 특징이다. 신축 건물이거나 변화되는 최근의 임대 수요에 부응하기 위해 리노베이션이 된 건물로, 친환경 인증이 점점 요구 조건으로 선호되고 있다. 반면, Class B와 Class C 오피스는 대부분 리노베이션이 되지 않은 오래된 건물로 기본적인 시스템과 부대시설만 갖춘 건물이다.

셋째, '건물의 크기'를 들 수 있다. 보통 3층 이하 건물을 저층형(Low-rise), 4층에서 15층 사이를 중층형(Mid-rise), 16층 이상 건물을 고층형(High-rise)이라고 한다.

넷째, '기준층 바닥면적'에 따른 구분이다. 일반적인 오피스 건물의 적정 기둥 간격은 약 9미터이며, 기준층의 평균적인 바닥면적은 18,000평방피트(약 1,700m^2)에서 30,000평방피트(약 2,800m^2)다. 임대형 건물인지, 건물주가 사용할 건물인지에 따라 적정 면적은 변동될 수 있다.

다섯째, '사용과 소유권(Use and Ownership)'에 따른 구분이다. 신규 오피스 개발 시 가장 중요한 분류 기준으로 이는 다시 세 가지로 세분화할 수 있다. 먼저, 하나의 기업이 건물 전체를 임차하거나 소유하는 '단일임대(Single-Tenant)' 방식이다. 참고로, 하나의 기업이 소유한 건물을 '소유주-사용자 건물(Owner-User Building)'이라 부른다. 또 다른 유형은 국내에서는 아직 낯선 개발 방식이나 최근 물류창고와 같은 산업용 부동산을 중심으로 빠르게 발전되고 있는 '고객맞춤형(BTS, Build-To-Suit)' 방식이다. 즉, 디벨로퍼들이 자신들의 전문성과 자본력을 바탕으로 특정 임차인의 수요에 맞게 오피스를 설계하고 시공한 후 장기 임대하는 고객 맞춤형 방식이다. 임차인 입장에서는 비록 초기 투자비가 좀 더 소요될 수 있으나, 기업의 브랜드 이미지를 강화하고 최적의 오피스 환경으로 고급 인력을 끌어들일 수 있는 장점이 있다. 예를 들어, 전기 등의 에너지 소비가 많은 IT 기업은 지속 가능한 친환경 설계를 통해 운영비용을 절감함으로써 일반적인 오피스 건물을 임차했을 때보다 장기적인 관점에서 훨씬 유리할 수 있다. 마지막으로, '투기적임대

(Speculative 또는 Spec.)' 방식으로, 준공 전에 임차인을 확보하지 못한 건물로, 사실 국내에서는 많이 볼 수 있다.

여섯째, '건물의 특징과 부대시설'에 따른 구분이다. 대중교통으로의 근접성 외에도 주차장 이용 가능 여부나 주차료 수준 등에 따라 건물을 분류할 수 있다. 또 다른 특징적인 요소로 인터넷 등의 통신시설 수준이나 냉난방, 환기 등의 설비 시스템, 음향 시스템 등을 들 수 있다. 부대시설로는 휘트니스 센터나 레스토랑같은 리테일의 유무로 구분된다.

사용가능면적 vs. 임대가능면적

오피스의 분류 기준에 덧붙여서 오피스 임대 면적에 대한 용어의 개념을 좀 더 살펴보면, 임차인의 구성에 따라 임대 면적 산정 기준은 달라진다. '사용가능면적(Usable Area)'은 실제 점유 가능한 전용면적을 말하며 여기에는 공용면적이 포함되지 않는다. 반면, '임대가능면적(Rentable Area)'은 임대 전용면적과 함께 전용면적 비율(영어로 'Pro Rata'[55]라고 함)만큼의 공용면적을 합친 면적을 말한다.

---

55. '프로라타(Pro Rata)'는 라틴어에서 유래한 단어로 '비례하는'이란 뜻이다. 부동산과 관련된 계약서에서 자주 볼 수 있다. 유사한 개념으로 '파리파수(Pari Passu)'란 단어가 있는데, 이는 '같은 비율로'라는 뜻으로 계약조건 협의 시 용어의 구분이 필요하다.

임대가능면적(Rentable Area) = 사용가능면적(Usable Area) + 공용면적

　한 층을 하나의 임차인이 사용할 경우, 사용가능면적은 해당 층의 전체 바닥면적에서 엘리베이터나 계단실과 같은 수직 코어(Core)면적과 기타 공용면적을 차감한 면적이 된다. 여기서 중요한 점은 엘리베이터홀과 복도면적은 사용가능면적에 포함된다는 것이다. 반면, 한 층을 여러 임차인들이 공동으로 사용할 경우, 사용가능면적은 위의 경우와 마찬가지로 해당 층의 전체 바닥면적에서 수직 코어면적과 엘리베이터홀과 복도면적을 포함한 모든 공용면적을 차감한다. 여기서 중요한 차이점은 해당 층의 엘리베이터홀과 복도면적은 사용가능면적(전용면적)에 포함되지 않는다는 것이다.

　간단히 설명하면, 해석상의 오해가 많은 공용면적의 경우, 한 층에 단일 임차인이 있다면 엘리베이터홀과 복도면적은 공용면적이 아닌 전용면적이 되며, 여러 임차인이 있다면 엘리베이터홀과 복도면적은 공용면적에 포함된다. 결국, 임대료 산정의 기준이 되는 '임대가능면적'의 명확한 산정을 위해 이에 대한 이해가 필요한 것이다. 또한, 이는 오피스를 비롯한 모든 상업용 부동산의 자산 가치 평가에서 중요하게 생각되는 '부하지수(Load Factor)'와도 밀접한 관계가 있다. 국내에서 사용되는 전용률과는 역비례 관계로 '공용면적지수(Common Area Factor)'라고도 불리며, 산식은 다음과 같다.

$$\text{부하지수(Load Factor)} = \frac{\text{임대가능면적(Rentable Area)}}{\text{사용가능면적(Usable Area)}}$$

오피스 건물의 일반적인 부하지수를 퍼센트로 표현하면 10%(=1.10)에서 15%(=1.15) 정도로 경우에 따라 더 높게 나타날 수도 있다. 보통 동일한 수준의 공용 공간을 갖고 있다면, 부하지수가 낮을수록(국내에서는 전용률이 높을수록) 임차인에게 유리하다.

어떤 두 건물이 동일한 사용가능면적(전용면적)을 갖는다 하더라도 부하지수(또는 전용률)에 따라 임차인이 내야 되는 총임대료는 달라진다. 예를 들어, A라는 오피스와 B라는 오피스의 사용가능면적이 동일하게 1,000평방미터이고, 각각의 부하지수가 20%와 15%라면 임대가능면적은 각각 1,200평방미터(=1,000+1,000×20%)와 1,150평방미터(=1,000+1,000×15%)가 된다. 따라서, 평방미터당 월임대료가 20달러라면 동일 전용면적 대비 A건물에서는 월 2,400달러를, B건물에서는 월 2,300달러를 내야 한다.

오피스 부동산 시장의 동향

오피스 시장의 수요는 다른 부동산 유형들과 마찬가지로 경제 상황에 큰 영향을 받으나, 오피스를 점유하는 산업의 성장에 주로 기인한다. 때로는 국내의 판교 사례에서도 볼 수 있듯이, 기존 대도시 주변의 경쟁 도시와 신흥 시장이 전통적인 도심권 수요를 끌어들이기도 한다. 이러한 오피스 시장의 성장은 공실률의 하락과 흡수율의 증가에서 먼저 나타나며 이후 임대료의 상승으로 이어진다.

따라서 오피스 시장 분석에서는 시장 내 주요한 산업군에 대한 전망이 중요하며, 기술이나 금융서비스와 같은 특정 산업에 대한 특화된 도시별 분석도 중요하다. 예를 들어, 미국의 경우 실리콘 밸리(Silicon Valley)로 유명한 산호세(San Jose)는 하이테크 산업의 긍정적인 전망으로 부동산 시장이 눈에 띄게 성장하고 있다. 반면, 한때 에너지 산업의 중심지로 각광받던 휴스톤(Houston)은 오일 가격 하락으로 부동산 시장이 침체되었다.

최근에는 효율적인 사무공간에 대한 수요가 점점 높아지고 있다. 이는 커뮤니케이션 관련 IT 기술의 발달로 근무시간이나 장소에 얽매이지 않는 유연한 근무환경이 가능해졌기 때문이다. 유연한 근무환경은 사무실 공간을 늘리지 않고도 기업의 성장에 대비할 수 있는 가장 효율적이고 지속 가능한 방안으로 평가받고 있다. 이와 함께 전 세계적으로 1인 창업과 공유경제가 큰 관심을 끌면서 '선택 가능한 업무공간(Alternative Work Space)'과 '공유사무공간(Shared Office Space)'의 증가세가 국·내외적으로 눈에 띄게 높아지고 있다. 다른 한편, 기존의 오피스 투자자들에게 오피스 공간의 수요에 대한 위협이 되고 있다.

오피스의 입지 선정과 관련해 한 가지 특이점은, 전 세계 대부분의 기업들은 군집을 이루며 도심 내에 집중되어 있다는 것이다. 이러한 관점에서 입지 선정의 기준을 살펴보면 첫째, 고속도로나 지하철, 심지어는 수상택시까지 근무자들이 편리하게 접근할 수 있는 다양한 교통 시설의 접근성이 중요하다. 둘째, 다양한 인력 수급을 위해 인근에 쾌적하고 풍부한 주거 단지가 근접해 있어야 한다. 고전 경제학의 생산의 3요소(토지, 노동, 자본) 중 노동의 중요성이 커지고 있는 지금의 글로벌 비즈니스 세계에서 우수한 인력을 확보하기 위한 인근 주거단지의 형성은 오피스의 입지 선정에서도 점점 중요해지고 있다. 마지막으로 집적된 산업군으로 생산성을 향상시키고, 비즈니스 혁신 개발에 도움을 주고받으며 유연한 협력관계를 구축할 수 있는 환경이 선호된다. 앞서 예를 든 실리콘 밸리가 대표적인 사례라고 하겠다.

주요 국가별 오피스 시장의 동향을 살펴보면, 미국은 하이테크(High-tech)

기술 산업이 오피스 수요의 가장 큰 원동력이 되면서 점유비용(Occupancy Cost)[56]이 고공행진을 하고 있다. 글로벌 부동산컨설팅 회사인 CBRE(CB Richard Ellis)의 2017년 1분기 'US Office Occupierview' 보고서를 보면, 2015년과 2016년에 이어 미국에서 하이테크 관련 오피스 임대가 전체 시장 수요의 18% 이상을 차지했다. 특히, 산호세나 시애틀, 샌프란시스코와 같은 서부 지역은 하이테크 산업이 대다수를 차지하며 전반적인 부동산 시장을 이끌었다. 중국도 2014년 기술·미디어·통신(TMT, Technology, Media & Telecommunications)관련 임대수요 비중이 전년 대비 약 2배로 증가되면서 오피스 시장을 이끌었다.[57]

한편, 동남아시아 시장은 강한 경제 성장률과 프라임 오피스의 부족으로 점유비용이 눈에 띄게 증가했다. 특히 인도 뭄바이는 폭넓은 산업군과 풍부한 공급으로 임차 가능한 사무실들이 좋은 임대실적을 보이고 있다. 유럽의 부동산 시장을 이끄는 영국도 경제의 빠른 회복으로 업무공간의 수요에 강한 회복세를 보이며 임대료가 상승하고 있다. 런던의 고층 빌딩의 자산 가치는 파리나 프랑크푸르트의 2배 이상으로 유럽 내에서도 가장 비싸다.[58]

---

56. 점유비용은 건물의 생애 주기 동안 즉, 토지의 획득부터 처분까지 전체 점유기간 동안의 임대료, 부동산세, 재산세, 건물과 영업 관련 보험료, 감가상각, 대출금 이자 및 원금상환액 등을 포함한 모든 비용을 말한다. 신축 건물에 초기 입주 시 좀 더 비용이 높게 책정되는 것이 일반적이다.
57. 출처 : DTZ China Insight, DTZ, 2015
58. 출처 : Global Cities:The 2015 Report, Knight Frank, 2014

산업용 부동산의 분류 기준에 따른 특징

전 세계적으로 안정적인 경제 성장으로 개인의 소비가 증가하고, 중산층이 성장하며, 도시화가 가속화되면서 산업용 부동산의 수요도 한동안 강하게 지속될 것으로 전망된다. 특히, 전자상거래를 중심으로 젊은 신소비층의 구매력이 증가되어 물류 물량이 늘어나면서 투자자들의 큰 관심을 받고 있다. 국내에서도 물류 서비스의 영역이 확대되면서 단순한 보관이나 하역에서 벗어나 가공이나 조립, 분류 및 포장 등 다양한 서비스가 가능한 대규모 복합물류센터 개발이 높은 관심을 끌고 있다. 물류형 창고에서 제조형 창고로 차츰 다변화되고 있는 국내의 초기 단계의 산업용 부동산 시장과는 달리 해외에서는 다양한 형태의 산업용 부동산이 발전되어 왔다.

부동산 연구단체인 ULI에서 출간한 《산업용부동산 분류 가이드(*Guide to Classifying Industrial Property*)》에 따르면 미국의 산업용 부동산은 다음과 같이 여섯 가지 유형으로 분류할 수 있다. 이들 유형 중 '물류형 창고'와 '제조형 창고', '플렉스'라는 세 가지 유형이 가장 보편적인 타입으로 전체 시장의 90% 이상을 차지한다. 이 외에 PART 05에서 다룰 '셀프 스토리지(Self Storage)'와 같은 특별한 유형들도 있으나, 이 책에서는 가장 기본적인 네 가지 유형에 대해 주요한 특징들을 살펴보겠다.

[자료 3.12] 산업용 부동산의 분류

분류	종류
물류형 창고 (Warehouse Distribution)	· Regional Warehouse · Bulk Warehouse · Heavy Distribution · Refrigerated Distribution · Rack-Supported Warehouse
제조형 창고(Manufacturing)	· Light Manufacturing · Heavy Manufacturing · Airport Hangar
플렉스(Flex)	· R&D Flex · Office Showroom
멀티 테넌트(Multi-Tenant)	· Multi-Tenant
화물운송(Freight)	· Truck Terminal · Air Cargo
통신(Telecommunications)	· Data/Switch Center

물류형 창고(Warehouse Distribution)

물류형 창고는 물품의 저장과 처리를 위주로 하는 건물로 높은 층고의 오픈된 공간에 주로 별도의 바닥 마감재 없이 콘크리트 노출 마감으로 시공된다. 제조형 창고(Manufacturing)와 비교할 때 공간적으로 좀 더 통합적인 레이아웃을 가지며, 접근이 용이한 입지 선택이 매우 중요하다.

연면적은 보통 25,000평방피트(2,323m^2)에서 1,000,000평방피트(92,903 m^2) 정도다. 층고는 보통 30피트(약 9미터)나 16피트(약 4.9미터)에서 32피트(약 9.8미터)가 선호되며 여러 유형들 중 층고가 가장 높다. 특히, 최근에는 물류시스템의 자동화 등으로 층고가 36피트(약 11m)에서 40피트(약 12.2m)까지 더 높아지고 있다. 물류의 최적화된 모듈 시스템을 바탕으로 기둥 간 간격은 가로 52피트(약 15.8미터)에 세로 50피트(약 15.2미터)를 기준으로 한다. 사무실의 비율은 전체 연면적의 5%에서 10%가 일반적이나 20%까지 계획하기도 한다.

다른 부동산 유형들과 마찬가지로 토지를 매입 검토 중이라면 적정한 대지면적의 산정을 위해 필요한 주차대수의 검토는 사업성 측면에서 매우 중요하다. 법적인 대수 기준은 국가마다, 도시마다 다르므로 해당 지역의 기준을 확인해야겠다. 미국 캘리포니아주의 경우 물류형 창고는 1,000평방피트당 1대(1 : 93m^2)이고, 사무실은 250평방피트당 1대(1 : 23m^2)로 한국보다 요구되는 주차대수가 많다.

적재물을 운반하는 적재구(Dock Door)의 경우, 10,000평방피트당 1개가 설치되는데, 예를 들어 창고면적이 500,000평방피트(46,452m^2)라면 50개의 창고 도어가 필요한 것이다. 참고로, [자료 3.12]에서 '벌크 웨어하우스(Bulk Warehouse)'는 1,000,000평방피트(92,903m^2) 이상의 물류형 창고를 말하며, '헤비 디스트리뷰션(Heavy Distribution)'은 적재구가 2면에 설치된 큰 규모의 창고로 주로 물류기업들이 주요 임차인이다.

제조형 창고(Manufacturing)

제조형 창고는 가공 전 원재료를 처리하거나 포장해 새로운 물품을 만드는 창고형 건물이다. 제조라는 특성으로 인해 요구되는 전력량이 높은 것이 특징이다. 제조형 창고는 다양한 세부 유형의 분류에 따라 변동폭이 큰 편이나, 일반적으로 연면적은 물류형 창고보다 작은 25,000평방피트($2,323m^2$)에서 250,000평방피트($23,226m^2$) 정도다. 층고는 보통 24피트(약 7.3미터)에서 30피트(약 9미터)로 16피트(약 4.9미터)로 낮은 경우도 있다. 물류형 창고보다는 다소 작은 48피트(약 14.6미터)를 기준 모듈로 한다. 적재물을 운반하는 적재구는 물류형 창고의 2분의 1 수준으로 20,000평방피트당 1개가 요구된다.

플렉스(Flex)

플렉스(Flex 또는 R&D Flex)라고 불리는 독특한 형태의 창고형 건물로 오피스와 산업용 부동산의 중간 매개적인 형태라 하겠다. 실제로 오피스 전문 디벨로퍼가 산업용 부동산을 함께 개발하는 것도 유사한 비즈니스 구조에 플렉스 타입이 인기를 끌기 때문이다. 최근 국내에서도 관심이 높은 지식산업센터와 개념적으로 유사하나, 하역과 같은 창고의 개념이 여전히 있음을 볼 때 국내에는 아직 소개되지 않은 부동산 유형이라 하겠다. 도심에서 비싼 임대료를 내며 운영하기 힘든 콜센터와 같은 기업들이나 기술 중심의 IT 기업들이 플렉스 타입을 선호한다. 특히, 바이오메디컬 연구소나 보안업체, 통신업체 등이 자신들의 신제품을 제조하고 시험할 수 있는 창고형 사무실을 선호하고 있다. 다른 창고형 부동산과는 달리 노동인력이 풍부하고 대중교통의 접근이 용이한 입지 환경이 요구된다. 건물 전면은 마치 오피스 건물처럼 유리와 같은 고급스러운 마감재로 시공하고 주변에 조경 식재도 한다. 연면적은 보통 20,000평방피트($1,858m^2$)에서 100,000평방피트($9,290m^2$)로 일반적인 사무실보다는 큰 편이다. 다른 창고형 부동산과는 달리 직원들의 쾌적한 근무환경을 위해 에어컨 설치가 요구됨에 따라 10피트(약 3.0미터)에서 18피트(약 5.5미터)정도의 낮은 층고를 갖는다. 필요에 따라 2층이나 메자닌 층을 둘 경우 24피트(약 7.3미터)까지 높아지기도 한다. 또한, 직원들의 접근성을 고려해 주로 단층으로 계획하며, 보통 기둥 모듈은 40피트(약 12미터)로 한다. 적재구는 제조형 창고와 동일한 20,000평방피트당 1개가 요구된다.

멀티테넌트(Multi-Tenant)

멀티테넌트는 이전에는 물류형 창고나 제조형 창고의 범주에 속해 있다가 점차 이러한 특징의 건물들이 늘어나면서 별도의 유형으로 분류되었다. 일반적으로 간단한 제조업과 물류업을 복합적으로 운영하는 소규모 기업들이 선호하는 유형으로 특히 신사업을 시작하는 신생 기업들에게 적합한 형태다. 사업 초기에는 소수의 유니트만을 임대하다가 점차 사업이 성장하면서 임대면적을 확장할 수 있는 장점이 있다. 또한, 높은 사무실 비율로 다양한 테넌트들이 다양한 용도로 건물을 활용할 수 있다는 점에서도 산업용 부동산 중에 유연성이 가장 크다. 연면적은 보통 5,000평방피트($465m^2$)에서 120,000평방피트($11,148m^2$)로 플렉스 타입과 유사하며 층고도 유사하다. 건물의 기본 모듈은 정방형의 다른 유형들과는 달리 가로가 40피트(약 12미터)에서 50피트(약 15미터), 세로가 80피트(약 24미터)에서 120피트(약 36미터)로 장방형의 모듈을 갖으며, 'L'자형이나 'U'자형으로 배치되기도 한다. 물건이 운반되는 도크도 보통 지면보다 1미터 정도 높게 형성되는 것과는 달리 지면과 동일한 레벨에 도어가 설치되며, 플렉스 타입과는 달리 건물 전면에 도크가 설치되기도 한다. 사무실의 면적은 매우 다양하며 보통 50% 정도 구성한다.

[자료 3.13] 산업용 부동산의 특징 요약

구분	물류형 창고	제조형 창고	플렉스	멀티테넌트
연면적	25,000ft² – 1,000,000ft²	25,000ft² – 250,000ft²	20,000ft² – 100,000ft²	5,000ft² – 120,000ft²
층고	16' – 32', 보통 30'	16' – 30', 보통 24' – 30'	10' – 18', 최대 24'까지	12' – 18', 최대 24'까지
기본 모듈	52'×50'	48'×48'	40'×40'	(40' – 50') × (80' – 120')
적재구 비율	1 : 10,000ft²	1 : 20,000ft²	1 : 20,000ft²	
사무실 면적 비율	보통 5 – 10%, 최대 20%까지	보통 10%, 최대 25%까지	보통 25 – 75%	보통 50%

1	2
3	4

1. 물류형 창고(출처 : www.commercialview.com.au)
2. 제조형 창고(출처 : www.therapeuticworksolutions.com)
3. 플렉스(출처 : www.telecomcorridor.com)
4. 멀티테넌트(출처 : www.rexfordindustrial.com)

｜ 산업용 부동산 시장의 동향 ｜

　경제 회복에 따른 고용의 증가와 팽창하는 국제 무역량, 리테일 소비의 증가, 주택의 신축 또는 리모델링 등으로 글로벌 산업용 부동산의 수요는 지속적으로 성장하고 있다. 특히, 소매업체나 제조사들이 미래의 성장을 위해 공급망 단축을 가장 중요한 전략으로 여기면서 산업용 부동산에 대한 투자나 개발 전망도 높아지고 있다. 더구나 포드자동차(Ford Motor)나 애플(Apple), 제너럴일렉트릭(GE)과 같은 미국의 제조사들의 48%가 낮아진 에너지 비용과 유통 비용, 보다 나은 제품의 품질관리 등의 이유로 미국으로 생산기지를 옮기면서 미국 내 산업용 부동산은 더욱 수요가 높아지고 있다.[59]

　국제적인 무역 교류량이 늘어나면서 항구 주변의 창고형 부동산에 대한 선호도도 꾸준히 높아지고 있다. 특히, 물류형 창고의 경우는 수출보다 수입이

---

59. 출처 : The Shifting Economics of Global Manufacturing, The Boston Consulting Group, 2014

수요에 강한 영향력을 미치기 때문에 해당 국가와 도시의 무역수지를 살펴볼 필요가 있다. 예를 들어, 미국은 모든 해상을 통한 무역 수입량의 절반 가량이 로스앤젤레스(Los Angeles)와 롱비치(Long Beach)의 항구를 통해 유입된다. 이는 중국이나 한국과 같은 주요 아시아 무역 상대 국가들과의 입지적인 근접성과 같은 우수한 인프라 환경에 기인한 것이다. 로스앤젤레스의 물류형 창고의 2017년 1분기 임대료가 약 9.1달러로 미국 전국 평균 약 6.7달러보다 매우 높고 공실률도 1.1%(전국 평균은 4.8%)로 가장 낮다는 사실은 국제 무역과 산업용 부동산의 깊은 연관성을 보여준다.[60] 참고로, 일반적으로 Class A 산업용 부동산의 임대료는 그 지역의 오피스 상위 임대료의 30%에서 40% 수준에서 형성되며, Class C는 그 지역의 오피스 하위 임대료의 10%에서 20% 수준으로 형성된다.

주거용 부동산과 오피스 간에 깊은 연관성이 있는 것처럼, 산업용 부동산과 리테일도 다양한 관계성을 갖고 있다. 예를 들어, 인터넷 쇼핑 등의 전자상거래를 포함한 옴니 채널 소매업자들이 변화하는 수요에 대응하기 위해 경쟁력 확보 차원에서 배송 속도에 높은 관심을 갖게 되면서 물류형 창고의 위치가 이전보다 훨씬 중요해졌다. 즉, 치열한 경쟁 속에서 당일 배송과 같은 빠른 배송 서비스와 제품 반송 서비스 등을 통한 적극적인 고객 서비스를 위해 대형 물류창고와 함께 도심 내 중소형 창고에 대한 수요가 점점 커지고 있다. 특히, 전자상거래업체나 제3자 물류업체(TPL, Third Party Logistics 또는

---

60. 출처 : U.S. Industrial & Logistics, CBRE, 2017

3PL)[61]들의 강한 수요에 반해, 도심 인근의 현대화된 물류형 창고의 제한적인 공급으로 임대 또는 매입 가능한 산업용 부동산에 대한 투자 경쟁이 전 세계적으로 치열해지고 있다.

싱가포르나 일본처럼 산업용 부동산의 투자가 성숙한 시장에서 투자자가 신규 시장에 진입하기 위해서는 단일 부동산 자산의 매입보다는 전문적인 산업용 부동산 디벨로퍼들과의 전략적인 파트너쉽을 통해 네트워크를 형성하는 것이 필요하다. 반면, 한국이나 인도처럼 산업용 부동산 시장이 아직 초기 단계에 있는 나라에서는 현대화된 복합물류센터의 개발이나 플렉스 타입과 같은 새로운 모델 개발을 통해 높은 수익률을 기대할 수 있다.

---

61. 기업이 물류 관련 분야 전체 업무를 특정 물류전문업체에 위탁하는 것으로 생산자와 판매자 사이에 제3자가 물류를 대행하는 것을 말한다. 대표적인 물류업체로는 FedEx나 DHL, UPS 등이 있다(출처 : 네이버 지식백과).

Chapter 04

호텔 부동산
Hotel

GLOBAL REAL ESTATE

│ 호텔의 유형별 분류에 따른 특징 │

영국의 '호스피탈리티 리서치 그룹(Hospitality Research Group)'에서 발표한 호텔의 유형별 세부 분류에 따르면 다음과 같이 크게 네 가지의 유형으로 구분할 수 있다.

첫째, 호텔의 '입지'에 따른 분류 방법으로 여섯 가지의 하위 범주로 다시 구분할 수 있다. 호텔의 위치에 따른 운영 실적의 차이를 비교 대조하기 위해 각각의 위치적 특성에 따라 분류한 개념이다. 이러한 분류 체계는 최근 적절하게 활용되고 있는데, 특히 미국은 2001년 9·11 테러와 2008년 글로벌 금융 위기로 관광 패턴이 바뀌면서 입지에 따라 명확한 운영 실적을 보이고 있다. 호텔을 신규 공급할 때 입지선정은 가장 중요한 의사결정 중의 하나다. 호텔은 도심지나 유명 관광지, 공항이나 인터체인지 주변 등 수요가 밀집한 특정 지역에서 치열한 경쟁을 통해 운영성과를 높이는 지역성이 강한 산업이다.

[자료 3.14] 입지에 따른 분류

공항 AIRPORT	· 공항 근처에 또는 인접해서 위치하며 몇몇 호텔들은 터미널에 직접 연결되기도 함. · 보통 공항까지 무료 운송 서비스를 제공함. · 주 고객은 항공사 직원들이나 불만 승객들, 공항을 통해 입출국하는 여행객들임.
도심형 CITY CENTER	· 대도시의 중심업무지구(CBD)에 위치하며 교외나 도심 외곽 중심지에 위치한 호텔들은 제외함. · 일반적으로 고층의 건물 형태로 상업용(Commercial)과 컨벤션(Convention) 고객 위주로 운영됨.
리조트형 RESORT	· 주로 레저(Leisure) 여행객들이 선호하는 지역에 위치함. · 호텔들은 All-suite, Full-service, 또는 Limited-service 형태의 유형을 보임.
도심교외형 SUBURBAN	· 대도시 외곽에 위치하며 비즈니스 파크(Business Park) 인근에서 볼 수 있음. · 주요 고객층은 비즈니스 출장객이나 그 지역의 친구나 친척들을 방문하는 여행객들
고속도로형 HIGHWAY	· 주요 고속도로나 인터체인지(IC)가 위치한 도시를 따라 발전됨. · 보통 단기 숙박객들로 레저(Leisure)나 상업용(Commercial) 여행객들이 많으며, 주로 Limited-service 호텔이 주를 이룸.
전원형 RURAL	· 외떨어지고 인구 밀도가 낮은 리조트 지역이 아닌 곳에 위치함. · 규모가 작고, 주로 Limited-service 호텔이 주를 이룸.

둘째, 호텔에 투숙하는 투숙객 유형의 '시장 세분화(Market Segmentation)'를 통해 네 가지의 하위 분류로 구분할 수 있다. 이러한 분류 체계는 각각의 수요층이 서로 다른 계절적 특성과 가격 선호도를 보여주기 때문에 시장 분석 시 매우 유용하게 활용된다. 예를 들어 레저형(Leisure) 투숙객은 비즈니스 출장객 위주의 커머셜(Commercial) 고객에 비해 큰 객실 면적를 선호하며, 수영장이나 휘트니스 센터와 같은 풍부한 운동시설의 제공이 중요하다.

[자료 3.15] 시장 세분화에 따른 분류

상업용 COMMERCIAL	· 비즈니스 출장객을 위주로 함. · 일반적으로 팩스나 인터넷과 같은 업무 지원 서비스를 제공하는 Full-service 호텔이 많음.
휴가용 LEISURE	· 지인을 방문하는 개인이나 가족들 또는 단체 관광객들 위주의 호텔 · 이 범주에 있는 Limited-service와 Full-service 호텔들은 경쟁력 있는 가격수준을 보임. · Upscale과 Mid-scale 리조트도 이 범주에 속함.
컨벤션 CONVENTION	· 보통 수백 개의 객실과 다양한 회의 공간을 갖고 있는 대규모의 호텔 · 컨퍼런스 센터(Conference Center)도 이 범주에 속하며 좀 더 작은 규모의 회의실을 갖기도 함.
주거용 RESIDENTIAL	· 장기 투숙객들이 숙박하는 체류형 호텔

    셋째, 투숙객들에게 제공되는 '부대시설과 서비스'에 따라 여덟 가지의 하위 범주로 나눌 수 있다. 호텔이 제공하는 부대시설과 서비스의 수준에 따라 운영비용과 매출 발생 항목도 달라진다. 따라서 운영매출과 비용에 따른 운영수익의 비교 검토 시 매우 보편적으로 활용된다. 이 중 풀서비스(Full-service) 호텔과 리미티드서비스(Limited-service) 호텔의 구분은 중요한데, 이에 대한 구체적인 설명은 Tip에서 확인하길 바란다. 또한 부티크 호텔과 다음에 소개할 럭셔리 호텔의 개념은 구분할 필요가 있다. 부티크 호텔은 대부분의 럭셔리 호텔들과는 달리 규모면에서 100실 정도의 소규모 호텔인 경우도 많으며, 독특한 디자인과 함께 고객 서비스나 부대시설 측면에서도 차별성을 강조한다.

[자료 3.16] 부대시설과 서비스에 따른 분류

	특징	사례
풀서비스 **FULL-SERVICE**	· 레스토랑 같은 식음시설과 회의실, 위락시설 등의 아주 다양한 부대시설을 제공하는 호텔	· Hilton Hotels · Marriot · Holiday Inn
리미티드 서비스 **LIMITED-SERVICE**	· 풀서비스 호텔의 단지 일부 시설만을 제공하는 호텔 · 레스토랑 등의 식음시설은 없음.	· Fairfield Inn · Ambassador Inn · Hampton Inn
리조트 **RESORT**	· 일반적으로 전원이나 외진 곳에 위치한 호텔로 특색 있고 광범위한 위락시설을 갖춤.	· Hyatt Regency · Westin Resort
컨벤션 **CONVENTION**	· 대규모 그룹이나 협회의 미팅, 무역박람회 등의 수요에 맞춘 시설과 서비스를 제공하는 호텔 · 호텔 내 별도의 회의실과 연회장 구비	· Marriott Marquis · Disneyland Hotel · Wyndham Anatole Hotel
컨퍼런스 센터 **CONFERENCE CENTER**	· 전체 객실 점유율의 60% 이상이 컨퍼런스에 의한 호텔 · 패키지 가격은 주로 객실, 회의실, 식음, 컨벤션 서비스를 포함함.	· Wyndham Conference Center · Doubletree Hotel
올 스위트 **ALL-SUITE**	· 모든 객실이 분리되어 있지만 실질적으로 필요시 사적인 침실 공간과 공적인 거실 공간이 통합될 수 있는 호텔	· Embassy Suites · Kimberly Suite Hotel · Comfort Suites
장기체류형 **EXTENDED-STAY**	· 5일 이상 숙박하는 고객을 위주로 하는 호텔 · 객실은 일반적인 호텔에 비해 간이 주방과 같은 좀 더 주거에 근접한 설비들을 갖추고 있음. · 객실료는 주단위(Weekly Basis)로 제시	· Residence Inn · Studio PLUS · Candlewood Hotels
부티크 **BOUTIQUE**	· 보통 도심 내에 역사적인 건물로 소규모에서 중간 규모 사이즈의 호텔 · 매우 스타일리쉬하거나 테마가 있는 가구나 조명 또는 서비스, 식음시설 등을 제공	· W Hotel · Kimpton

📎 Tip

리미티드서비스 호텔의 이해

리미티드서비스 호텔(Limited-service Hotel)은 '셀렉트서비스 호텔(Select-service Hotel)'이라 불리기도 한다. 국내에서 관심을 끌고 있는 '비즈니스 호텔'이 이 유형에 속한다. 기본적인 부대시설만 제공하며 비지니스 출장객들을 주요 고객으로 한다. 저가의 버짓 호텔(Budget Hotel)과는 달리 리미티드서비스 호텔은 피트니스클럽이나 비즈니스센터, 조식 서비스를 제공하지만 풀서비스 호텔(Full-service Hotel)처럼 룸서비스나 다양한 레스토랑, 연회장 등은 갖추고 있지 않는 것이 일반적이다.

리미티드서비스 호텔은 운영비가 많이 드는 풀서비스 호텔과 같은 대규모 주방은 없기 때문에 일반적으로 35%에서 40%의 순운영수익(NOI)을 갖는다. 이는 풀서비스 호텔이 보통 20%에 근접한 순운영수익을 갖는 것과 비교된다.

풀서비스 호텔과 리미티드서비스 호텔의 운영수익 비교

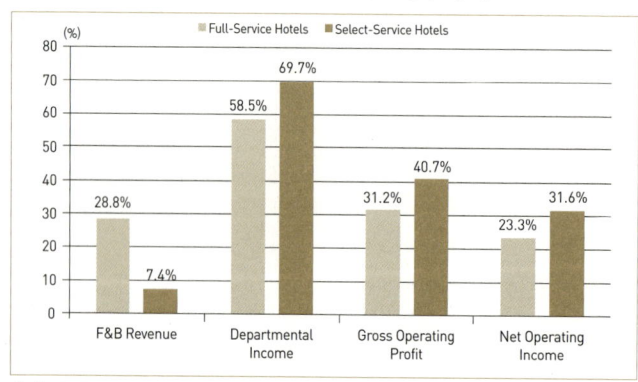

출처 : PKF Hospitality Research LLC

이처럼 상대적으로 높은 순운영수익과 경쟁력 있는 공사비, 짧은 공사기간으로 인해 리미티드서비스 호텔은 부동산 개발자나 투자자에게 풀서비스 호텔보다 선호된다. 참고로, 미국 내 호텔에 투자할 때 보통 투자자들은 18%의 내부수익률(Leveraged IRR)을 목표로 한다. 그러나 최근에는 경제 상황이 호전되고 저금리 등으로 대출에 따른 금융비용이 낮아지면서 호텔 투자에 대한 경쟁도 치열해져, 내부수익률도 점점 낮아지고 있다.

넷째, 경쟁 시장 내에서 평균 일객실료 수준에 따라 네 가지의 하위 범주로 분류할 수 있다. 객실료는 국가에 따라, 도시별 시장에 따라 매우 다양하기 때문에 각각의 개별적인 지역 내에서 독립적인 시장 상황에 따라 다르게 분류되기도 한다. 예를 들어, 홀리데이인(Holiday Inn)은 저렴한 시장 내에서는 고급 호텔로 분류되지만, 좀 더 고급화된 시장 내에서는 중가 호텔(Midscale Hotel)로 분류될 수 있다.

[자료 3.17] 가격계층(Price Tiers)에 따른 분류

	특징	사례
버짓 BUDGET	· 각각의 시장 내에서 평균 객실료 기준 최하위 20% 이내에 있는 호텔 · 대부분 Limited-service 호텔	· Motel 6 · EconoLodge · Thriftlodge
이코노미 ECONOMY	· 각각의 시장 내에서 평균 객실료 기준 최하위 위 20% 안에 있는 호텔 · 대부분 Limited-service 호텔	· Quality Inn · Super 8 · Travelodge
미드스케일 MIDSCALE	· 각각의 시장 내에서 평균 객실료 기준 중간 30% 안에 있는 호텔 · Limited와 Full-service 호텔 모두 해당	· Residence Inn · Studio Plus · Candlewood Hotels
업스케일 UPSCALE	· 각각의 시장 내에서 평균 객실료 기준 최상위 아래 15% 안에 있는 호텔 · 대부분 Full-service 호텔	· Marriott Marquis · Doubletree Lincoln Center · Courtyard by Marriott
럭셔리 LUXURY	· 각각의 시장 내에서 평균 객실료 기준 최상위 15% 안에 있는 호텔 · 대부분 Full-service 호텔	· Ritz-Carlton · Four Seasons · Marriott Convention Center

한 가지 놀라운 사실은, 전 세계적으로 호텔에 등급을 부여하는 표준화된 기준은 없다는 것이다. 즉, 많은 호텔들이 어떤 표준과 규범을 준수하며 운영하고는 있지만, 전 세계를 아우르는 공통된 등급 부여 시스템은 없다. 따라서 4성급 호텔들은 어떤 수준의 서비스와 객실료를 제공할 것이라는 기대감을 갖고 호텔을 찾게 된다면 때로는 오해와 실망감을 느낄 수 있다. 각 나라는 그 나라만의 고유한 시스템으로 등급을 부여하고 있다. 영국과 독일을 제외하고 유럽의 많은 국가들은 정부가 등급을 부여하고 있으며, 엘리베이터의 유무나 부대시설 수준 등에 따라 '별'로 등급을 표시한다.

미국은 특이하게도 정부에서 규정하는 공식적인 등급 시스템이 없다. 다만 미국자동차협회(American Automobile Association)에서 회사의 내부 기준에 따라 호텔을 실사한 후 '다이아몬드' 1개에서 5개로 등급을 표시하는 등급 표시가 높은 신뢰도를 갖는다. 따라서 앞서 설명한 것처럼 미국의 3성급 호텔과 유럽의 3성급 호텔의 수준은 같지 않을 수 있다. 최근에는 6성급 호텔을 넘어 7성급 호텔이 명명될 정도로 등급이 실제 호텔 수준에 비해 과하게 부과되는 경우도 있다.

이제까지 설명한 분류 방식 외에 1997년 베어스턴스(Bear Stearns)[62]는 프랜차이즈 체인 호텔들을 또 다른 기준에 따라 분류했다. 호텔의 수준을 평가하는 것은 주관적인 면이 있기 때문에 베어스턴스는 '같은 브랜드를 갖고

---

62. 2008년 4월 정부의 구제금융을 통해 JP 모건 체이스(JPMorgan Chase)에 팔린 당시 미국 5위의 투자 회사였다.

있는 모든 호텔들은 같은 수준을 갖는다'는 가정하에서 각각의 브랜드가 일반적으로 제공하는 부대시설과 서비스에 근거해서 호텔들을 분류했다. 다만 이 분류체계도 앞서 설명한 것과 같이 그 수준들이 불일치하는 경우가 있다. 예를 들어, 베스트웨스턴(Best Western)은 조식 레스토랑과 같은 식음시설을 제공하는 중가(Midscale) 호텔로 분류되지만 모든 베스트웨스턴 호텔들이 식음 서비스를 제공하는 것은 아니다. 마찬가지로 힐튼 가든 인(Hilton Garden Inn)은 분류상 식음시설이 없는 중가 호텔이지만, 몇몇의 힐튼 가든 인은 어느 정도의 리테일과 연회를 위한 식음 서비스를 제공한다.

해외에서 일반적으로 통용되는 호텔 등급 표시와 한국의 호텔 등급을 비교해보면 다음의 [자료 3.18]과 같다. 2015년부터 한국은 기존의 '무궁화' 표시 등급 대신 해외에서 통용되는 '별' 표시 등급으로 등급 기준을 변경해 적용하고 있다.

[자료 3.18] 등급별 호텔 분류

| 수요 분석에 따른 유형별 특징 |

　성공적인 호텔 개발을 위한 기본적인 요건이 있다면 무엇일까? 여러 요건들이 있겠지만 개발하고자 하는 호텔 유형에 대한 현재와 미래의 수요를 예측하고 이를 유사한 다른 경쟁 상품의 공급 계획과 함께 분석하는 것이다. 또 다른 요건을 들자면, 개발하고자 하는 호텔의 경쟁 시장 내에서 가능한 시장 점유율을 합리적인 수준에서 예측하는 것이다. 물론 이러한 분석은 다른 부동산 유형들에서도 동일하게 적용된다.

　이처럼 호텔 시장의 수요를 예측하기 위해 먼저, 수요의 유형에 대해 잠깐 살펴보면 일반적으로 다음과 같이 세 가지로 분류할 수 있다. 마찬가지로 이러한 수요의 유형은 리테일이나 오피스와 같은 다른 부동산 유형에도 적용된다.

　첫째, 입증된 수요(Demonstrated Demand)로, 시장 내에서 이미 다른 경쟁 호텔들에 의해 점유된 수요를 말한다.

둘째, 유도된 수요(Induced Demand)로, 경쟁 시장 내에 현재 수요가 있지는 않지만, 마케팅 노력이나 객실 가격, 부대시설, 고객 서비스, 인근 편의시설 등을 통해 끌어들일 수 있는 수요다.

셋째, 만족되지 않은 수요(Unsatisfied Demand)로 경쟁 시장 내에서 수요는 있지만, 성수기의 만실, 특별한 타입의 객실, 부족한 회의실, 높은 객실료 등의 이유로 충족시키 못하고 있는 수요를 말한다.

이제 호텔 시장 분석에서 가장 중요한 고객의 수요를 유형화해 보면, 크게 다음과 같이 세 가지 유형으로 분류할 수 있다.[63]

첫째, 상업용(Commercial) 고객군이다. 주로 개개인의 비즈니스 출장객이나 기업들의 단체 숙박객들이 여기에 속한다. 주로 월요일에서 목요일까지 주중에 숙박을 하며, 로얄티 프로그램을 중요시한다. 또한, 출장지 또는 인근 편의시설로의 접근성 등 입지적 장점을 중요하게 고려하는 수요층이다.

둘째, 미팅과 그룹(Meeting & Group) 고객군이다. 박람회와 같은 대규모 행사나 회의 등의 컨벤션 참가를 위해 방문하는 고객들로 우리나라에서는 주로 이들을 MICE(Meeting, Incentive, Convention & Exhibition)로 분류한다. 마이스(MICE)보다 포괄적인 분류 개념으로 SMERF(Social 사교, Military 군인, Education 교육, Religious 종교, Fraternal 동호회)가 있다. 이들 고객군은 많은 회의실을 요구하며 가격에 민감한 편이나 호텔 입장에서는 비성수기 때

---

63. 출처 : Hotel Demand Segmentation 101, HVS, 2009

매출에 기여하는 장점이 있다. 소규모적으로 기업의 교육이나 세미나 등의 내부 행사를 위해 머무르는 수요층으로 특히 봄과 가을에 수요가 높은 편이다. 가격에 민감한 고객들은 대관료가 좀 더 저렴한 주말이나 여름 시즌에 행사를 개최하기도 한다.

셋째, 레저(Leisure)를 위해 방문하는 고객층으로 주로 금요일이나 토요일 밤에 체크인을 하며 놀이시설이나 쇼핑몰, 미술관 등과 같은 주변의 관광지로 인해 호텔을 방문하는 경우가 많다.

앞의 세 가지 수요층 유형 외에 국내에서 널리 통용되는 FIT(Free Independent Tourist)라는 고객군이 있는데 10명 미만의 관광 레저 개인고객을 말한다. 이 경우 FIT에 속하지 않는 다른 수요층으로 앞에서 살펴본 MICE(Meeting, Incentive, Convention, & Exhibition)와 그룹(Group, 비즈니스 그룹과 레저 그룹으로 나뉨), 기업체(Corporate)가 있다. 보통 이렇게 FIT를 포함해 총 네 가지 유형으로 분류된다.

| 중국의 관광 시장 동향 |

중국의 관광 시장은 지난 10년간 큰 성장세를 보였으며, 중국 내 관광은 해마다 10%의 높은 성장률을 보이고 있다. 2020년까지 중국 내 관광에 따른 총 소비액도 해매다 10%의 꾸준한 성장세를 보일 것으로 전망된다. 중국 외 관광의 성장률은 더욱 독보적인데 2012년에 전년 대비 18%의 성장률을 보이며, 약 8,320만 명이 해외 여행을 나갔고, 2018년에는 전년 대비 3%가 증가한 1억 3,400만 명이 해외 여행을 즐겼다.[64]

이러한 중국인 관광 시장의 성장은 우리나라를 포함한 전 세계의 경제 상황에 큰 영향을 끼치고 있으며, 그동안 전 세계 1위였던 해외 관광대국 미국과 2위인 독일을 제치고 시장 규모 1위의 관광대국이 되었다. 일례로 2014년 4월에 8%로 소비세를 인상한 후 디플레이션에 허덕이던 일본의 소비 경제를 살리고 55년 동안의 여행수지 적자를 2014년에 흑자로 전환시킨 주역도 중

---

64. 출처 : www.export.gov/article?id=China-Travel-and-Tourism

국인 관광객수의 폭발적인 성장이었다.

2014년에는 처음으로 1억 명을 넘기며 2013년 대비 9.2%의 높은 성장률을 보이며, 1억 700만 명이 해외로 나갔고 앞으로도 높은 성장률을 보일 것으로 전망된다. 인구의 10%만이 여권을 소지하고 있는 상황을 고려할 때 2020년에는 해외 관광객이 2억 명에 이를 것으로 전망된다. '호텔스닷컴(Hotels.com)'이 발표한 '2018년 중국해외여행모니터(Chinese International Travel Monitor 2018)'에 따르면 중국 관광객들의 65%가 그룹이 아닌 개인 여행을 선호했다. 특히 해외 여행의 주 소비층인 80년대 이후 밀레니엄 세대들은 하루 346달러(약 40만 원)를 지출하며 다른 X세대나 베이비부머 세대들에 비해 그들 소득의 많은 부분을 여행에 지출하는 것으로 조사되었다.

이는 중국 내 중산층의 성장과 서구 문화에 대한 대중들의 관심, 늘어나는 해외 직항 노선들 때문으로 보인다. 그러나 여전히 해외 여행보다는 중국 내 관광이 전체 관광 시장에서 큰 비중을 차지하고 있다. '중국국가여유국(CNTA, China National Tourism Administration)'의 보고서에 따르면, 2018년 기준 해외 관광 비중은 전체의 2.6%로 전년 대비 14.7%의 성장을 보이긴 했으나, 여전히 중국 내 관광이 대다수를 차지했다. 외국인들의 중국 내 관광도 겨우 2.4%만 차지할 뿐이었다. [자료 3.19]의 그래프에서 볼 수 있듯이, 2017년과 2018년 기준 태국이나 일본, 한국과 같은 아시아 지역이 중국인들의 해외 관광지로 가장 선호되었다. 그다음으로 프랑스나 영국과 같은 유럽 국가들이, 미국과 같은 북미 지역의 선호도가 높았다.

[자료 3.19] 중국인 선호 해외 관광 국가(2017~2018년)

국가	비율
아시아	61.25%
유럽	60.69%
북미	35.55%
남미	19.78%
오세아니아	14.02%
아프리카	12.62%

출처 : World Tourism Cities Federation, 2018

반면, 중국으로의 인바운드 외국인 관광은 2016년 기준, 전체 관광객의 63.7%가 아시아 국가로 한국이 최대 방문국(약 1,333만 명)이었다. 뒤를 이어 일본, 미국, 베트남, 러시아, 필리핀 관광객이 주를 이루었고 레저형 관광 수요가 31.2%로 비즈니스 출장(14.8%) 수요보다 높았다. 외국인 관광 유입도 인도네시아나 필리핀과 같은 아시아의 신흥 개발도상국들이 중산층의 성장으로 매년 2%의 성장률을 보일 것으로 전망된다.[65] 증가하는 가처분 소득과 중산층의 성장, 소비패턴의 변화, 위안화의 절상, 정부의 법규적인 규제 완화, 비자발급의 간소화 등이 해외 관광을 부추기며, 중국인들의 관광 산업은 계속적으로 높은 성장세를 보일 것으로 전망된다.

---

65. 출처 : Euromonitor International, 2013

참고로, 국내의 호텔 부동산 수요와 투자 전망에 큰 영향을 미치고 있는 중국인 관광 추세를 살펴보겠다. 한국문화관광연구원의 보고서에 따르면, 한국은 2018년 기준 약 1,534만 명의 외국인들이 방문했는데 이는 전년 대비 15.1%의 성장률로, 2019년에도 1,600만 명 이상이 방문할 것으로 전망된다. 국내 방한 외래 관광객 수는 2009년 약 782만 명으로 13.5%의 성장률을 보인 이후로 2015년과 2017년을 제외하고 매년 10% 이상의 높은 성장세를 보이고 있다. 2018년 기준 중국인 관광객은 약 479만 명으로 14.9%의 증가세를 보였고 2016년 방문객수 약 806만 명 이후로 높은 유입률을 보였다.

[자료 3.20] 2018년 외래 관광객의 구성 비율

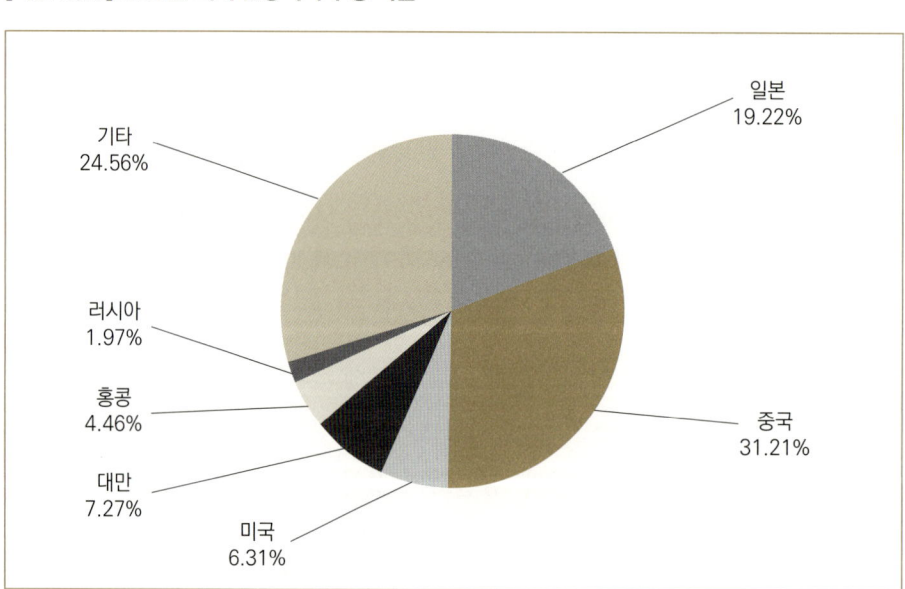

출처 : 2019년 6월 관광동향분석, 한국문화관광연구원, 2019

중국인 관광객은 엔저의 영향과 한일 간의 정치적인 갈등 등으로 감소세에 있는 일본인 관광객을 대체하며 국내의 호텔 개발과 투자 시장의 가장 핵심적인 수요축으로 부상하고 있다.

특히, 호텔스닷컴에서 2014년 6월에 발표한 '호텔 가격지수(The Hotel Price Index)'를 보면 중국인들의 개인 관광이 늘어나고 좀 더 깨끗한 숙박시설에 대한 수요가 늘어나면서, 2014년 1분기 중국인들의 평균 숙박료는 161,232원으로 전년 대비(159,052원) 1% 상승했다. 조사 대상 국가들 중 가장 비싼 숙박료를 지불한 노르웨이 관광객(168,548원) 다음으로 높은 가격의 숙박료를 지불했다. 반면, 동일 기간 일본인 관광객들의 평균 숙박료는 132,594원으로 전년 대비(153,418원) 14% 감소하는 모습을 보였다.

결론적으로, 엔저의 영향과 관광 문화의 발달로 중국인들의 국내 관광 유입률은 다소 주춤해질 수 있으나, 앞서 살펴본 중국인들의 높은 해외 관광 수요와 소비 지출의 여력으로 국내 호텔 시장에 대한 기여도는 한동안 지속될 것으로 전망된다.

┃ 호텔의 운영 구조에 대한 이해 ┃

　세계 2차 대전 이전의 미국 내 대부분의 호텔들은 개인이나 가족들에 의해 소유되고 운영되는 수준이었다. 미국 최초로 체인 호텔의 개념을 정립한 콘래드 힐튼 이후 1960년대 말과 1970년대 초에 호텔 소유자들은 자신들의 호텔을 운영 능력이 부족한 보험회사에 매각한 후 이를 다시 재임대(Sale-and-Leaseback)하면서 호텔의 운영 방식을 발전시켜 나갔다. 물론 하얏트와 같이 여전히 가족 중심으로 운영되는 호텔들도 있으나 최근에는 많은 호텔들이 리츠(REITs)나 법인들에 의해 소유되어 운영되고 있다.

　호텔 운영과 관련된 이해관계자들의 역할과 구조를 살펴보면 [자료 3.21]과 같다.

[자료 3.21] 호텔 운영 관련 이해관계자

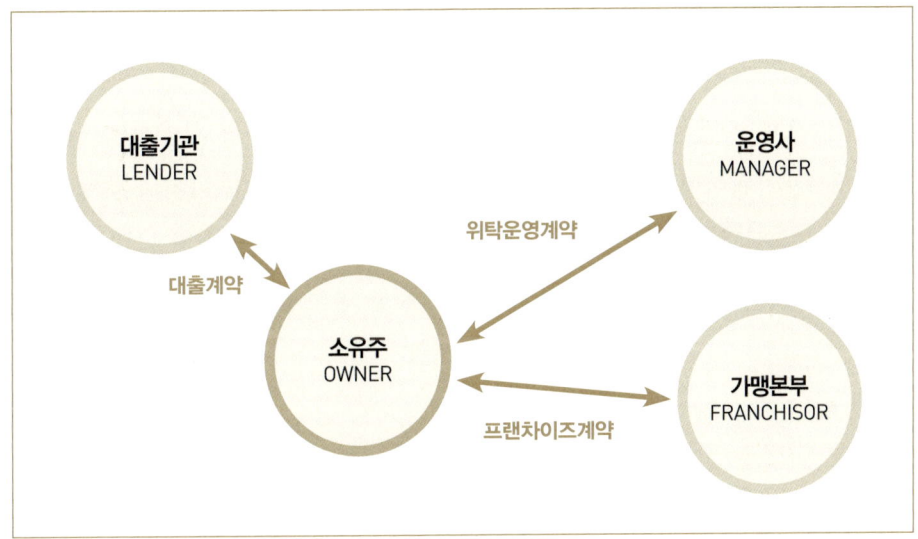

소유주는 해당 부동산의 법적인 소유권을 갖는 주체로 자본금을 제공하며 호텔 운영과 재무에 관련된 팀을 직접 관리하고, 최종적인 의사결정권을 갖는다.

대출기관은 토지 또는 건물의 구입 및 리모델링 등을 위한 대출을 제공하는 주체로 호텔의 운영을 감독한다. 또한, 부채 대 자기자본 비율(Debt-Equity Ratio)과 부채상환계수(DSCR)를 모니터링한다.[66]

운영사는 실제로 호텔을 운영하는 주체로 직원들을 고용하고 그들을 감독하며 운영 예산과 적절한 객실료를 산정한다. 호텔의 비품이나 기타 필요한

---

66. '부채상환계수'에 대한 설명은 PART 04의 Chapter 01을 참고하길 바란다.

자재들을 구입하는 등 매일 일단위로 운영 관리하며 관련된 보고서를 작성한다.

마지막으로 가맹본부는 브랜드 마케팅과 예약 시스템을 제공하며 필요할 경우, 교육 지원이나 구매 계약과 관련된 업무도 지원한다. 이처럼 호텔은 프랜차이즈 호텔과 브랜드가 없는 단독경영 호텔로 나눌 수 있다. 이에 대한 구체적인 비교는 [자료 3.28]의 사업성 비교표를 참고하길 바란다.

[자료 3.22] 운영 방식에 따른 비교

구분	가맹운영 (Franchise)	위탁운영 (Management Contract)	임차운영 (Lease)
수입	·브랜드 : 로얄티 + 기타 수수료 ·소유주 : 순운영수익(NOI)	·브랜드 : 기본 수수료(2.0 - 3.5%) + 성과 수수료(6.0 - 10%) + 기타 ·소유주 : 순운영수익(NOI)	·임차인 : 순운영수익(NOI) ·소유주 : 임대료
수수료 기준	객실매출액에 연동	총매출액과 총운영수익(GOP)에 연동	총매출액에 연동
제공 서비스	브랜드, 영업마케팅(S&M) 지원, 예약 시스템, 구매	운영관리, 인력 채용 및 교육, 브랜드, 영업마케팅, 예약시스템, 구매	운영관리, 인력 채용 및 교육, 브랜드, 영업마케팅, 예약시스템, 구매
계약기간	보통 10년 - 20년	보통 15년 - 30년	보통 20년 이상
부동산세, 보험, 리노베이션	소유주 책임	소유주 책임	보통 소유주 책임이나 협의 가능
FF&E 교체	소유주 책임	소유주 책임	임차인 책임

출처 : Which Hotel Operating Model is Right For You?, HVS, 2015

호텔 시장의 경쟁이 점점 치열해지면서 전문 운영사나 프랜차이즈 업체를 통한 수준 높은 서비스와 관리의 필요성이 대두되고 있다. 호텔 컨설팅 회사인 'HVS'의 보고서를 보면, 전 세계 호텔 중 브랜드 호텔이 차지하는 비율이

50%가 넘는다. 특히 북미 지역은 유럽과 비교해볼 때 프랜차이즈 운영의 비율이 상대적으로 높은 것을 볼 수 있는데, 이는 미국과 유럽의 프랜차이즈 시장에 대한 규제 정도가 다름에도 원인이 있겠다.

[자료 3.23] 북미와 유럽 내 주요 호텔들의 운영 모델 비교

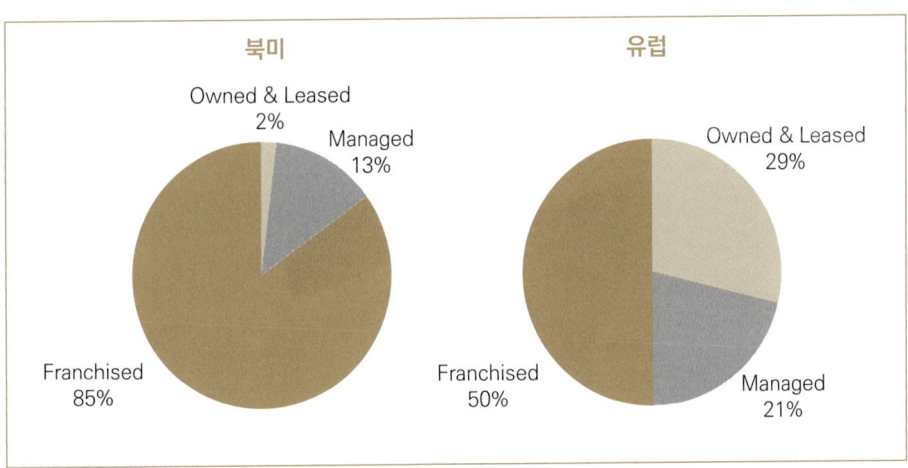

출처 : Which Hotel Operating Model is Right For You?, HVS, 2015

또한, HVS 보고서는 주요 호텔 브랜드에 따라 선호하는 운영 구조의 차이를 보여준다. 예를 들어 2014년 기준 IHG(InterContinental Hotel Group)는 소유하거나 임대운영 중인 호텔의 객실 비율이 0.4%(3,190실)로 매우 낮은데 반해, 아코르(Accor)는 그 비율이 38.7%(186,468실)로 매우 높다. 반면 프랜차이즈 운영 비율은 IHG와 아코르가 각각 72.5%(514,984실), 27.7%(133,657실)로 상반되는 모습을 보였다.

> **Tip**

주요 호텔 브랜드 소개

세계적으로 유명한 호텔 운영사들을 중심으로 앞에서 살펴본 호텔의 분류 체계에 따라 그들이 갖고 있는 유형별 하위 브랜드들을 소개하고자 한다.

*한국에는 JW MARRIOTT HOTELS & RESORTS(서울, 동대문스퀘어 서울), COURTYARD BY MARRIOTT(코트야드 서울 판교, 서울 타임스퀘어, 서울 남대문), MARRIOTT EXECUTIVE APARTMENTS(서울), FAIRFIELD BY MARRIOTT(페어 필드 서울, 부산) 총 4개의 브랜드와 8개의 호텔이 운영 중이다.

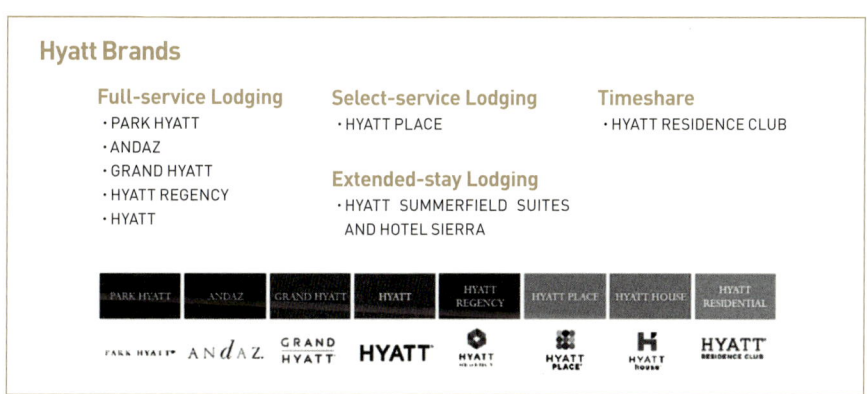

*한국에는 PARK HYATT(파크하얏트 서울, 파크하얏트 부산), GRAND HYATT(그랜드하얏트 서울, 그랜드하얏트 인천), HYATT REGENCY(하얏트리젠시 제주) 3개 브랜드와 5개의 호텔이 운영 중이다.

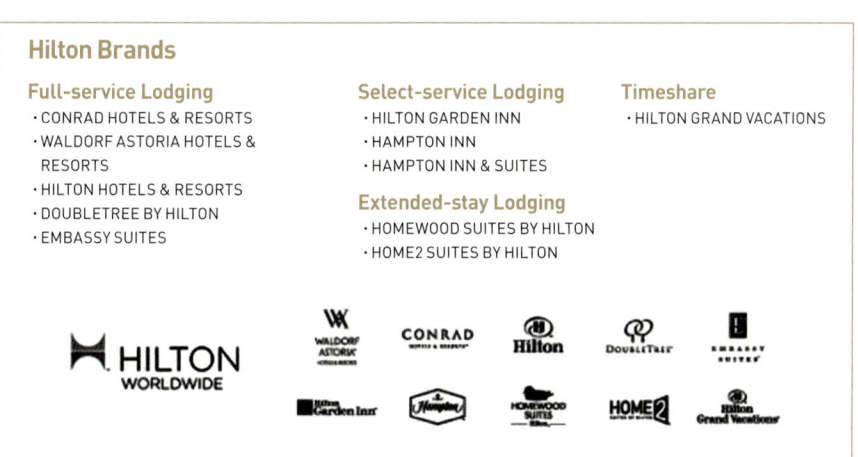

*한국에는 CONRAD HOTELS & RESORTS(서울), HILTON HOTELS & RESORTS(서울, 남해, 경주)로 2개의 브랜드와 3개의 호텔이 운영 중이다.

Starwood Brands

Full-service Lodging
- STARWOOD HOTELS & RESORTS
- ST. REGIS
- SHERATON HOTELS & RESORTS
- THE LUXURY COLLECTION HOTELS & RESORTS
- WESTIN HOTELS & RESORTS
- W HOTELS
- LE MÉRIDIEN

Select-service Lodging
- FOUR POINTS BY SHERATON
- ALOFT HOTELS

Extended-stay Lodging
- ELEMENT HOTELS

*한국에는 SHERATON HOTELS & RESORTS(쉐라톤 서울 디큐브시티, 인천), WESTIN HOTELS & RESORTS(웨스틴 조선 서울, 부산), FOUR POINTS BY SHERATON(포 포인츠 바이 쉐라톤 서울 남산, 서울 강남, 서울 구로), ALOFT HOTELS(알로프트 서울 강남, 서울 명동) 총 4개의 브랜드와 9개의 호텔이 운영 중이다.

사업성 분석을 위한 호텔 디자인 개론

다른 부동산 유형들과 비교했을 때 호텔은 디자인적인 가치가 좀 더 중요시되는 상품으로 호텔을 계획함에 있어 몇 가지 중요한 고려 사항들이 있다. 호텔이 위치한 지역의 기후와 문화적인 특성, 평균적인 투숙 기간, 예산의 범위 등을 예로 들 수 있는데, 특히 '문화'에 대한 고려를 이해할 필요가 있다. 그 나라 또는 그 도시의 문화적인 차이를 이해하고 반영하되, 글로벌한 고객들의 보편적인 기대에도 부응할 수 있도록 하는 것이 중요하다. 특히, 호텔 개발에 있어서는 민감한 문화적인 이슈를 디자인적으로 수용하는 것이 경쟁 시장 내에서 기회를 창출할 수 있는 전략 중의 하나가 된다. 예를 들어, 이슬람 문화권인 중동의 경우는 주류를 판매하는 바(Bar)를 호텔 로비 입구에서 직접적으로 바로 보이지 않게 동선을 처리해줌으로써 식

라마단(Ramadan) 기간 고객들의 접근을 좀 더 편안하게 이끌기 위해 세심하게 배치한 웨스틴 아부다비(Westin Abu Dhabi)호텔의 바(bar) 'Lemon and Lime'
출처 : www.westinabudhabigolfresort.com

음 매출을 끌어 올릴 수 있다.

호텔 디자인과 관련해 객실의 면적기준은 호텔 개발의 중요한 이슈 중의 하나다. 주어진 대지면적 내 최적의 사업성 도출을 위해 기획설계 단계에서 호텔의 특성 및 수준에 맞는 적정한 객실 전용면적과 층별 공용면적을 결정해야 한다. 또한, 로비를 포함한 연회장, 회의실, 레스토랑, 수영장 등의 호텔 부대시설과 영업 지원시설(BOH, Back of the House) 등의 적정한 공용면적의 배분을 전략적으로 계획해야 한다.

예를 들어, 최근 한국에서 큰 관심을 받고 있는 도심 내 비즈니스 호텔의 경우, 국제적으로 통용되는 객실의 전용면적은 31평방미터로 전용률을 약 50%로 가정할 경우, 필요한 실별 총면적은 60평방미터가 된다. 따라서 어떤 디벨로퍼가 200실의 도심형 비즈니스 호텔을 짓고자 한다면 12,000평방미터(약 3,630평)의 연면적이 필요함을 가정할 수 있다. 또한, 부지를 신규로 매입해야 하는 경우, 해당 부지의 용적률을 감안해 필요한 부지의 적정 크기도 가늠할 수 있다.

호텔의 스페이스 프로그램(Space Program)

호텔의 유형별로 일반적인 스탠다드룸과 더블룸, 스위트룸의 구성 비율을 살펴보면 [자료 3.24]와 같다.

[자료 3.24] 객실 구성 비율

호텔타입	전체 객실내 구성 비율		
	더블룸(%)	싱글룸(%)	스위트룸(%)
Business(downtown)	30	60	10
Boutique or Lifestyle Hotel	10	80	10
Suburban/Airport Hotel	50	45	5
Roadside Select Service Hotel	60	40	0
Budget Hotel	80	20	0
Resort/Family Oriented	75	20	5
Resort/Couples Oriented	20	75	5
Convention Hotel	55	35	10
Conference Center	30	65	5
All – suite Hotel	30	70	0
Super – luxury	20	70	10
Casino Hotel	45	40	15+

출처 : Planning and Programming a Hotel, Jan A. deRoos, 2011

[자료 3.25] 객실당 적정 면적 기준

	객실면적(ft²)		객실면적(㎡)		호텔 총면적(주차포함)		전용률(%)
	전용면적	객실층면적	전용면적	객실층면적	평방피트(ft²)	평방미터(㎡)	
Motel, Economy Hotel	300	380	27.9	35.3	420	39.02	71.4
All – Suite Hotel	430	590	39.9	54.8	750	69.68	57.3
Urban Business Hotel	340	480	31.6	44.6	650	60.39	52.3
Resort	390	540	36.2	50.2	780	72.46	50.0
Convention Hotel	340	480	31.6	44.6	750	69.68	45.3

[자료 3.26] 호텔의 총면적(주차 포함)

	객실수	총면적 대비 비율		
		객실면적(%)	공용면적(%)	BOH(%)
Motel, Economy Hotel	<100	90	5	5
All – Suite Hotel	100 – 200	80	12	8
Urban Business Hotel	100 – 300+	75	14	11
Resort	100 – 500	70	16	14
Convention Hotel	300 – 1,000+	65	20	15

출처 : Planning and Programming a Hotel, Jan A. deRoos, 2011

｜ 호텔의 사업성 분석 방법 ｜

호텔의 사업성 분석과 관련해 반드시 알아야 할 가장 기본적인 용어의 개념은 다음과 같다.

- 판매가능객실수 = 객실수×365일
- 객실이용률(OCC, Occupancy) = (판매객실수/판매가능객실수)×100
- 판매객실 평균요금(ADR, Average Daily Rate) = 객실매출액 / 판매객실수
- 객실당 수입(RevPAR, Revenue Per Available Room) = 판매객실 평균요금(ADR)×객실이용률(OCC)

운영단계의 사업타당성 분석과 관련해 감가상각 전 추정손익의 산출을 위한 항목별 주요 세부 내역을 살펴보면 [자료 3.27]과 같다.

[자료 3.27] 호텔의 사업성 분석

항목	세부 내역	산식
매출액 (Revenues)	· 객실 · 식음료 · 기타 운영매출 : 전화, 스파 마사지, 주차료, 휘트니스 센터나 수영장 이용료, 기프트샵 등 · 임대료 외 기타 수입	
	총매출액(Total Revenues)	①
부문비용 (Departmental Expenses)	· 객실 인건비 및 운영비 · 식음료 인건비 및 운영비, 재료비	
	총부문비용(Total Departmental Expenses)	②
	총부문이익(Total Departmental Profit)	③ = ① - ②
일반운영비용 (Undistributed Expenses)	· 관리부 인건비 및 운영비 · 마케팅 · 브랜드 로열티 · 수선유지비 · 수도광열비 · 기타 비용 : 신용카드 수수료, 차량유지비 등	
	총일반운영비용(Total Undistributed Expenses)	④
	총운영이익(GOP, Gross Operating Profit)	⑤ = ③ - ④
	위탁운영비(Management Fees)	⑥
고정비 (Fixed Expenses)	· 임대료 · 부동산세 · 보험	
	총고정비(Total Fixed Expenses)	⑦
	개보수충당금(FF&E Reserves)	⑧
	순운영수익(NOI, Net Operating Income)	⑨ = ⑤ - ⑥ - ⑦ - ⑧

다음의 [자료 3.28] 사례는 미국에 위치한 199실의 도심형 호텔로 사업성 검토를 위한 모델링을 정리한 표다. 운영 방식에 따른 항목별 금액의 차이와 일단위 점유객실당(Per Occupied Room Night)의 금액 차이를 볼 수 있다. 다만, 식음 매출이나 임대료 등의 기타 매출은 객실당 가격으로 환산된 금액으로 각 호텔마다 부대시설의 수준에 따라 객실당 금액의 비율 범위는 크게 달라질 수 있다.

[자료 3.28] 호텔의 운영 방식별 사업성 분석 사례

구분	미국 평균	프랜차이즈 (Chain-Affliated)	단독경영 (Independent)
객실수	199	199	199
판매가능객실수	72,635	72,635	72,635
판매객실수	52,370	52,733	48,302
객실이용률(OCC)	72.1%	72.6%	66.5%
판매객실 평균요금(ADR)	$ 148.88	$ 146.23	$ 184.85
객실당 수입(Rev PAR)	$ 107.34	$ 106.16	$ 122.93

구분		미국 평균		프랜차이즈		단독경영	
		점유 객실당 금액	매출당 비율	점유 객실당 금액	매출당 비율	점유 객실당 금액	매출당 비율
매출							
	객실	148.88	68.6%	146.23	69.5%	184.85	60.6%
	식음	55.45	25.6%	52.98	25.2%	89.06	29.2%
	전화	0.88	0.4%	0.89	0.4%	0.75	0.2%
	기타 운영부문 수입	9.12	4.2%	8	3.8%	24.46	8.0%
	임대료 & 기타 수입	2.32	1.1%	2.08	1.0%	5.56	1.8%
	취소료	0.29	0.1%	0.28	0.1%	0.5	0.2%
총매출		216.94	100.0%	210.46	100.0%	305.18	100.0%
부문비용							
	객실	39.16	26.3%	37.97	26.0%	55.33	29.9%
	식음	37.99	68.5%	36.05	68.0%	64.33	72.2%
	전화	1.52	172.7%	1.51	169.7%	1.66	221.3%
	기타 비용	5.72	48.8%	4.97	48.0%	15.87	52.0%
	총부문비용	84.39	38.9%	80.50	37.1%	137.19	45.0%
	총부문이익	132.55	61.1%	129.96	59.9%	167.99	55.0%
일반운영비용							
	관리비	17.89	8.2%	17.22	8.2%	26.93	8.8%
	마케팅	14.88	6.9%	14.71	7.0%	17.19	5.6%
	수도광열비	7.95	3.7%	7.72	3.7%	11.04	3.6%
	운영관리비	9.73	4.5%	9.32	4.4%	15.34	5.0%
	총일반운영비용	50.45	23.3%	48.97	23.3%	70.50	23.1%
총운영이익(GOP)		82.10	37.8%	80.99	38.5%	97.49	31.9%
	프랜차이즈 수수료	2.35	1.1%	2.51	1.2%	0.19	0.1%
	운영 수수료	5.41	2.5%	5.25	2.5%	7.61	2.5%
고정비							
	부동산세	7.23	3.3%	7.03	3.3%	9.85	3.2%
	보험	2.55	1.2%	2.41	1.1%	4.46	1.5%
	개보수 충당금	3.82	1.8%	3.76	1.8%	4.7	1.5%
순운영수익(NOI)		60.74	28.0%	60.03	28.5%	70.68	23.2%

객실수는 동일하나 단독경영 호텔이냐 프랜차이즈 호텔이냐에 따라 객실이용률(OCC)과 평균객실요금(ADR)이 변동됨을 알 수 있다.[67] 또한, 분야별 매출과 비용 측면에서도 차이를 보인다.

결론적으로, 단독경영 방식이 객실당 총매출과 순운영수익(NOI) 면에서는 유리할 수 있으나, 매출당 비용 측면에서는 관련 비용들이 상대적으로 높음을 알 수 있다. 또한 객실은 객실 매출당 비용의 비율이 약 25%에서 30% 정도인 데 반해 식음은 식음 매출당 비용(예 : 인건비, 재료비 등)의 비율이 약 65%에서 75%로 비용 측면에서 객실보다 매우 높은 비율을 차지한다. 이러한 이유로 앞서 설명한 것처럼 리미티드서비스 호텔이 풀서비스 호텔보다 높은 순운영수익을 갖는 것이다. 참고로, 199실 호텔 전체에 대한 운영 방식별 각각의 매출과 비용, 이익들을 계산하고자 한다면, 앞의 각 숫자들에 판매객실수를 곱하면 된다.

---

67. 단독경영 호텔이 항상 프랜차이즈 호텔보다 평균객실요금이 높다고 볼 수는 없다. [자료 3.28]은 하나의 사례일 뿐이며 호텔의 특성에 따라, 시장에 따라 달라진다.

📎 Tip

흥미로운 호텔의 가치 평가 방법

호텔의 가치 평가를 위해 실무에서 보편적으로 활용되는 세 가지 평가 방법인 수익방식(Income Capitalization Approach), 비교방식(Sales Comparison Approach), 원가방식(Cost Approach) 외에 단순하고 흥미로운 두 가지 평가 방법을 소개하겠다. 물론, 명확하고 전문적인 평가 방식은 아니며, 비전문가들도 호텔의 가치 평가에 관심을 갖는 계기가 되길 바란다.

먼저, '객실료 승수(Room-Rate Multiplier)'라고 불리는 방법으로 'ADR 법칙(ADR Rule)'이라고도 한다. 객실당 '판매객실 평균요금(ADR)'의 1,000배로 간단히 계산할 수 있는데, 계산식은 다음과 같다. 보통 여기서 계산되는 ADR은 운영 중인 호텔은 해당 년도의 예상 ADR을 적용하며, 개발 중인 호텔에 대해서는 안정화 단계[68]의 예상 ADR을 적용한다.

$$호텔\ 가치 = 판매객실\ 평균요금(ADR) \times 객실수 \times 1,000$$

예를 들어, A라는 300실 호텔의 예상 ADR이 14만 원이라면, A호텔의 부동산 가치는 간단히 420억 원(=140,000원×300×1,000)으로 계산된다.

또 다른 호텔 가치 평가 방법은 '콜라캔 승수(The Coke™-Can Multiplier)'라는 것으로, 객실층의 자동판매기나 객실 안 미니바에서 살 수 있는 콜라와 같은 탄산음료의 가격을 이용해 계산하는 방식으로 계산식은 다음과 같다.

$$호텔\ 가치 = 탄산음료\ 가격 \times 객실수 \times 100,000$$

예를 들어, A라는 300실 호텔의 객실 미니바에서 콜라캔 하나를 2,000원에 판매한다면 A호텔의 부동산 가치는 간단히 600억 원(=2,000원×300×100,000)으로 계산된다. 만약 이 호텔의 실제 가치와 오차 범위가 크다면 콜라가격이 잘못 책정된 것은 아닌지 역으로 유추해볼 수 있다. 참고로, 콜라캔 승수는 영국의 이코노미스트(The Economist)에서 발표하는 국가별 경제력을 보여주는 구매력 지수인 '빅맥 지수(Big Mac Index)'와 유사한 개념이다.

---

68. 일반적으로 호텔의 경우, 안정화 시기는 호텔이 오픈된 후 2년에서 3년으로 가정한다.

PART 04 | 해외 부동산 금융과 투자

"In investing,
what is comfortable is rarely profitable."
- Robert Arnott

"편안함이 느껴지는 투자는
거의 수익성이 없다."
— 로버트 아노트

부동산 금융은 보통 대출과 연관되어 설명되는 경우가 많다. 부동산 디벨로퍼의 핵심적인 역량 중 하나가 자금조달일 정도로 그 중요성은 간과될 수 없다. 2008년 글로벌 금융위기에서 경험한 것처럼 이제는 주택저당증권(MBS)과 같은 유동화된 금융 상품들을 통해 전 세계 부동산 금융 시장이 긴밀히 연결되어 리스크를 공유하고 있다.

이 파트에서는 주로 상업용 부동산을 중심으로 부동산 투자와 대출 결정 시 알아야 될 기본적인 이론과 용어의 개념, 기술적인 모델링 분석 방법들에 대해 살펴보겠다. 국내 부동산 시장이 분양형 시장에서 임대형 상업용 부동산 시장으로 전환되면서 객관적이고 정확한 가치 평가가 더욱 요구되고 있다.

투자 분석에 익숙하지 않은 독자들에게는 다소 어렵게 느껴질 수도 있으나, 투자 결정의 가장 기본적인 기술적인 분석 방법임을 이해하고 읽어주길 바란다.

Chapter 01

부동산의 가격과는 다른
진정한 가치를 분석하라

GLOBAL REAL ESTATE

돈의 시간적 가치

 혼히들 돈은 시간의 가치를 갖는다고 말한다. 돈의 시간적 가치(Time Value of Money)는 '현재의 1달러'가 미래에 받게 될 '1달러'보다 훨씬 가치가 있다는 경제학의 이론에서 출발한다. 다시 말해서, '현재의 1달러'는 돈을 다시 되돌려 받는 것에 대한 위험 부담이 없고, 인플레이션으로 인해 훨씬 높은 구매력을 가질 수 있으며, 미래에 받게 될 이자라는 기회비용을 고려할 때 '미래의 1달러'보다 가치가 높다. 이러한 이유로 많은 돈을 빌려줄수록(투자할수록), 같은 양의 돈이라면 빨리 되돌려 받을수록 보다 높은 가치를 갖게 된다. 어느 경제학자는 '돈의 시간적 가치'를 다음과 같은 2개의 문장으로 요약했다.

> More is better than less.
> Sooner is better than later.

 이러한 논리를 설명하는 경제학의 '시간선호' 또는 '시간할인'은 현재의 상품 가치를 미래의 가치로 치환하는 상대적인 가치를 할인을 통해 수학적으로 계산하는 것이다. 즉, 미래의 소비보다 현재의 소비를 선호하는 시간선호가 높을수록 미래의 예상 수익률과 비용에 대한 할인률도 높아진다.

이를 이해하기 위해서는 먼저 복리(Compounding)와 할인(Discounting)의 개념을 알아야 한다. 복리는 시간의 흐름에 따라 돈이 이동하는 것으로, 흔히들 은행에서 전년도 이자와 원금을 후년도 원금으로 사용하는 이자계산 방법과 동일하다. 이는 현재 투자한 돈의 미래가치와 시간에 따라 주기적으로 지불되는 돈의 미래가치를 결정하는 방법이다. 예를 들어 첫해에 100,000달러를 투자하고 매년 2%씩 증가한다면, 2년 후의 가치는 104,040달러가 될 것이다.

이를 산술적으로 표현하면 다음과 같다.

$$FV = PV(1+i)^n$$

PV = 현재가치 또는 최초의 원금
i = 기간 이자율
n = 기간(년수)
FV = n년 말의 원금, 즉 미래가치

할인은 시간의 흐름에 역으로 돈이 이동하는 것으로, 미래에 받게 될 돈의 현재가치를 결정하는 방법이다. 즉, 미래의 현금흐름을 시간 가치 또는 현재의 기회비용인 할인율(Discount Rate)로 나누어 현재가치를 구하는 방식이다. 여기서 할인율은 투자의 의사결정 시 기준 되는 요구 수익률과 동일하게 작용된다.

$$PV = \frac{FV}{(1+i)^n}$$

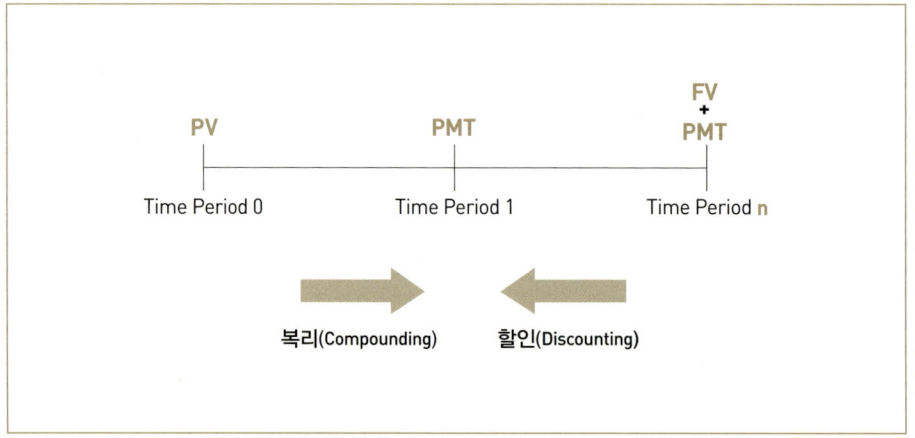

복리나 할인을 통한 돈의 시간적 가치를 측정하기 위해서 다음의 다섯 가지 요소가 필요한데, 그중 네 가지의 요소를 알면 다른 하나의 값을 구할 수 있다.

1. 기간(Period) : 복리 또는 할인하는 총기간(보유)의 수
2. 비율(Rate) : 이자율 또는 할인율
3. 현재가치(PV) : 현재 현금의 합계
4. 지불액(PMT) : 매 기간 동일한 금액으로 지불 또는 받게 되는 금액
5. 미래가치(FV) : 만기 시 미래에 지불하거나 받게 될 현금의 합계

현재가치나 미래가치는 두 가지의 방법으로 계산할 수 있다. 하나는 앞의 계산식에 근거해 직접 계산하는 방법이며, 다른 하나는 엑셀의 공식을 이용하는 방법이다. 예를 들어, 5년 동안 매년 15,000달러가 지급되는 채권의 현재가치를 9%의 할인율을 가정해 계산해보자.

1. PV 공식을 통한 산술

다음과 같이 1차 년도에서 5차 년도까지 각각의 현재가치를 모두 더한 총합이 채권의 현재가치이며, 그 값은 58,344.77달러다.

	Cash Flow	Present Value
1	$15,000	$13,761.47[=15000/(1+9%)^1]
2	$15,000	$12,625.20[=15000/(1+9%)^2]
3	$15,000	$11,582.75[=15000/(1+9%)^3]
4	$15,000	$10,626.38[=15000/(1+9%)^4]
5	$15,000	$9,748.97[=15000/(1+9%)^5]
합계		$58,344.77

2. 엑셀의 PV 공식 이용

엑셀의 PV공식을 이용하면 간단히 그 값을 계산할 수 있다. 엑셀에 다음과 같이 '=pv(rate, nper, pmt)'를 입력하면 된다.

여기서 rate는 할인율(또는 이자율) 9%, nper은 'number of periods'로 기간을 의미하므로 5년이다. pmt는 상환액 'payment'의 약자로 여기서는 해마다 지급되는 15,000달러를 말한다. 보통 내가 돈을 지불하는 경우는 마이너스(-)로, 내가 돈을 지급받는 경우는 플러스(+)로 표현한다. 따라서 엑셀에 입력되는 공식은 '=pv(9%,5,-15000)'로 1번과 동일한 결과값인 $58,344.77가 나온다.

만약 앞에서 예를 든 채권이 연 단위가 아닌 월마다, 분기마다 15,000달러가 지급된다면, 현재가치는 각각 달라지게 된다. 즉, 지급받는 pmt는 15,000달러로 동일하나 rate는 각각 9%/12(=0.75%), 9%/4(=2.25%)로 변경된다. nper도 각각 5×12(=60), 5×4(=20)로 변경해야 한다. 따라서, 월마다 지급되는 경우의 현재가치는 '=pv(9%/12,5×12,-15000)'로 $722,600.60이 되며, 분기마다 지급되는 경우의 현재가치는 '=pv(9%/4,5×4,-15000)'로 $239,455.69이 된다.

참고로, 위의 다섯 가지 요소 중 기간을 제외한 나머지 요소들의 값을 구하는 엑셀 공식은 다음과 같다.

- 비율(Rate) : = 'rate(nper, pmt, pv, [fv])'
- 현재가치(PV) : = 'pv(rate, nper, pmt, [fv])'
- 지불액(Payment) : = 'pmt(rate, nper, pv, [fv])'
- 미래가치(FV) : = 'fv(rate, nper, pmt, [pv])'

| 부동산의 가치는 현금흐름이 말해준다 |

시장 경제에서 '가치'는 자원을 배분하는 수단이 되는데, 부동산 투자에는 크게 두 가지의 가치 개념이 있다. 시장 가치(Market Value)와 투자 가치(Investment Value)가 그것이다. 시장 가치란 '그 부동산이 시장에서 얼마만큼의 가치가 있느냐'라는 정량적인 개념으로 '교환 가치(Value-in-Exchange)'라고 불린다. 반면 투자 가치는 '그 부동산이 투자자에게 얼마나 가치가 있느냐'라는 정성적인 개념으로 '사용 가치(Value-in-Use)'라고 불린다. 경우에 따라 투자 가치가 시장 가치보다 높을 수도 있고 낮을 수도 있다.

이는 '최유효이용의 원칙(Principle of Highest-and-Best Use)'[69]과도 일맥상통하는 개념이다. 만약 투자자가 부동산이 최고의 생산성을 낼 수 있도록 최적의 용도로 활용한다면 투자 가치는 시장 가치와 같아질 것이다. 동일한 대지

---

69. 부동산이 현재 사용되는 용도와는 무관하게 최고, 최선의 이용상태에 있을 경우를 상정해 가치를 평가해야 한다. 이는 부동산 감정 평가의 기본 이론이다.

라도 투자자나 개발자의 역량이나 비전에 따라 투자 가치는 변동될 수 있다. 만약 투자자에게 시장 가치가 투자 가치보다 낮다면 저평가되었다고 판단되어 부동산을 매입하려 할 것이며, 반대로 시장 가치가 투자 가치보다 높다면 매각을 통해 차익을 실현하려 할 것이다. 다시 말해, 이 세상에 쓸모없는 땅은 없다. 각각의 토지는 최적의 용도가 있기 때문에, 숨겨진 투자 가치를 찾아내고 이를 객관화해 전략을 수립한다면 부동산 투자에서 성공할 수 있다.

한편, 상업용 부동산 투자에서 중요하게 거론되는 가치 개념에 '내재 가치(Intrinsic Value)'가 있다. '근본 가치(Fundamental Value)'라고도 하는데, 현재가치로 매입한 자산이 창출하는 미래의 할인된 소득의 합계를 말한다. 즉, 부동산의 내재 가치는 매입한 부동산의 미래의 순현금흐름의 순현재가치다. Chapter 02에서 순현재가치에 대해 좀 더 자세히 설명하겠지만, 결국 내재 가치는 미래의 소득에 대한 예측이나 이자율과 같은 할인율의 가정에 따라 동일한 자산일지라도 가치 평가는 달라진다. 특히, 내재 가치는 워렌 버핏(Warren Buffett)이 주식 투자 등을 위해 기업이나 사업을 평가할 때 가장 논리적인 접근 방식이라고 평가하면서 더욱 유명해졌다. 주식은 주식 매도를 통한 차익실현과 배당이라는 두 가지의 현금흐름(또는 수익)으로 구분할 수 있다. 부동산도 두 가지의 현금흐름, 즉 부동산 매도를 통한 자본 이득(Capital Gain)과 임대 운용수입으로 구분할 수 있다. 궁극적으로 모든 자산의 가치는 현금흐름으로 계산되며, 투자의 성공은 명확한 현금흐름의 예측에 달려 있다고 하겠다.

부동산의 가치 평가 방법

부동산의 가격을 산정하기 위한 기본적인 감정 평가 방법으로 다음의 세 가지 방법이 보편적으로 사용된다.

- 비용접근법(또는 원가 방식, Cost Approach)
- 시장접근법(또는 비교 방식, Sales Comparison Approach)
- 소득접근법(또는 수익 방식, Income Capitalization Approach)

각각의 평가 방법에 대해서는 시중의 다른 부동산 전공서적들이 자세하게 기술하고 있기 때문에, 이 책에서는 간단한 개념만 설명하고자 한다.

비용접근법은 부동산의 가망 사용자가 동일한 수준의 건물을 짓기 위해 지급하게 될 금액으로 산정된다. 공사비에서 토지비는 더하되, 가격 산정 시점의 감가상각액을 뺀 시장 가치를 말한다.

시장접근법은 유사한 거래 조건으로 최근에 매각된 비교 대상 부동산들을 평가 대상 부동산의 특징들과 비교해 가격을 산정하는 방법이다. 이에 대한 비교 방법은 PART 02의 '유사 사례 비교법'의 내용을 참고하길 바란다.

마지막으로, 부동산 투자에서 중요한 재무적 기법과 연관되는 소득접근법은 '가치접근법(Valuation Approach)'이라고도 불린다. 주로 임대수익이 발생하는 상업용 부동산에서 사용된다.

일반적으로 기업의 재무 가치 평가나 주식, 채권 등의 가치 평가와 유사하나, 부동산 평가에서는 직접자본환원법(Direct Capitalization), 현금흐름할인법(Discounted Cash Flow), 총소득승수법(Gross Income Multiplier 또는 Gross Rent Multiplier)으로 다시 크게 세분화된다. 여기서 현금흐름할인법은 순현재가치와 유사한 방법론으로 부동산 투자 분석에서 가장 핵심적인 내용이다. 이에 대한 설명은 Chapter 02에서 좀 더 자세히 살펴보겠다.

앞에서 살펴본 부동산 가치 평가와 함께 부동산 투자 결정 시 필요한 몇 가지 재무적인 측정 방법들이 있는데 이를 투자 분석의 목적에 따라 분류해보면 다음의 표와 같다.

가치 측정	· 자본환원율(Capitalization Rate) · 총임대승수(Gross Rent Multiplier) · 자기자본수익률(Equity Yield)
수익률 측정	· 순현재가치(Net Present Value) · 내부수익률(Internal Rate of Return) · 자본배수(Equity Multiple)
대출 심사 측정	· 부채상환계수(Debt Service Coverage Ratio) · 손익분기율(Break-Even Ratio)

그럼 각 투자 분석의 카테고리별로 각각의 용어의 개념을 살펴보겠다.

가치 측정

먼저, 자본환원율은 가장 보편적으로 사용되는 평가 방법으로 Chapter 02에서 집중적으로 살펴보겠다. 총임대승수(GRM)는 부동산의 시장가격을 운영비용이 고려되지 않은 총연매출로 나눈 지수로 해당 부동산이 총매출을 산출하기 위해 필요한 년수로 이해된다. 일반적으로 총임대승수가 10보다 높으면 투자하기 부적합한 부동산이며, 6보다 낮으면 매력적인 투자 건이다. 즉, 총임대승수가 작을수록 투자 가치는 높다.

$$총임대승수(GRM) = \frac{시장가격(Market\ Value)}{총연매출(Annual\ Gross\ Income)}$$

자기자본수익률은 총자산을 총자기자본으로 나눈 후 100을 곱한 비율이다. 투자된 자본으로 어느 정도의 이익을 내는가를 나타내는 수치로 기업 평가에서도 많이 사용된다. 부동산 투자 시 중요하게 보는 현금투자수익률(Cash-on-Cash)과 같은 개념이다. 투자자 입장에서는 자기자본수익률이 시중 금리보다 높아야 투자금의 조달비용 지불 후 순이익을 낼 수 있기 때문에 레버리지를 측정하는 대출관리비율(Debt-Management Ratio)로 활용된다.

$$\text{자기자본수익률(Equity Yield)} = \frac{\text{총자산(Total Assets)}}{\text{총자기자본(Total Equity)}}$$

$$\text{현금투자수익률(Cash-on-Cash)} = \frac{\text{세전현금흐름(Annual BTCF)}}{\text{총현금투자액(Total Cash Invested)}}$$

여기서 세전현금흐름(BTCF, Before Tax Cash Flow)은 연 순운영수익(NOI)에서 연간 부채상환액(대출이자+원금상환액)을 차감한 금액으로, 좀 더 자세한 설명은 Chapter 02의 '현금흐름할인법'을 참조하길 바란다.

수익률 측정

수익률 산출의 분석방법인 순현재가치와 내부수익률은 투자를 결정할 때 가장 많이 활용되는 방법으로 Chapter 02에서 좀 더 자세히 다룰 예정이다. 자본 배수는 총자산을 총자본으로 나눈 지수다. 이를 부동산 투자 시 활용되는 산술로 변형해보면, 순이익을 총자본으로 나눈 후 1을 더한 값과 같다. 이는 회계적으로 자산은 부채와 자본의 합으로 일반적으로 순이익은 사업에서 부채로 이해될 수 있다. 그 이유는 보통 사업에서 이익이 발생할 경우 그 금액을 주주나 소유주에게 돌려주기 때문이다.

$$\text{자본배수(EM)} = \frac{\text{총자산(Total Assets)}}{\text{총자본(Total Equity)}} = \frac{\text{순이익(Net Profit)}}{\text{총자본(Total Equity)}} + 1$$

여기서 순이익은 부동산 매각가에서 매각 비용(예 : 중개료)을 차감한 금액인 순수익에서 토지비 및 공사비, 간접비 등의 총개발비용을 합한 총사업비를 차감한 금액으로 계산된다.

$$\text{순이익(Net Profit)} = \text{순수익(Net Proceeds)} - \text{총사업비(Total Development Cost)}$$

자본배수는 호텔 투자 시 많이 활용되는데, 일반적으로 1.5에서 1.7이면 호텔에 투자하기에 매력적인 수준으로 본다. 그러나 몇몇 투자자들은 2 이상을 목표로 하기도 한다.

대출 심사 측정

부채상환계수는 DCR(Debt Coverage Ratio) 또는 DSCR(Debt Service Coverage Ratio)이라 불리는데, 주로 은행과 같은 금융권에서 대출 심사 시 사용하는 평가 기준이다. 부동산의 경우 순운영수익을 대출로 인한 이자와 원금의 합인 부채상환액으로 나눈 값이다. 부채상환계수가 1보다 크다는 것은 대출 비용을 상환하기 위해 필요한 충분한 현금흐름이 발생한다는 의미이다. 반대로 1보다 작다는 것은 마이너스 현금흐름을 의미한다. 주택담보대출(DTI)

이 주로 대출자의 개인 소득에 기준한다면, 부채상환계수는 상업용 부동산의 대출 심사 시 활용되며 개인 소득이 아닌 부동산 자체의 운영수익에만 근거한다. 따라서 적절한 미래의 순운영수익에 대한 예측이 매우 중요하다.

$$\text{부채상환계수(DSCR)} = \frac{\text{순운영수익(NOI)}}{\text{부채상환액(Debt Service)}}$$

손익분기율은 '채무불이행률(Default Ratio)'이라고도 하는데, 부동산 투자 시 자금조달을 고려할 때 사용되나, 상업용 부동산에서 보편적인 평가 방법은 아니다. 이는 부동산의 몇 퍼센트가 총채무상환 비용과 운영비용을 감당하는지를 보여주는 것으로 현금지출 대 현금유입의 비율로 이해할 수 있다. 일반적으로 대출자는 손익분기율 값이 85%보다 작은 것을 심사 기준으로 삼는다. 이는 해당 부동산의 임대료가 15% 이하로 감소할 때까지는 손익분기점(BEP)을 만족시킬 수 있다는 가정에서 출발한다. 손익분기율의 비율이 높을수록 임대료 하락에 따른 대출 회수의 위험도 높아진다.

$$\text{손익분기율(BER)} = \frac{\text{(부채상환액 + 운영비용)}}{\text{총수입(Gross Income)}} \times 100$$

대출 심사와 관련해 앞에서 설명한 부채상환계수와 손익분기율 외에 알아야 되는 재무 분석 방법으로 부동산담보대출비율(LTV, Loan To Value)과 부채수익률(Debt Yield Ratio)이 있다. 부동산담보대출비율은 전 세계적으로 많이 활용되는 방식으로, 부동산 가격 대비 대출금액의 비율을 보여주는 수치로 부동산의 가치가 대출금액보다 커야 된다.

$$\text{부동산담보대출비율(LTV)} = \frac{\text{대출금액(Loan Amount)}}{\text{부동산 가치(Property Value)}} \times 100$$

부채수익률은 대출금액이 해당 부동산의 순운영수익에서 얼마만큼을 차지하는지를 보여준다. 자본환원율이나 이자율이 반영되지는 않지만, 상업용 부동산의 대출 심사 시 최고액을 결정할 때 많이 활용된다.

$$\text{부채수익률(DYR)} = \frac{\text{순운영수익(NOI)}}{\text{대출금액(Loan Amount)}} \times 100$$

이 경우 대출기관들은 보통 10%를 부채수익률의 최소 기준으로 잡는다. 이는 60%에서 70%의 부동산담보대출비율(LTV)로 해석될 수 있기 때문이다. 예를 들어 자본환원률이 6.5%인 부동산의 부채수익률이 10%라면 부동산담보대출비율은 65%가 된다.[70]

---

70. 풀이 : Chapter 02에서 설명할 'Cap Rate=NOI/Value'이므로 'NOI=Cap Rate×Value'이 된다. DYR(=NOI/Loan) 공식을 NOI를 중심으로 다시 정리해보면 'DYR=(Cap Rate×Value)/Loan'이다. 이를 LTV(LTV=Loan/Value) 공식을 활용해 정리해보면 'LTV=Cap Rate/DYR'이 되며, 결과적으로 LTV(=6.5%/10%)는 65%가 된다.

2014년 주요 아시아퍼시픽 국가들의 부동산담보대출비율과 이자율을 살펴보면 다음의 표와 같다.

국가명	LTV (%)	기준금리	차액(bps)	이자율(bps)
호주	40 - 60%	호주 BBSW* : 3.25%	175 - 200	500 - 525
중국	50 - 60%	3년-5년 기준대출 : 6.4%	150 - 200	790 - 840
홍콩	50%	1년 HIBOR* : 0.85%	300 - 350	385 - 435
일본	50 - 70%	5년 JPY Swap Rate : 0.3%	55 - 100	85 - 130
싱가포르	50 - 70%	3년 Swap Rate : 1.00%	200 - 225	300 - 325
한국	50 - 60%	5년 한국국채(KTB)* : 2.73%	150 - 200	420 - 470

* BBSW: Bank Bill Swap Rate / HIBOR: Hong Kong Inter-bank Offered Rate / KTB: Korean Treasury Bond
출처 : CBRE, S&P Capital IQ, 2014

그럼 Chapter 02에서 자본환원율과 순현재가치, 내부수익률에 대해 자세히 살펴보겠다. 각 용어들의 명확한 개념을 이해함으로써 실무에서의 투자분석 시 도움이 되길 바란다.

📎 Tip

부동산 대출 사례 분석

부동산 대출의 재무 분석 방법과 관련해 앞서 살펴본 부채상환계수(DSCR)와 부동산담보대출 비율(LTV)을 활용해 부동산의 대출금액을 계산해보자.

[가 정]
- 대출기간 : 30년
- 연 이자율 : 5.0%(이자는 매월 납입)
- 매각 시 자본환원율(Exit Cap Rate) : 6%
- LTV 최대값 : 70%
- DSCR 최소값 : 1.25
- 순운영수익(NOI) : $1,800,000

[풀 이]
(1) LTV 기준에 따른 계산
'Loan = LTV × Value'와 'Value = NOI / Cap Rate'의 공식을 이용해 대출금액을 계산하는 방법이다.

대출가능금액 = 부동산 가치 × LTV 비율 = [순운영수익/자본환원율] × LTV 비율

따라서 대출가능금액은 $21,000,000 [=($1,800,000 / 0.06) × 0.7]가 된다.

(2) DSCR 기준에 따른 계산

'Debt Service = NOI / DSCR'의 공식을 이용해 대출금액을 계산하는 방법이다. 여기서 대출가능금액은 현재가치로 이는 엑셀이나 금융계산기를 이용해 쉽게 계산할 수 있다. 이를 위해서는 월별 원리금 납부금액을 알아야 되는데, 이는 위의 공식에서 계산된 원리금 납부액을 12로 나누어주면 된다. 즉, 월별 상환액(PMT)은 $120,000 [=($1,800,000 / 1.25) / 12]이 된다.

엑셀의 공식을 이용하면, 대출가능금액은 '= pv(5%/12, 30×12, −120,000)'[71]로 계산되며, 그 금액은 $22,353,794다.

결론적으로, 위의 (1)과 (2)의 테스트를 통해 계산된 대출가능금액 중 최소값인 $21,000,000이 최종적인 대출금액이 된다.

---

71. 문제에서 원리금 납입방식을 월별로 가정했기 때문에 이자율과 대출기간도 월별로 동일하게 환산해서 대입해줘야 한다.

Chapter 02

국내 부동산에도 활용되는
투자 분석 기법을 배워보자

GLOBAL REAL ESTATE

| **자본환원율** |

부동산의 시장 가치는 상업용 부동산의 대출이나 지분을 통해 현금을 조달하고 투자를 결정하는 데 있어 핵심적인 고려 사항이 된다. Chapter 01에서 살펴본 세 가지의 감정 평가 방법 중 비교 대상 간에 운영비용의 차이가 발생한다면 소득접근법의 직접자본환원법이 보다 적절하다.

각 비교 대상들의 순운영수익을 추출해 부동산의 가치, 즉 매매가격으로 나눈 비율을 자본환원율(Capitalization Rate)이라 하며, 흔히 'Cap Rate'라고 부른다. 현재의 순운영수익당 부동산의 가치를 정량화하기 위한 간단한 계산법으로 주식 시장에서 사용되는 주가수익비율(PER, Price Earning Ratio)[72]과는 반비례 관계에 있다.

$$\text{자본환원율(Cap Rate)} = \frac{\text{순운영수익(Net Operating Income)}}{\text{부동산의 가치(Property Value)}}$$

앞의 공식에서 볼 수 있듯이, 부동산의 가치와 자본환원율은 서로 반비례 관계에 있다. 자본환원율이 작을수록 부동산의 가치는 높아지고, 자본환원율이 높을수록 부동산의 가치는 작아진다. 흔히들 'Buying at a High Cap Rate and Selling at a Low Cap Rate'[73]라고 얘기하는 것은 경제학의 기본적인 이윤창출 방법인 '싸게 사서 비싸게 판다(Buying Low and Selling High)'와 일맥 상통한다.

유사한 개념으로 할인율(Discount Rate)은 현금흐름할인법에서 순현재가치를 계산하기 위해 사용되는 수치로, 투자자들에게는 할인율이 '요구 수익률'로, 기관 투자자들에게는 '가중평균 자본비'로 간주된다.

자본환원율 = 할인율 − 예상되는 영업이익 증가율 또는 감소율

여기서 할인율, 즉 요구 수익률은 다음과 같은 두 개의 구성인자를 갖는다.

할인율(요구 수익률) = 무위험이자율 + 리스크 프리미엄

무위험이자율(Risk-free Rate)은 일반적으로 3개월 또는 10년 만기 국채 수익률을 기준으로 계산된다.

---

72. 주가를 한 주당 당기순이익으로 나누어 주가가 한 주당 순이익의 몇 배가 되는지를 나타내는 지표다. 주가수익률(PER)의 비율이 크면 기업의 이익에 비해 주가가 상대적으로 높고, 비율이 작으면 주가가 이익에 비해 낮다는 의미다(출처 : 네이버 지식백과).
73. 매입 시의 자본환원율을 'going-in cap rate'이라고 하고 매각 시의 자본환원율을 'going-out cap rate' 또는 'exit cap rate'라고 한다.

한편 리스크 프리미엄(Risk Premium)은 다음과 같은 요소들을 기준으로 산정된다.

- 부동산의 연식
- 임차인의 신용도(임대료 연체 위험)
- 임차인의 다양성
- 임차인들의 임대기간
- 해당 상품 유형의 폭넓은 수요와 공급 시장
- 경제 상황(인구성장, 고용률, 재고현황 등)

리스크 프리미엄, 즉 위험도가 높아질수록 자본환원율도 커지며 그만큼 부동산의 가치도 하락한다. 이는 상식적으로도 이해할 수 있는 개념이다. 즉, 일반적으로 부동산이 오래될수록, 임차인의 신용도가 낮을수록, 임차구성이 단일할수록, 임대기간이 짧을수록, 해당 건물 용도의 수요·공급이 작을수록, 경제상황이 나빠질수록 위험도는 높아지게 된다. 따라서, 국채 수익률과 같은 다른 조건이 동일하다면 자본환원율은 커진다.

일반적으로 부동산의 유형이 아파트, 오피스, 리테일, 호텔순으로 갈수록 자본환원율은 커진다. 이는 동일한 지역이더라도 아파트가 수요·공급 측면에서 훨씬 안정적인 기반을 갖고 있어 변동성이 낮기 때문이다.

또한 오피스의 경우도 Class A 또는 도심형 부동산이 Class B/C 또는 교외형 부동산보다 자본환원율이 낮다. 이는 전자가 임차인의 신용도가 높고 임대기간이 길며, 임차인의 구성이 다각화되어 있어 경기변동에 따른 위험이 분산되어 리스크 프리미엄이 낮기 때문이다.

결론적으로,

> 자본환원율 = 국채 수익률 + 리스크 프리미엄 − 예상되는 영업이익 증가율 또는 감소율

로 계산할 수 있다.

여기서 자본환원율은 부동산의 생애 주기 동안 가격 상승과 같은 영업이익의 변화를 고려한다는 점에서 할인율과 구분된다. 가끔 국내의 부동산업계 관계자들도 자본환원율과 요구 수익률을 혼동해 이해하는 경우가 있는데, 각각의 활용 목적이 다르다는 점에서도 개념을 구분할 필요가 있다.

자본환원율을 설명하는 또 다른 방법으로 '사분면 모델(Four-Quadrant Model)'[74]이 있다. 사분면 모델은 각각의 변수들의 결정 과정과 장기적인 관점에서 변수들이 어떻게 지속적인 균형을 이루는지를 보여준다.

1사분면인 부동산 시장(Property Market)은 임대료가 결정 요인으로 수요 곡선으로 이해할 수 있다. 2사분면과 3사분면은 각각 자산 시장(Asset Mar-

---

74. 데니스 디파스퀠리(Denise DiPasquale)와 윌리엄 위튼(William C. Wheaton)이 1992년에 개발한 모델로 부동산 자산 시장과 부동산 공간 시장의 관계를 설명하기 위해 만들어졌다.

ket)으로 부동산의 가치와 신규 건설이 결정 요인으로 작용한다. 마지막으로 4사분면인 부동산 시장은 재고 조정을 통해 결정된다.

[자료 4.1]에서 볼 수 있듯이 2사분면의 기울기, 즉 '임대료/부동산 가격'이 의미하는 것이 자본환원율이다. 기울기가 시계방향으로 움직일수록 자본환원율은 커지며, 기울기가 시계 반대방향으로 움직일수록 자본환원율은 작아진다. 다시 말해, 2사분면의 기울기가 작아진다는 것(시계 반대방향으로 이동)은 Y축의 동일한 임대료 대비 X축의 부동산 가격이 커진다는 것이다. 이는 앞서 설명한 자본환원율의 기본 공식에서 알 수 있듯이, 자본환원율과 부동산의 가격이 서로 반비례 관계임을 도식적으로 보여준다.

[자료 4.1] 사분면 모델

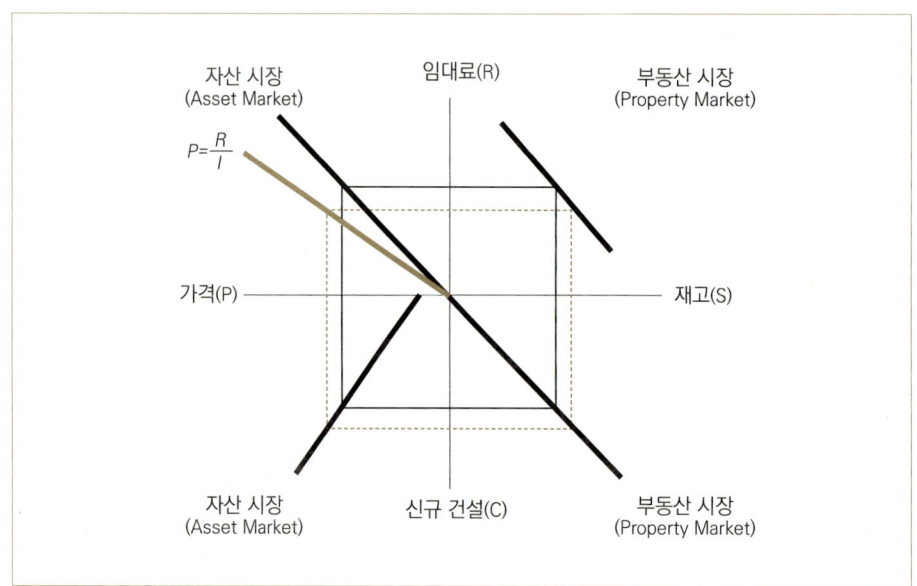

순현재가치 vs. 내부수익률

순현재가치(Net Present Value)

순현재가치(NPV)는 부동산의 시장 가치를 나타내는 수치로 '돈의 시간적 가치' 이론에 따라 금융비용, 이자, 투자에 따른 기회비용 등이 함께 고려된 개념으로 부동산 장기 투자에서 적합하다. 현재가치가 미래의 현금흐름을 할인율을 통해 현재가치로 환산한 개념이라면 순현재가치는 각 기간의 순현금 흐름의 현재가치의 총합으로 '비용'을 고려한 개념이다. 순현재가치를 계산할 때 보통 첫 번째 현금흐름은 매입 가격으로 이 숫자는 할인하지 않는다.

순현재가치 = 유입될 현금의 현재가치 − 지출된 현금의 현재가치

순현재가치에 대한 보다 자세한 설명은 220페이지(TIP)의 사례분석 내용을 참고하길 바란다.

내부수익률(Internal Rate of Return)

내부수익률(IRR)은 해당 부동산으로부터의 모든 현금흐름의 순현재가치를 '0'으로 만드는 할인율을 말한다. 순현재가치가 '0'(NPV=0)이라 함은 투자의 수익률(Return On Investment)이 자본 비용과 같아지는 것을 의미한다. 모든 조건이 동일하다면, 내부수익률이 높을수록 보다 적합한 투자로 평가된다.

구분	순현재가치(NPV)	내부수익률(IRR)
장점	- 투자자에게 돌아가는 수익의 직접적인 측정 - 미래의 현금흐름과 연계되는 위험을 인지	- 초기 투자금의 수익률과 투자 결정을 위한 최소의 요구 수익율(Hurdle Rate)을 알려줌.
단점	- 프로젝트의 크기는 고려되지 않음. - 할인률에 매우 민감한 반면 할인율의 결정은 쉽지 않음. - NPV가 0보다 큰 모든 투자가 적합하다고 보아, 언제 NPV가 플러스가 되는지 알 수 없음.	- 서로 관련이 없는 프로젝트들의 NPV를 비교할 경우 때로는 상반된 결과값을 보임. - 프로젝트의 크기를 무시함. - 투자 위험이나 기회비용, 투자의 규모에 대해서는 알 수 없음.

앞에서 살펴본 각각의 수익률 측정 방법의 장단점에서도 알 수 있듯이, 순현재가치 또는 내부수익률 하나만으로 투자의 적정성을 완벽하게 평가할 수는 없다. 숫자로 예를 들어 설명해보겠다. [자료 4.2]와 같은 현금흐름을 갖는 두 개의 투자 건이 있다고 가정해보자. 10%의 동일한 할인율을 가정할 경우, '사례1'은 '사례 2'보다 순현재가치는 낮으나 내부수익률은 훨씬 높다. 따라서 순현재가치만을 놓고 보면 '사례 2'가 훨씬 매력적인 투자일 수 있으나, 내부수익률을 보면 '사례 1'이 약 3% 더 높은 수익성을 가진다.

[자료 4.2] 순현재가치와 내부수익률의 비교 사례

사례1

		Year 0	Year 1	Year 2	Year 3
현금흐름		−5,000	2,700	2,500	2,300
	NPV @10%	1,249			
	IRR	24.13%			

사례2

		Year 0	Year 1	Year 2	Year 3
현금흐름		−10,000	5,200	4,800	4,400
	NPV @10%	2,000			
	IRR	21.40%			

이를 다시 [자료 4.3]의 그래프로 설명해보면 보다 쉽게 이해가 될 것이다. 먼저, 순현재가치는 할인율이 커짐에 따라 작아진다. 앞에서 설명한 것과 같이 순현재가치를 '0'으로 만드는 할인율이 내부수익률로 X축과 만나는 점으로 표시된다.

'사례A'와 '사례B'를 비교해보면, 할인율이 작을수록 NPV(B)가 NPV(A)보다 큼을 알 수 있다. 또한, 경사도가 급한 '사례B'는 '사례A'에 비해 할인율의 변화에 매우 민감하다.

참고로, '사례A'와 '사례B'의 순현재가치가 같아지는 할인율을 교차율(Crossover Rate)이라 하며, 각각의 내부수익률보다 작다.

[자료 4.3] 순현재가치와 내부수익률 그래프

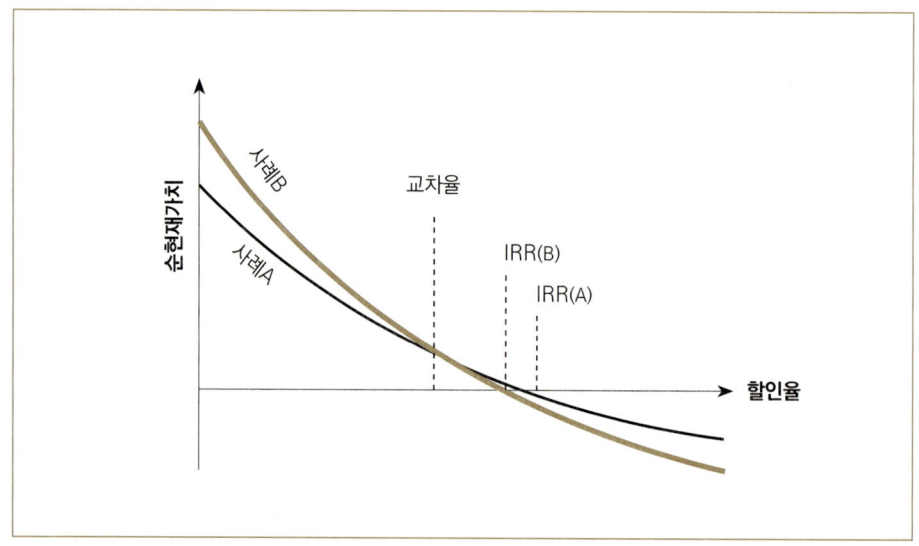

여기서 '사례A'와 '사례B'의 내부수익률을 살펴보면, IRR(A)가 IRR(B)보다 크다. 그러나 전반적인 할인율의 범위 내에서 볼 때, 사례B의 NPV(B)가 사례A보다 훨씬 가치가 높음을 알 수 있다. 이는 내부수익률과는 다른 결과를 보여준다.

결론적으로, 내부수익률 또는 순현재가치 하나만으로 투자의 의사 결정을 하기보다는 투자의 규모나 투자 기간 등에 따라 복합적으로 검토할 필요가 있다. 특히, 내부수익률은 할인율의 개념이 없기 때문에 할인율이 시간에 따라 변동되는 장기 투자에는 부적합하며, 플러스와 마이너스의 다양한 현금흐름을 갖는 부동산 평가에도 부적합하다.

따라서, 내부수익률이 객관성을 갖기 위해서는 할인율이 함께 고려되어야 한다. 만약 내부수익률이 할인율보다 높다면 그 투자는 실행 가능하다고 볼 수 있으며, 할인율보다 낮다면 적합하지 않다고 봐야 하겠다.

최근에는 이러한 내부수익률의 한계에 대한 인식으로 순현재가치 평가가 내부수익률보다 신뢰도가 높다고 보는 시각이 많다. 단순히 내부수익률의 수치만을 놓고 투자의 적합성을 판단하는 것은 잘못된 결과를 낳을 수 있음을 기억해야겠다.

📎 Tip

현재가치 vs. 순현재가치

현재가치와 순현재가치의 개념을 보다 명확하게 구분하기 위해 숫자적인 사례를 통해 설명해 보겠다. 예를 들어, $10,000을 투자해 7년 후 원금을 회수하는 A라는 투자 건을 할인율 10%로 가정해 현재가치를 산정해보자.
앞서 살펴본 엑셀의 PV 공식을 이용해 간단히 계산해보면, 현재가치는 $5,132이 된다.

> 현재가치 = pv(10%, 7, 0, −10000) = $5,132

이번에는 오늘 $4,000을 투자하고 7년 후 $10,000을 받게 되는 B라는 투자 건으로 동일한 할인율 10%를 가정해 순현재가치를 엑셀 공식을 이용해 산정해보자.
엑셀의 NPV 공식을 이용하면, 순현재가치는 $1,132이 된다.

	Year 0	Year 1	Year 2	Year 3	Year 4	Year 5	Year 6	Year 7
현금흐름	−4,000	0	0	0	0	0	0	10,000

> 순현재가치 = npv(10%, 0 : 10000)+(−4000) = $1,132

여기서 위에서 계산한 미래에 유입될 현금흐름(Cash Inflow)의 현재가치인 $5,132에서 지출된 현금흐름(Cash Outflow)의 현재가치인 $4,000(현재에 발생한 현금지출 $4,000은 할인할 필요가 없기 때문에 이 금액이 현재가치가 된다)을 빼주면 순현재가치 $1,132이 된다.

> 순현재가치 = 유입될 현금의 현재가치 − 지출된 현금의 현재가치
> = $5,132 − $4,000 = $1,132

| 현금흐름할인법 |

현금흐름할인법(Discounted Cash Flow)을 위한 재무적인 모델링을 '프로 포마(Pro Forma)'라고 하는데, 이는 라틴어로 '형식상' 또는 '형식을 위해'라는 뜻으로 기대하는 미래의 현금흐름에 대한 예측치를 보여준다.

세전현금흐름은 크게 수입과 운영비용, 부채비용로 나눌 수 있다.

먼저, 수입 측면을 살펴보면 크게 '가능총소득(PGI)'과 '유효총소득(EGI)'으로 구분된다. 가능총소득은 건물 전체가 임대되었을 경우의 총수입을 의미하며, 기본 임대료와 기타 수입(예 : 주차료나 자판기, 간판, 코인세탁기 수입 등)으로 구성된다.

유효총소득은 가능총소득에서 공실과 임대료 미수금에 따른 손실을 차감해준 실제 총소득을 말한다. Chapter 04의 '상업용 부동산의 임대 계약 방식'에서 설명하는 순임대(Net Lease)방식으로 공용관리비의 환급액이 발생하는 경우 여기에 이를 더해준다.

유효총소득(EGI) = 가능총소득(PGI) − 공실 손실 − 임대료 미수금 손실 + 공용관리비 환급액

유효총소득에서 건물 운영과 관련된 비용들을 차감해주면 투자 분석에서 가장 중요한 수치인 '순운영수익'이 산출된다.

순운영수익(NOI) = 유효총소득(EGI) − 운영비용(OpEx)

마지막으로, 순운영수익에서 대출에 따른 연간 부채상환액을 차감해주면 '세전현금흐름'이 최종적으로 산출된다. 다만, 여기에 건물의 가치 증대를 위한 자본적지출(Capex) 비용(예 : 설비시스템, 엘리베이터, 지붕보수 등)과 임차인을 위한 인테리어 비용 지원금(TI)의 충당금이 있는 경우 이를 차감해주어야 한다.

세전현금흐름(BTCF) = 순운영수익(NOI) − 연간 부채상환액 − 충당금

여기까지의 내용을 다시 정리해보면 다음과 같다.

가능총소득(PGI, Potential Gross Income)
임대료
기타 수입
(−) 공실 & 수금손실(Vacancy Allowance & Collection Loss)
유효총소득(EGI, Effective Gross Income)

(−) 운영비용(Operating Expenses)
　　　　유지관리비
　　　　수도광열비
　　　　세금
　　　　관리 수수료
　　　　보험
　　　　기타
───────────────────────────
순운영수익(NOI, Net Operating Income)

(−) 연간 부채상환액(Annual Debt Service)
(−) 충당금(Capital Expenditures/Normal Reserves)
───────────────────────────
세전현금흐름(BTCF, Before Tax Cash Flow)

　세전현금흐름에 각 국가마다의 세금 산정 기준에 따른 소득세 또는 법인세 등을 차감해주면 '세후현금흐름(ATCF, After Tax Cash Flow)'이 산출된다. 이 책에서는 국가별로 매우 다양한 운영단계와 매각단계의 세금 계산 방법에 대한 설명은 생략하겠다.

　투자 모델링에서 가장 중요한 순운영수익과 세전현금흐름을 산출했으니, 이제는 조금은 복잡해 보일 수 있는 수익률 분석을 살펴보겠다. 기본적으로 상업용 부동산 투자의 수익은 크게 보유기간 동안의 '임대수입'과 매각 시 부동산의 가치상승에 따른 '차익실현'으로 볼 수 있다. 세전현금흐름이 임대수입에 대한 분석이라면, 이제 매각에 따른 차익실현 수익을 살펴볼 차례다.

　먼저, X년도 차에 매각을 하게 된다면 매각에 따른 총매각가격에서 매각비용(예 : 중개료, 법무비용 등)을 차감해주면 '조정된 총매각이익금'이 계산된다. 여기에 기존 대출의 원금 미상환액과 이자 잔액 모두를 상환하기 위해 매각 시점의 대출잔액을 차감해주면 결과적으로 '매각순이익금'이 계산된다.

```
         매각가격(Sale Prices)
    (-) 매각비용(Cost of Sale)
    ─────────────────────────────────
    조정된 총매각이익금(Adjusted Gross Sale Proceeds)

    (-) 대출잔액(Mortgage Balance)
    ─────────────────────────────────
    매각순이익금(Net Proceeds of Sale)
```

'미차입현금흐름(Unlevered Cash Flow)'은 각 분석 기간(예 : 년별, 분기별, 월별)마다 순운영수익에 조정된 총매각이익금을 더한 값으로 하되, 건물을 매입한 0차 년도에는 현금흐름 없이 건물 매입 당시의 총매입금액(매입가격+매입비용)을 마이너스[75]로 표시해주면 된다. 이렇게 계산된 각 기간별 현금흐름의 내부수익률을 '미차입내부수익률(Unlevered IRR)'이라고 한다.

```
    미차입현금흐름 = 순운영수익 + 조정된 총매각이익금
         [단, 0차 년도는 '- (매입가격 + 매입비용)']
```

각 분석 기간의 미차입현금흐름에서 연간 부채상환액과 대출잔액의 합을 차감해주면 '차입현금흐름(Levered Cash Flow)'이 된다. 또한 이에 대한 각 기간별 현금흐름의 내부수익률을 '차입내부수익률(Levered IRR)'이라고 한

---

75. 분석자 관점에서 유입되는 현금은 플러스(+)로, 유출되는 현금은 마이너스(-)로 계산한다.

다. 다만, 여기서도 건물을 매입한 0차 년도에는 미차입현금흐름에 실제 대출액(대출금-대출수수료)을 플러스로 더해주면 된다.

$$\text{차입현금흐름} = \text{미차입현금흐름} - (\text{연간 부채상환액} + \text{대출잔액})$$
$$[\text{단, 0차 년도는 '} - (\text{매입가격} + \text{매입비용}) + (\text{대출금} - \text{대출수수료})\text{'}]$$

차입내부수익률의 계산과 함께 차입현금흐름에 대해 할인율을 가정해 계산해주면 대출에 따른 건물의 순현재가치를 산출할 수 있다.

여기서 한 가지 더 살펴볼 수익률이 자기자본수익률과 관련된 '현금투자수익률(Cash-on Cash)'이다. 앞서 202페이지에서 잠시 살펴본 것과 같이 각 분석 기간별 세전현금흐름을 투자한 자기자본으로 나누어주면 각 기간별 현금투자수익률을 구할 수 있다. 내부수익률(IRR), 순현재가치(NPV)와 함께 투자 분석 시 유용한 지표로 활용되고 있다.

$$\text{현금투자수익률} = \frac{\text{세전현금흐름}}{\text{자기자본}}$$

현금흐름할인법은 부동산 외에 기업 가치 평가나 특허권의 가치 산정 등 다양한 분야에서 활용되고 있다. 특히, 은행에서 상업용 부동산 건설 사업의 프로젝트 파인낸싱(PF) 대출 심사 시 가치 평가를 위해 사용된다.

다만, 한 가지 중요한 사실은 현금흐름할인법에 사용된 '프로 포마(Pro Forma)'는 여러 모델링 방법 중의 한 가지 수단일 뿐이라는 것이다. 즉, 합리적인 가정하에 만들어진 모델링은 유용한 투자 분석의 수단이 될 수 있다. 그러나 입력 데이터인 가정치(Assumptions)의 숫자들에 대해 신뢰도가 떨어진다면 그 결과값은 의미 없는 숫자가 될 뿐이다. 결국 모델링의 가정치에 대해 충분한 자기방어를 할 수 있는 데이터 수집을 위해 정확한 시장 분석이 전제되어야 하겠다.

실전 사례

Assumptions			
Investment Assumptions		**Income Assumptions**	
매입 금액	$5,500,000	세대수	25세대
보유 기간	3년	평균 월임대료	$2,250
할인율(Discount Rate)	14%		
매입비용(Closing Costs)	3%	공실률(Vacancy)	PGR의 5%
		신용손실(Credit Loss)	PGR의 1%
Financing Assumptions	70%	기타 수입(Other Income)	$8,400/년
Loan To Value(최대값)	1.2	비용상환(Expense Reimbursements)	$5,000/년
DCR(최소값)	7.25%	운영비용(Operating Expenses)	EGI 의 31%
이자율	30년	운영수료(Management Fee)	EGI 의 4%
원금상환기간	매월	자본충당금(Capital Reserves)	세대당 $1,000/년
이자납입기간	2%	소득 증가율	매년 3%
대출수수료(Loan Fees)		비용 증가율	매년 3%
		Sale Assumptions	
		매각 시 자본환원율(Exit Cap Rate)	6.5%
		매각비용(Cost of Sale)	6%

Discounted Cash Flow

	Year 0	Year 1	Year 2	Year 3	Year 4
Income					
Potential Gross Rent(PGR)		675,000	695,250	716,108	737,591
Other Income		8,400	8,652	8,912	9,179
Reimbursements		5,000	5,150	5,305	5,464
Less: Vacancy		(33,750)	(34,763)	(35,805)	(36,880)
Less: Credit Loss		(6,750)	(6,953)	(7,161)	(7,376)
Effective Gross Income(EGI)		647,900	667,337	687,357	707,978
Expenses					
Operating Expenses		200,849	206,874	213,081	219,473
Management Fee		25,916	26,693	27,494	28,319
Reserves for Replacement(no growth)		25,000	25,000	25,000	25,000
Total Expenses		251,765	258,568	265,575	272,792
Net Operating Income (a)		396,135	408,769	421,782	435,186
Annual Debt Service (c)		315,165	315,165	315,165	315,165
Before Tax Operating Cash Flow(BTCF)		80,970	93,604	106,617	120,020
Residual Value					
Sale Value				6,695,163	
Less: Cost of Sale				(401,710)	
Adjusted Gross Sale Proceeds (b)		0	0	6,293,453	0
Less: Mortgage Balance (d)				(3,729,624)	
Net Proceeds of Sale		0	0	2,563,829	0

Unleveraged Cash Flow [A = (a) + (b)]	(5,665,000)	396,135	408,769	6,715,235	
Unleveraged IRR	10.54%				
Cash Flow from Financing [B = (c) + (d)]	3,773,000	(315,165)	(315,165)	(4,044,789)	
Loan IRR	8.00%				
Leveraged Cash Flow [A + B]	(1,892,000)	80,970	93,604	2,670,446	
Leveraged IRR	15.11%				
NPV@14% Discount Rate	53,526				

| 사업비 세부 항목 |

부동산 개발과 관련해 사업비는 크게 다음과 같이 네 가지의 카테고리로 나눌 수 있다. 이는 해외 부동산뿐만 아니라 국내 부동산 개발사업에서도 동일한 항목으로 구분된다.

- 토지비(Land Cost)
- 직접비(Hard Cost 또는 Direct Cost)
- 간접비(Soft Cost 또는 Indirect Cost)
- 금융비(Financing Cost)

먼저 간단히 토지비를 살펴보면, 토지비에는 순수한 토지 취득 금액 외 감정 평가나 등기 이전, 취득세, 지반 조사, 환경 영향 평가 등 토지 취득과 관련된 모든 비용들이 포함된다. 토지비가 전체 사업비에서 차지하는 비율은 보통 30% 이내가 적절하다고 보나, 대도시 내 입지가 우수한 토지의 경우는 50%를 초과하는 경우도 많다. 예를 들어, 미국은 주(State)마다 그 편차가 큰 편이다. 단독주택의 주택가격에서 토지비가 차지하는 비율을 보면, 일리노이

주가 약 7%라면, 캘리포니아주에서는 약 60%[76]를 차지할 정도로 토지비의 비중은 다양하다. 적정한 토지비에 대한 분석은 다음의 '토지의 잔여 가치'에서 좀 더 살펴보도록 하겠다.

직접비(Hard Cost 또는 Direct Cost)

직접비는 'Brick-and-mortar Cost'라고 불리기도 하는데, 건물을 완공하기 위해 직접적으로 필요한 모든 건설 비용을 포함한다. 국내와는 달리 인테리어 마감 없이 골조 상태로 준공하는 해외의 부동산 건설환경으로 개념상 약간의 차이는 있으나, 기본적으로 다음의 네 가지 항목으로 세분화된다.

'부지 외 작업(Off Site Work)'은 해당 부지 주변의 전기나 가스 인입과 같은 인프라 연결과 도로나 인도 포장 등과 같은 주변 정리에 필요한 공사비를 말한다.

'부지 내 작업(On Site Work)'은 실제 부지 내에서 이루어지는 토지 정지 작업이나 관로 공사 등의 비용이다. 특히, 경사진 대지에 위치한 해외 부동산 개발 시 공사비 증가에 대비해 면밀한 검토를 요하는 항목이다. 보통 부지 외 작업과 부지 내 작업 비용을 합쳐서 '부지작업(Site Work)'이라 통칭한다.

---

76. 출처 : Lincoln Institute of Land Policy

'셸앤코어(Shell & Core)'는 기초를 포함한 건물 골조공사, 외부 벽체 및 창호 마감, 내부 기본 천정 및 조명, 공용부 마감, 설비·전기 시스템, 조경 등 일반적으로 건물과 관련된 공사비를 말한다.

'임차인 설비투자(TI, Tenant Improvement)'는 국내에서는 아직 익숙하지 않은 개념이나 해외 상업용 부동산 개발 시 중요한 공사비 항목 중의 하나다. 임차인을 위해 건물주가 임차인이 제시한 설계도를 바탕으로 시공해주거나, 임차인이 직접 임대공간을 사용목적에 맞추어 내부 공간을 개선하는 데 필요한 비용을 말한다. 임차인이 창문 스타일이나 카페트, 가구배치, 난방시스템 등의 변경을 요구하는 경우의 인테리어 공사비가 여기에 해당한다. 임차인이 직접 시공을 하는 경우, 건물주는 'TI 비용(TI Allowance)'이라는 공사 지원금을 제공하거나 공사비의 일부를 부담하기도 한다. 특히, 리테일이나 오피스 부동산의 경우, 개발 단계뿐만 아니라 운영 단계에서도 임대차 계약 시 중요한 항목이다. 시장 환경이나 경제상황, 임차인의 수준에 따라 조건이나 금액들은 매우 다양하며 임차인의 협상력에 따라 금액은 변동된다. 보통 평방피트당 1.5달러에서 3달러 수준으로 직접비의 약 5% 정도로 책정되나, 편차가 큰 편이다.

'직접비 예비비(Direct Contingency)'는 자재나 인건비의 상승, 추가적인 공사발생 등 변동성이 높은 공사 환경에서 예기치 못한 변수에 대처하기 위한 비용이다. 공사 규모나 계약 내용에 따라 그 금액은 차이가 있으나 보통 직접비의 2%에서 5% 정도를 책정한다.

간접비(Soft Cost 또는 Indirect Cost)

간접비는 다소 복잡한 항목들로 구성되어 있으며, 프로젝트 성격에 따라 그 항목과 금액에 차이가 있으나 일반적으로 다음과 같이 분류할 수 있다.

'설계비(Architecture & Engineering)'는 건축을 포함한 토목, 설비·전기, 조경, 인테리어 등 모든 디자인 엔지니어링과 관련된 용역비를 말한다. 보통 건물의 용도나 규모에 따라, 지역이나 설계사의 수준에 따라 차이가 있다.

'기타 컨설팅비(Other Consultants)'는 인·허가 완료를 위해 필요한 추가적인 용역비로 환경 영향 평가나 교통 영향 평가, 지질 검사, 소음 영향 평가 등 전문가의 자문에 대한 비용이다.

'테스트/검사(Testing and Inspection)'는 보통 인·허가권자의 요청사항으로 보통 직접비의 약 1%를 책정한다.

'인·허가비(Permits & Fees)'는 건축허가 등 건물을 착공하기 위한 과정에서 인·허가권자에게 납부해야 되는 비용이다. 미국은 부동산 개발에 따른 부담금 개념으로 '영향 부담금(Impact Fee)'이 있는데, 학교나 경찰서, 도서관과 같은 일반 정부 시설과 오·우수나 하수처리 시설 등의 인프라 시설 확충을 위한 용도로 부과된다.

'법무/회계(Legal & Accounting)'는 부동산 매매 계약서 및 투자 파트너

쉽 계약서, 대출계약서 등 개발과정에 필요한 모든 법적인 서류를 작성하고 검토해주는 법무 서비스와 사업비의 세무처리를 지원하는 회계 서비스를 위한 용역비다.

'부동산세(Property Tax)'는 개발기간 동안 납부해야 될 세금으로 국가마다, 지역마다 그 비율과 납부 횟수는 다양하다.

'보험(Insurance)'은 공사기간 중 위험부담 보험(Builders Risk Insurance)이나 공사이행보증보험(Liability Insurance), 또는 필요시 홍수나 지진 부담 보험 등 각종 보험료를 포함한다.

'개발 수수료(Development Fee)'는 가장 민감하고 중요한 항목으로 디벨로퍼와 지분 참여자 간의 협상을 통해 비용이 결정된다. 보통 직접비의 3%에서 5% 정도로 책정되며, 개발기간 중 균등한 비율로 주기적으로 지급되는 경우가 많다.[77]

'잡비(Miscellaneous)'는 개발기간 동안 발생하는 소소한 비용들로 소득세 준비금, 전화 설치비, 우편료 등을 들 수 있다.

---

77. 사업비 분석의 목적에 따라 개발 수수료[또는 디벨로퍼 이익(Developer Profit)]는 간접비 항목이 아닌 별도 항목으로 분리해 표현하기도 한다. 또한, 상업용 부동산 디벨로퍼는 보통 사업비에 대한 이익으로 이를 표현하고, 주택 디벨로퍼는 가격에 대한 이익으로 표현한다. 토지개발 사업의 경우 디벨로퍼 이익은 보통 15%에서 25% 정도로 매우 높은 편이다.

'간접비 예비비(Indirect Contingency)'는 대출기관이 위험 관리 차원에서 요구하는 경우가 있다. 보통 예비비를 제외한 간접비 소계의 3%에서 5% 정도를 책정한다.

앞에서 열거한 간접비들의 총계도 국가나 지역에 따라, 또는 건물의 용도나 규모에 따라 차이가 크다. 보통 초기 사업성 검토 시 직접비 총계의 15%에서 25% 범위 내에서 산정하는 것이 일반적이다.

앞에서 살펴본 부동산 개발을 위한 사업비의 항목별 세부 내용을 간단히 정리해보면, 다음 표와 같다.

구분	세부 항목	개략 비용
토지비	· 토지가격 · 취득 비용	
직접비	· Off Site Work · On Site Work · Shell & Core · Tenant Improvements · 직접비 예비비	직접비의 약 5% 직접비 소계의 2%-5%
간접비	· 설계비 · 기타 컨설팅비 · 테스트/검사 · 인·허가비 · 법무/회계 · 부동산세 · 보험 · 개발 수수료 · 잡비 · 간접비 예비비	직접비의 약 1% 직접비의 3%-5% 간접비의 3%-5%
금융비	· 대출 이자 · 대출 수수료 · 대출 비용	

| 토지의 잔여 가치 |

    최첨단 디지털 시대인 21세기에도, 부동산 시장이 하향 추세일 때에도 토지는 여전히 투자자들의 최우선적인 투자 대상 중의 하나로 손꼽히고 있다. '토지의 잔여 가치(Residual Land Value)'는 이러한 투자 결정의 효율적인 수단으로 평가되며, Chapter 01에서 살펴본 '최유효이용의 원칙'은 토지의 잔여 가치가 극대화되는 이용이라 하겠다. 이처럼 토지의 잔여 가치는 건물의 연면적이나 임대료 수준, 건물 가격에 따라 달라지며, 부동산의 감정 평가 방법 중의 하나로 활용된다. 간단히 산식으로 살펴보면, 토지 구매에 필요한 금액, 즉 토지의 잔여 가치는 개발 후 부동산의 가치에서 개발 비용(토지비 제외)을 빼줌으로써 계산된다.

> 토지의 잔여 가치 = 총순수입 − 토지비를 제외한 사업비

    이는 임대형 상업용 부동산이나 분양형 부동산 모두에 동일하게 적용되는 개념으로 토지 거래 시 활용될 수 있다. 즉, 토지를 매각하거나 매입하고자

할때 제시된 토지비가 얼마나 적절한지에 대한 판단의 근거를 제공한다. 적절한 가격으로 토지를 매입하는 것은 성공적인 부동산 개발의 첫걸음이다. 공사비와 같은 직접비나 간접비의 비용 절감에는 어느 정도 한계가 있기때문에 정확한 가치 평가를 통해 최적의 가격으로 토지를 획득하는 것이 매우 중요하다.

이해를 돕기 위해 숫자적인 사례를 들어, 분양형 주택 개발과 임대형 주택 개발의 각각의 토지의 잔여 가치를 산정해보겠다.

분양형 주택 개발의 사례

A라는 디벨로퍼가 다음과 같은 가정하에서 주택 단지를 개발하고자 한다면, 토지의 잔여 가치는 얼마일까? 토지주가 2,000만 달러를 제안했다면, A는 그 제안을 받아들여도 될까?

[가 정]
- 대지면적 : 20,000 m^2
- 세대수 : 250세대
- 분양가 : 세대당 $700,000
- 매각비용 : 분양가의 2.0%
- 직접비 : 세대당 $400,000
- 간접비 : 직접비의 15%
- 금융비 : 직접비와 간접비 합계의 20%
- 디벨로퍼 이익 : 직접비와 간접비 합계의 10%

[풀이]

수입		
매각가격	$700,000 × 250세대 =	$175,000,000
(−) 매각비용	− ($175,000,000 × 2.0%) =	$3,500,000
총순수입(Total Net Revenue, ①)		**$171,500,000**
지출		
직접비	$400,000 × 250세대 =	$100,000,000
간접비	$100,000,000 × 15% =	$15,000,000
금융비	$115,000,000 × 20% =	$23,000,000
디벨로퍼 이익	$115,000,000 × 10% =	$11,500,000
사업비(Total Development Cost, ②)		**$149,500,000**
토지의 잔여 가치(Residual Land Value, ① − ②)		**$22,000,000**

따라서, 토지의 잔여 가치는 $22,000,000이 되며, 이를 평방미터당으로 환산하면 $1,100(=$22,000,000/20,000m^2)이 된다. 토지주가 $20,000,000을 제안했다면, 이는 잔여 가치보다 낮은 금액이므로 A라는 디벨로퍼에게는 유리한 가격임을 알 수 있다.

임대형 주택 개발의 사례

B라는 토지 디벨로퍼(Land Developer)가 토지를 정지작업한 후 인·허가를 얻어 임대형 주택 개발을 계획 중인 C라는 디벨로퍼에서 토지를 매각하고자 할 경우, 적정 매각가(토지의 잔여 가치)는 얼마일까?

[가정]
- 대지면적 : 15,000 m^2
- 세대수 : 200세대
- 평균 월임대료 : 세대당 $2,000
- 운영비용(공실 포함) : 가능총소득(PGI)의 35%
- 토지 개발비(Land Development Costs) : 세대당 $15,000
- 인·허가 부담금(Impact Fees) : 세대당 $15,000
- 직접비 : 세대당 $125,000
- 간접비 : 세대당 $10,000
- 금융비 : $2,500,000
- 자본환원율(Cap Rate) : 6%
- 매각비용 : 매각가격의 2%

[풀이]

수입

가능총소득	$2,000 × 200세대 × 12 = $4,800,000
(−) 운영비용	− ($4,800,000 × 35%) = $1,680,000
순운영수익(Net Operating Income)	**$3,120,000**
매각가격	$3,120,000/6% = $52,000,000
(−) 매각비용	− ($52,000,000 × 2.0%) = $1,040,000
총순수입(Total Net Revenue, ①)	**$50,960,000**

지출

토지 개발비	$15,000 × 200세대 = $3,000,000
인·허가 부담금	$15,000 × 200세대 = $3,000,000
직접비	$125,000 × 200세대 = $25,000,000
간접비	$10,000 × 200세대 = $2,000,000
금융비	$2,500,000
사업비(Total Development Cost, ②)	**$35,500,000**
토지의 잔여 가치(Residual Land Value, ① − ②)	**$15,460,000**

따라서, 토지의 잔여 가치는 $15,460,000이 되며, 이를 평방미터당으로 환산하면 약 $1,030.7(=$15,460,000/15,000㎡)가 된다.

Chapter 03

부동산 금융의 구조를 알아야 한다

GLOBAL REAL ESTATE

대출의 상환 구조 방식

고정금리 대출 구조

원리금 균등 분할상환(CPM, Constant Payment Mortgage)

대출 원금에 대해 정해진 기간 동안 고정금리 월별로 일정한 금액을 상환하는 방식이다. 초기에는 원금 상환보다는 대부분 이자로 원리금을 납부하게 되며, 상환되는 원금은 월별로 계속 변동한다. 원리금 균등 분할상환(CPM)은 부동산 투자를 위한 대출에서 가장 일반적인 방식으로 현금흐름할인법에서 부채상환액 계산 시 적용되는 방식이다.

[자료 4.4] 그래프의 사례(30년간 6% 이자율로 $100,000 대출금을 월별 CPM 방식으로 상환)를 원리금 상환표로 정리해보면 [자료 4.5]와 같다.

[자료 4.4] 원리금 균등 분할상환에서의 이자와 원금 상환액

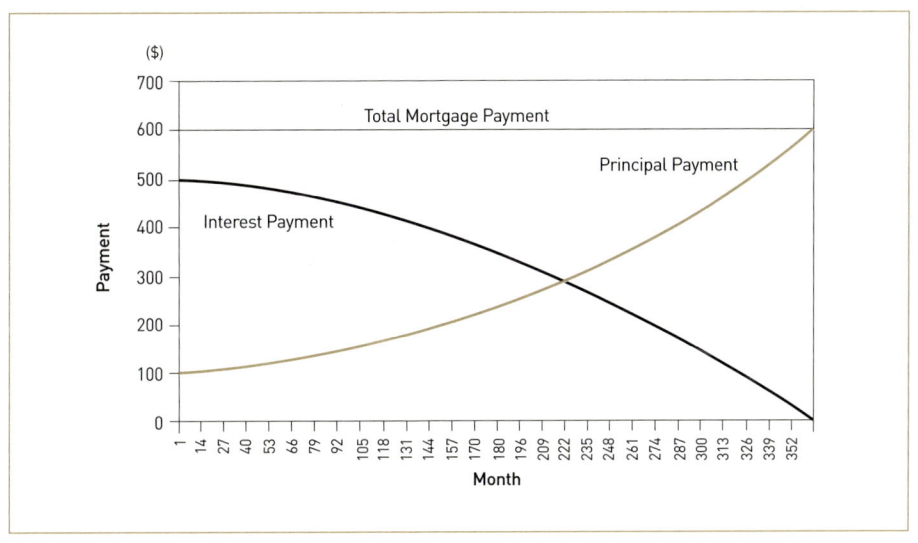

[자료 4.5] 원리금 균등 분할상환일 경우의 상환표

(단위 : $)

월 (Month)	기초잔액 (Beginning Balance) ①	이자 (6%/12) ②	원금 상환액 (Amortization) ③	월지불액 (Monthly Payment) ②+③	기말잔액 (Ending Balance) ①-③
1	100,000.00	500.00	99.55	599.55	99,900.45
2	99,900.45	499.50	100.05	599.55	99,800.40
3	99,800.40	499.00	100.55	599.55	99,699.85
4	99,699.85	498.50	101.05	599.55	99,598.80
5	99,598.80	497.99	101.56	599.55	99,497.24
6	99,497.24	497.49	102.06	599.55	99,395.18
360	596.57	2.98	596.57	599.55	0.00

주 : 월 지불액은 '=pmt(6%/12,30×12, -100,000)=599.55'로 계산됨.

원금 균등 분할상환(CAM, Constant Amortization Mortgage)

대출 기간 중 일정하게 원금을 상환하는 방식으로 'Straight Line Amortization'라고도 부른다. 일정 금액으로 원금을 상환함에 따라 지불해야 될 이자의 부담이 줄어들면서 전체 원리금 상환액도 줄어들어 빠르게 원금을 상환할 수 있다. 따라서 초기에는 큰 금액의 분할상환금(Amortization)과 이자를 납부해야 되지만 시간이 지남에 따라 그 금액은 줄어들게 된다. 원리금 균등 분할상환 방식에 비해 빠르게 원금이 상환되면서 납입되는 총이자금도 작다.

총상환액 = 일정한 원금 분할상환 + 월 이자

앞에서 살펴본 원리금 균등 분할상환과 동일한 대출 조건으로 원금 균등 분할상환 방식으로 상환할 때의 상환표를 정리해보면 [자료 4.6]과 같다.

원금 균등 상환 방식이기 때문에 매월 상환되는 원리금은 동일하나 초기에 지급되는 월 지불액이 원리금 균등 분할상환 방식에 비해 크고 이자액은 상대적으로 작음을 알 수 있다.

[자료 4.6] 원금 균등 분할상환일 경우의 상환표

(단위 : $)

월 (Month)	기초잔액 (Beginning Balance) ①	이자 (6%/12) ②	원금 상환액 (Amortization) ③	월지불액 (Monthly Payment) ②+③	기말잔액 (Ending Balance) ①-③
1	100,000.00	500.00	277.78	777.78	99,722.22
2	99,722.22	498.61	277.78	776.39	99,444.44
3	99,444.44	497.22	277.78	775.00	99,166.67
4	99,166.67	495.83	277.78	773.61	98,888.89
5	98,888.89	494.44	277.78	772.22	98,611.11
6	98,611.11	493.06	277.78	770.83	98,333.33
360	277.78	1.39	277.78	279.17	0.00

주 : 원금 상환액은 '100,000/360=277.78'로 계산됨.

점증 분할상환(GPM, Graduated Payment Mortgage)

초기에는 낮은 수준의 원리금 상환으로 시작해 점차적으로 그 금액을 증가시켜 어느 시점 이후 만기까지 일정 금액으로 원리금을 상환하는 고정금리 대출 방식이다. 일반적으로 원리금 상환액은 어느 최고 수준에 도달하기 전에는 기본 납입액에서 매년 7%에서 12% 정도로 상환액을 증가시킨다. 특히 분양형 부동산에서 분양을 촉진시키기 위해 많이 선호된다. 초기 상환금의 부담이 적어 소득이 낮은 사람들에게도 대출이 수월해짐에 따라 분양에 도움이 되어 디벨로퍼들이 선호한다.

[자료 4.7] 원리금 균등 분할상환 vs. 원금 균등 분할상환 vs. 점증 분할상환

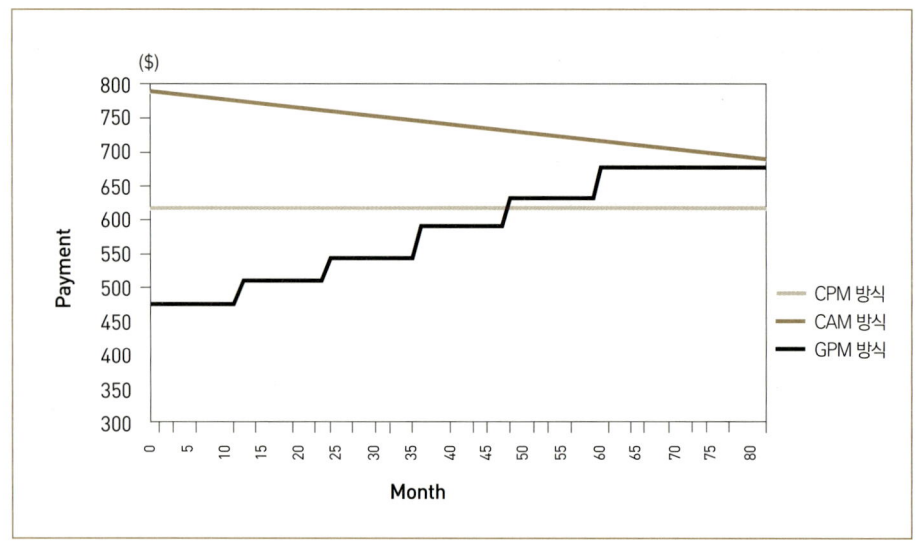

기타 대출 구조

변동이자 대출(ARM, Adjustable Rate Mortgage)

앞에서 살펴본 고정금리 대출방식과 비교해볼 때 변동금리 대출은 기본적으로 원금 균등 분할상환 방식과 유사하다. 다만 이자율 산정 방식이 리보(LIBOR, London Inter-bank Offered Rate)나 미국 기업우대금리(US Prime Rate)와 같은 기준금리에 대출기관의 차익이 가산되는 방식만 다를 뿐이다. 이 경우 가산금리가 어느 기간 동안은 일정 비율로 고정되나 그 이후 점차적으로 증가하는 방식을 변동이자 대출이라고 부른다. 이 대출 구조는 2008년 서브프라임 사태를 촉발시킨 원인 중 하나로 비판받기도 한다. 대출자가 고

정금리 방식보다 좀 더 많은 대출을 초기에는 낮은 이자로 조달 가능한 장점은 있으나, 점차적으로 이자부담이 가중되면서 결국 소득 증가 이상으로 상승을 초래할 수 있기 때문이다.

이자상환 대출(Interest-only Mortgage)

이자상환 대출은 'Zero Amortization Mortgage(ZAM)'라고 불리기도 하는데, 명칭에서도 알 수 있듯이, 대출기간 동안은 이자만 상환하고 만료 시 원금을 일시에 상환하는 방식이다. 다른 대출 구조에 비해 투기적인 대출 방식으로 이자율은 높지만 투자자가 부동산을 구입한 후 빠르게 재매각할 경우나 일정 기간 이후 원금 상환방식으로 변경시킬 경우 선호된다.

메자닌론과 브리지론

메자닌론(Mezzanine Loan)

메자닌 대출은 선순위 대출(Senior Loan)과 자기자본(Equity) 중간에 있는 자본으로 이 둘 사이의 간극을 채워준다. 대출 상환 시 구조적으로 선순위 대출이 우선하나, 주식이나 자기자본보다는 메자닌 대출이 상환 구조상 우선한다.

메자닌 대출은 선순위 대출에 종속되긴 하나 다양한 형태로 대출이 가능하다. 최근 미국이나 유럽에서는 필요한 자본의 80%까지 자금 조달이 가능하다. 그러나 일반적인 선순위 대출보다는 이자율이 높기 때문에 결과적으로 대출자의 금융비용을 올리게 된다.

보통 우선주(Preferred Equity) 형태로 참여하는 자본 투자자는 25% 이상의 높은 내부수익률을 기대한다. 반면, 메자닌 투자자의 경우는 부동산의 종류와 임차인, 입지, 차주의 신용도에 따라 다르긴 하지만 보통 10% 미만의 내부수익률을 목표로 한다.

 우선주는 소유권상 직접적인 파트너가 되며 이익의 배당이 있을 경우 우선적인 수익을 받게 되는 자본적 투자자다. 2순위 대출(Junior Loan)이나 메자닌 대출을 상환하기에 부동산이 충분한 현금흐름을 만들지 못 하거나, 선순위 대출기관이 2순위 대출을 허용하지 않을 때 보편적으로 사용된다.

[자료 4.8] 자본 구조

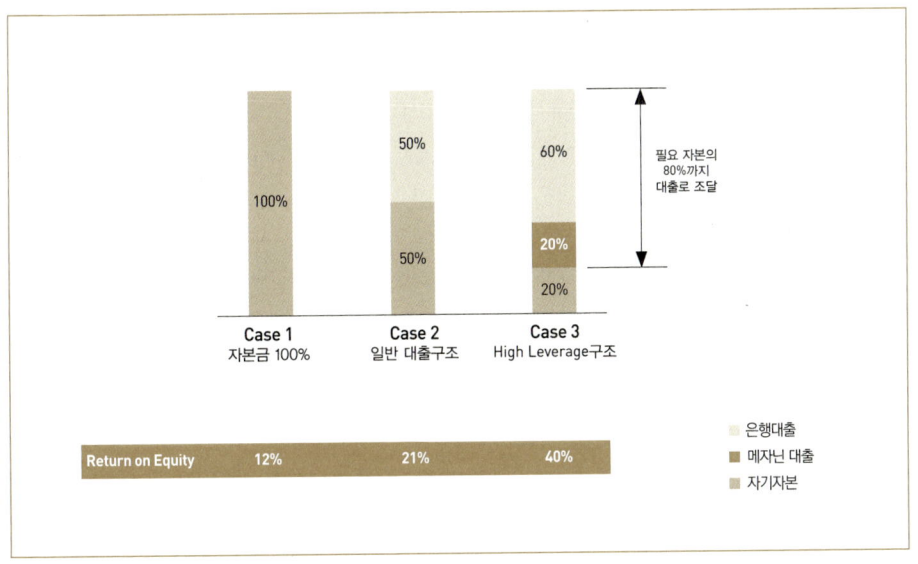

브리지론(Bridge Loan)

브리지론은 단어 뜻 그대로 자금을 연결해주는 다리(Bridge)가 되는 대출로 자금이 필요한 시점과 조달될 시점 사이의 간격을 이어준다. 'Swing Loan', 'Gap Financing', 또는 'Interim Financing'라고도 불리며 단기 차입을 통해 일시적으로 조달한 자금을 말한다. 짧게는 2주에서 보통 6개월 정도가 적정하며, 길게는 3년까지 대출되기도 한다.

주로 대출심사가 까다롭고 기간이 오래 걸리는 장기 대출을 조달받을 때까지 또는 기존의 부채를 일시 상환하기 위해 사용된다. 특히 부동산에서는 건설 대출(Construction Loan)이 끝나는 시점에서 장기 대출을 받기 전까지의 일시적인 자금 조달을 위해 사용된다. 또한 개인이 주택을 구매하고자 할 때 기존 주택에 대한 매각 금액을 받지 못해 신규 주택의 계약금 지급을 위해 자금이 필요할 경우 사용되기도 한다. 기업의 경우는 신규 상장(IPO)이나 채권발행을 앞두고 운전자본(Working Capital) 등이 필요할 경우 사용된다.

단기 조달로 이자율은 상대적으로 높아서 보통 평균적인 고정금리 대출 이자에 2% 정도 가산되며, 그 비율만큼의 대출 수수료와 비용도 가중된다. 브리지론은 보통 대출자의 다른 자산들을 보호하기 위해 비소구금융(Non-recourse)의 형태를 띠는데, 대출기관들은 대출자의 상환 능력에 초점을 두기보다는 담보력이나 제시된 대출금의 상환 방법(Exit Strategy)에 더 큰 관심을 두어 대출 여부를 결정한다. 여기서 상환 방법이란 브리지론의 대출 목적에 따라, 계획했던 장기 대출을 받아 리파이낸싱을 통해 상환하거나 다른 투자자나 자산 매각을 통해 자금을 조달 받는 방법을 말한다.

대출의 재원

대출 협상 과정에서 중요한 몇 가지 항목들을 살펴보면 다음과 같다.

- 대출금
- 대출 기간
- 이자
- 대출 수수료(Lender Fee)와 기타 비용
- 원금 상환 방법
- 구상권 범위(Recourse vs. Non-recourse)
- 청구범위 조기상환 위약금
- 이자 유보금

위의 항목 중 이자와 관련해서 이자율의 결정도 중요하지만, 고정금리인지 변동금리인지의 여부도 중요한 협상의 내용이 된다. 또한 국내와는 달리 부동산 대출의 재원과 협상력에 따라 소구(Recourse) 금융과 비소구(Non-recourse) 금융이 결정되는데, 이는 중요한 항목이다.

비소구금융은 보통 부동산만을 담보로 하고 대출자는 개인적인 채무를 지지 않는다. 만약 대출자가 채무불이행 상태가 되어도 채권자는 부동산 담보에 한해서만 회수가 가능한 대출 방식이다. 주로 프로젝트 파이낸싱(Project Financing)에서 많이 볼 수 있다. 대출의 재원(Debt Source)은 크게 여섯 가지로 구분할 수 있는데, 미국의 경우를 들어 각각의 특징들을 살펴보면 다음과 같다.

구분	상업은행 Commercial Banks	상업용부동산담보대출채권 Commercial Mortgage Backed Securities(CMBS)	보험회사 Life Insurance Companies
특징	상업용 부동산 대출의 약 33% 차지	· 투자은행이나 보험회사, 금융회사들이 발행 · CRE CDO[78]를 포함해서 상업용 부동산 대출의 약 26% 차지	· 상업용 부동산의 약 14% 차지 · 신용도 높은 대출자와 Class A 부동산 선호
대출 종류	· 단기 대출(Bridge Loan) · 건설 대출 · 장기 대출	장기 대출	장기 대출
대출 기간	2년 - 5년	5년 - 10년	10년 - 30년
부동산 타입	모두 가능	모든 안정화된 상업용 부동산	반드시 안정화된 리테일, 오피스, 산업용 부동산
부채상환계수	1.20 - 1.35	1.20 - 1.25	1.25 - 1.35
담보대출비율	65% - 70%	80%	55% - 65%
평균 대출금리 (목표 수익률)	· 6% - 7% · 고정 금리 또는 변동 금리	· 투자자가 받아들일 수 있는 최저 금리 · 고정 금리	· 5% - 6% · 고정 금리
구상권 범위	· 주로 소구금융 · LTV 50% 이하는 비소구금융	비소구금융	일반적으로 비소구금융
기타	대출기관의 대차대조표상에 기장됨.	높은 레버리지 효과	대출기관의 대차대조표에 기장됨.

78. 부채담보부증권(CDO, Collateralized Debt Obligation)이라 불리며, 유동성 있는 안정자산과 비유동성 위험자산 등 여러 채권을 서로 섞어 위험을 줄이고 이를 보증하는 보험을 들어 채권 신용등급을 높여 매각이나 담보대출이 가능하도록 유동성을 부여한 상품인 자산유동화증권(ABS)의 일종이다(출처 : 네이버 지식백과).

구분	저당대출형 리츠 Mortgage REITs	개인대출기관 Private Banks & Hard Money Lenders	헤지펀드 Hedge Funds
특징	• 전체 리츠의 10% 이하가 저당대출형 리츠 • 주로 금융회사에서 취급	• 대출자 개인의 소득이나 자산과 같은 개인 신용보다는 부동산 담보 가치에 따라 대출 • 전통적인 대출기관들의 기준을 따르지 않음.	• 부동산 투자 시장에서 빠르게 성장 중인 분야로 전통적인 대출기관들의 기준을 따르지 않음.
대출 종류	• 단기 대출(Bridge Loan) • 메자닌 대출 • 장기 대출	단기 대출(Bridge Loan)	• 단기 대출(Bridge Loan) • 메자닌 대출 • 자본 대출(Equity Loan)
대출 기간	2년 – 5년	보통 2년까지	12년 – 5년
부동산 타입	모두 가능	모두 가능	모두 가능
부채상환계수	• 선순위 대출 : 1.00 – 1.20 (주로 Interest Only 대출) • 메자닌 대출 : 1.05 – 1.10	–	–
담보대출비율	선순위 대출 : 70% – 75% 메자닌 대출 : 75% – 80%	50% – 55%	사업비의 80% 까지
평균 대출금리 (요구 수익률)	• 8% – 10% • 고정 금리 또는 변동 금리	보통 10% – 14% + 대출 수수료 3% – 5%	15%에서 20% 이상
구상권 범위	비소구금융	소구금융 또는 비소구금융	
기타		대출기관의 대차대조표에 기장됨.	

여기서 저당대출형 리츠(Mortgage REITs)는 대부분 부동산 소유주나 운영자에게 직접 대출을 해주거나 주택저당증권(MBS)이나 대출을 통해 간접적으로 신용을 대부해주는 재원 형태를 말한다.

반면, 대다수를 차지하는 지분형 리츠(Equity REITs)는 시장에서 보편적으로 통용되는 리츠 형태로 대부분 수익형 부동산을 소유하거나 운영한다. 특히 지분형 리츠는 저당대출형 리츠와는 달리 주거용 부동산 외 다양한 부동산 산업과 연관되어 운영된다. 리테일 리츠(Retail REITs), 산업용 부동산 리츠(Industrial REITs), 호텔 & 리조트 리츠(Hotel and Resort REITs), 오피스 리츠(Office REITs), 헬스케어 리츠(Healthcare REITs), 셀프 스토리지 리츠(Self-storage REITs)와 같은 특수한 목적의 리츠로 다변화되어 투자되고 있다.

하드 머니(Hard Money)는 대출기관이 부동산 투자 사업체나 개인에게 직접 대출을 해주는 방식이다. 일반적인 대출 기준을 따르지 않고 투자자와 대출자를 직접 연결해준다. 반면, 개인 은행(Private Bank)들은 대출자의 개인 신용이나 파산 기록 등을 조사해 대출 여부를 결정한다.

일반적으로 하드 머니 대출의 이자율은 개인 은행 대출보다 높으며, 상환 방법도 보다 유연해 초기에는 이자만 상환할 수도 있다.

Chapter 04

부동산 투자에도
전략이 필요하다

GLOBAL REAL ESTATE

부동산의 위험과 수익률

부동산 투자를 얘기할 때 '가치(Value)'와 함께 반드시 언급되는 것이 '위험(Risk)'이다. '위험과 수익의 상충관계(Risk-return Trade Off)'는 '고위험, 고수익(High Risk High Return)'과 같은 개념으로 수익률은 투자 대상의 리스크 정도를 반영한다. 다만, 적정한 포트폴리오의 분산 투자를 통해 개별 투자에 비해 상대적으로 낮은 리스크에 상대적으로 높은 수익을 달성할 수 있다.

부동산 금융의 필독서라고 할 수 있는 윌리엄 브루게먼(William B. Brueggeman)과 제프리 피셔(Jeffrey Fisher) 교수의 《부동산 금융과 투자(Real Estate Finance and Investments)》를 보면 위험과 수익률 간의 관계가 잘 정리되어 있다.

[자료 4.9]에서 알 수 있듯이, 위험도와 수익률이 낮은 순으로 나열해보면, '미재무성채권(T-Bills)-지방채(Municipal Bonds)-주택저당채권(Mortgage-Backed Securities)-회사채(Corporate Bonds)-부동산(Real Estate)-

주식(Common Stocks)'순이다.

　부동산은 실물 자산이지만 경기 변동에 민감한 특성을 지니고 있어 수익률의 변동성으로 인해 채권들에 비해 '고위험, 고수익'의 성격을 보인다. 반면, 주식투자와 비교해볼 때 실물 자산인 부동산의 담보력으로 상대적으로 리스크가 적다.

[자료 4.9] 위험과 수익률

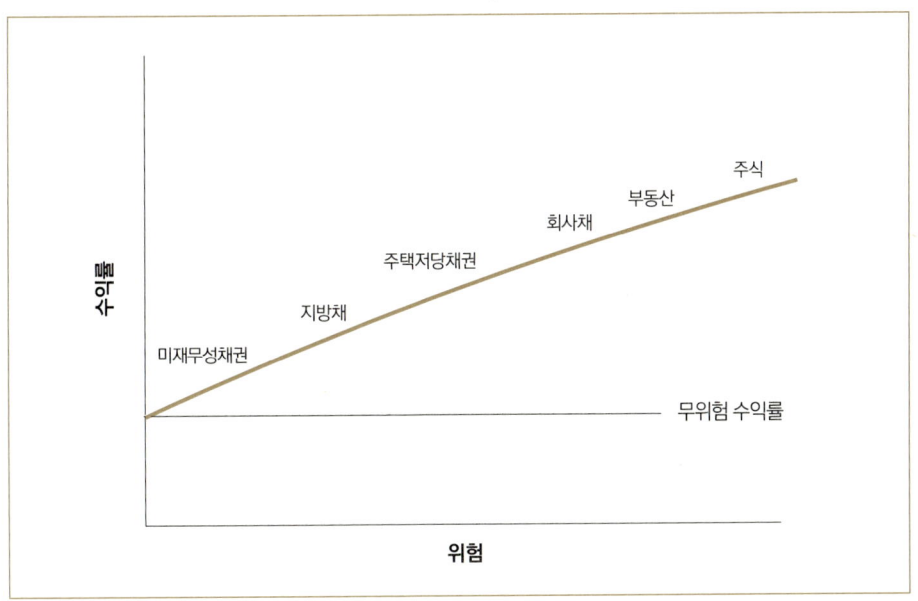

　'부동산 금융과 투자'는 [자료 4.9]의 그래프와 같이 부동산 투자를 국채나 회사채, 주식 등과 구분시키는 위험의 특성들을 여덟 가지로 분류해 설명했다. 이를 간단히 핵심 항목 위주로 요약해보면 [자료 4.10]과 같다.

[자료 4.10] 위험의 형태

1. 사업 위험(Business Risk)	- 경제환경의 변화 - 임차인 구성 - 임대 계약조건
2. 재무 위험(Financial Risk)	- 부채의 증가 - 부채의 비용과 구조
3. 유동성 위험(Liquidity Risk)	- 환금성 취약 - 부동산 처분의 어려움
4. 인플레이션 위험(Inflation Risk)	- 예기치 못한 인플레이션 - 인플레이션의 영향을 상쇄시킬 임대료 증가
5. 관리 위험(Management Risk)	- 시장 상황에 부응할 수 있는 관리 역량 - 가치 유지
6. 금리 위험(Interest Rate Risk)	- 대출 금리의 변동에 따른 영향 - 금리 상승에 따른 부동산 가격 하락
7. 법적 위험(Legislative Risk)	- 세법이나 임대료, 용도지역제에 대한 규제 변경
8. 환경 위험(Environmental Risk)	- 환경 악화 시 부동산 가치에 영향 - 석면 사용, 폐기물, 오염원 등이 영향

부동산의 이런 다양한 위험 요소들을 고려해볼 때 수익률도 다음과 같이 몇 가지 용어로 구분할 수 있다.

무위험 수익률(Risk-Free Rate Of Return)

가설적으로는 위험이 전혀 없는 투자의 수익률로, 이론상 투자자가 어떤 투자에 대해 예상할 수 있는 최저의 순수한 기대 수익률을 말한다. 그러나 실제로 어떤 안전한 투자라도 아주 작은 정도의 위험은 내재하기 때문에 사실상

현실에 존재한다고 볼 수 없다. 그래서 통상적으로 3개월 또는 10년 만기 미국 국채 금리의 이자율을 무위험 이자율로 간주해 사용한다. 한국의 경우 무위험 수익률은 보통 3년 만기 국고채 금리를 사용한다.

위험 조정 수익률(Risk-Adjusted Return)

어떤 수익률을 내기 위해 얼마나 많은 위험들이 내재되어 있는지를 반영한 투자 수익률로 주식이나 투자 펀드, 포트폴리오에 보통 적용된다. 위험 조정 수익률은 다른 수익률과 마찬가지로 투자자마다 차이가 있다. 이는 재원조달의 방법이나 위험을 감수하는 정도, 보유 기간, 투자자별 과세 등급, 기타 기회비용 등의 다양한 변수에 따라 실제 수익률은 달라진다.

요구 수익률(Required Return) vs. 기대 수익률(Expected Return)

Chapter 02에서 자본환원율을 설명하면서 언급했지만 투자자들의 요구 수익률은 무위험 이자율과 시장의 리스크 프리미엄의 합으로 구할 수 있다. 요구 수익률은 투자자가 일정 금액의 투자를 결정할 때 요구되어지는 최소의 수익률로 일종의 기회비용과 같다. 부동산에서는 순현재가치를 계산할 때 사용되며 일반 재무에서는 자본 가치 평가나 기업 금융에서 사용된다. 예를 들어, 부동산 투자 시 예상되는 대출 금리가 6%라면, 투자자의 요구 수익률은 6%보다 높다.

요구 수익률과 통념적으로 유사하나 개념상 약간의 차이가 있는 '기대 수익률(Expected Return)'이란 용어가 있다. 기대 수익률은 부동산 투자의 위험 요소를 모두 반영해 가중평균한 수익률이다. 일반적으로 과거의 수치들을 바탕으로 투자가 평균적으로 얼마만큼의 이익을 가져올지를 가정하는 것으로, 투자자는 기대 수익률이 요구 수익률과 같거나 높을 경우에만 투자를 결정하게 된다.

2008년 글로벌 금융위기 이후 해외 부동산 투자자들도 효율적인 위험 관리 전략에 많은 관심과 역량을 집중하고 있다. 예를 들어, 위험을 공유하기 위해 여러 기관 투자자들과 함께 공동 투자 형태로 참여하거나 외부의 부동산 전문 자산운용사들과 협력하는 등 위험 관리 전략을 세우고 있다.

| 부동산 투자 전략, Value-added 투자가 주목받는다 |

부동산은 연기금이나 국부펀드, 사모펀드(Private Equity) 등이 대규모 부동산 투자자로 두각을 보이면서 글로벌 금융 시장에서 그 중요도가 점점 커지고 있다. 그러나 2008년 글로벌 금융위기 이후 이들 부동산 투자자들의 성향은 세계적으로 변화를 보이고 있다. 즉, 대출 비율 기준을 낮추거나 좀 더 단순하고 투명한 투자 구조를 선호하고 있으며, 기대 수익률도 합리적인 수준으로 낮추고 있다.

이렇듯 경제 상황이나 투자자의 성향에 따라 변화되고 있는 부동산 투자 전략과 관련해 크게 네 가지 단계로 위험과 수익률의 정도로 투자 경향을 분류할 수 있다.

첫째, '코어(Core) 투자'다. 주로 10년 이상의 장기간 투자로 연기금과 같은 해외의 기관 투자자들이나 개인 투자자들이 선호하는 투자 대상이다. 주로 업무중심지역(CBD) 내 대규모 ClassA 수준의 랜드마크 빌딩들로 신용도가 높은 임차인과의 장기 임대계약을 갖고 있는 안전 자산들이다. 따라서 위험 수준은 최소이며, 목표 수익률(IRR)은 6%에서 9%로 10% 미만이며 레버리지도 50% 이내로 낮은 수준을 갖는다. BIS 비율[79]로 인해 연기금들은 AAA등급의 자산에만 투자를 하도록 되어 있는데, AAA등급의 자산이 여기에 속한다.

둘째, '코어 플러스(Core Plus) 투자'다. 코어 투자의 변형으로 보유 기간은 코어 자산보다 다소 짧은 5년에서 7년 정도다. 수익률은 다소 높은 9%에서 12%를 목표로 한다. 레버리지는 50%에서 60% 사이로 안정적인 임대 수익을 창출하는 안정화된 빌딩들이다. 임대료 수입 외 미래의 부동산 가치증대(Capital Appreciation)에 따른 수익도 함께 기대할 수 있다.

셋째, '밸류애디드(Value-added) 투자'다. 임대를 통한 현금 수입과 미래의 부동산 가치 증대의 균형을 통해 기회를 제공하는 투자다. 마케팅과 운영 관리, 임대 전략, 건물 리노베이션 등의 개선을 통해 수익률을 극대화할 수 있다. 보유 기간은 코어 플러스와 같은 5년에서 7년으로 수익률은 12%에서 18%를 목표로 하며, 레버리지는 60%에서 70% 수준이다. 많은 투자 경험과 전문지식을 갖춘 기관 투자자나 개인 투자자들이 다소 운영의 위험은 있지만 좀 더 높은 수익률 확보를 위해 최근 높은 관심을 보이고 있다.

---

79. 'BIS비율'이란 국제결제은행(Bank for International Settlement)이 국제 금융 시장에서 돈을 빌리고 투자하는 은행들이 지키도록 규정한 자기자본비율을 말한다. 자기자본을 대출, 외화자산 등이 포함된 위험가중자산으로 나눈 비율로 계산된다. 은행이 국제금융 시장에서 정상적으로 영업하려면 최소한 8%의 자기자본비율을 지켜야 한다(출처 : 네이버 지식백과).

넷째, '기회추구형(Opportunistic) 투자'다. 신규 부동산 개발을 포함해, 시장에 아직 소개되지 않은 혁신적인 새로운 상품의 개발이나 신규 신흥시장의 진입 등을 예로 들 수 있다. 위험 측면에서 가장 위험도가 큰 만큼 목표 수익률도 가장 높은 18% 이상으로 보통 5년 이내로 보유한다. 임대수입의 현금흐름은 좋지 않아 현재의 현금 수익보다는 리포지셔닝(Repositioning)을 통한 미래의 부동산 자산 가치 증대를 수익의 주 재원으로 본다. 레버리지는 70%에서 80%로 높은 편이다.

[자료 4.11] 부동산 투자 단계

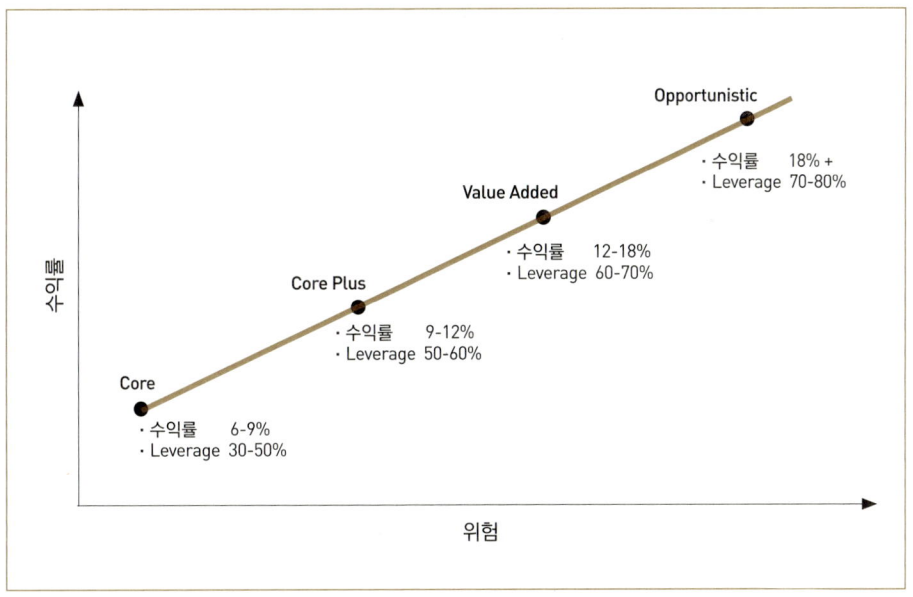

미국의 부동산 연구단체인 ULI에서 발간한 'Emerging Trends in Real Estate 2019 Survey'[80] 보고서를 보면 미국 내에서 'Opportunistic 투자'가 2018년에 이어 2019년에도 가장 투자 전망이 높을 것으로 전망됐다. 그다음으로 Value-added 투자, Development, Core 투자순으로 이어졌다. 이는 동일 기관에서 발간한 2013년 보고서에서부터 2017년까지 지난 5년 동안 Value-added 투자가 가장 선호도가 높았던 것과는 비교된다. 반면, 2012년 보고서에서는 'Opportunistic 투자'가 가장 전망이 높았고(Opportunistic 투자 → Value-added 투자 → Core-plus 투자 → Core 투자), 경제 회복기였던 2011년에는 'Core 투자'가 가장 전망이 높았다(Core 투자 → Core Plus 투자 → Value-added 투자 → Opportunistic 투자).

안정적인 경제 기반을 바탕으로 금리인하 등으로 경쟁이 치열해지면서 도심 내 ClassA 자산의 수익률이 점차 낮아지고 있다. 이에 경험 있는 기관 투자자들은 핵심 시장 내 Core 자산이 아닌 Opportunistic 투자나 Value-added 투자를 통해 수익률을 올리기 위해 적극 나서고 있다. 그러나 유로존을 포함한 세계 경제 회복에 대한 불확실성과 연기금들의 낮아진 기대 수익률로 여전히 Core 자산에 대한 관심은 높은 편이다.

그럼 지난 5년 사이 가장 투자 전망이 높은 Value-added 투자에 대해 좀 더 살펴보겠다. 먼저, Value-added 투자는 투자할 시장(지역)을 선정하는

---

80. 'Emerging Trends in Real Estate 2019 Survey'는 실제로 2018년 말에 조사한 내용으로 해마다 그해 전년 말에 설문조사한 내용을 기준으로 작성된 것이다.

것이 매우 중요하다. 최선의 투자 기회를 포착하기 위해서는 공급에 제한이 있고 높은 시장 진입장벽을 갖고 있는 시장을 선정할 필요가 있다. 특히 인구수와 고용에서 성장률을 보이고 다양한 경제 고용 창출을 기대할 수 있는 시장에 집중하는 것이 좋다. 시장을 선택했다면 이제는 개별적인 투자 대상을 물색해야 되는데, 중개인이나 부동산 소유주와의 긴밀한 관계를 통해 실제 건물이나 포트폴리오 형태로 매입한다. 임대료는 시장 내에서 낮은 수준으로 형성되어 있고 대체 원가(Replacement Cost) 이하로 리노베이션이 가능한 건물이 적절하다. 보통 'ClassC' 수준의 건물이 투자 대상이 된다. 또한, 기존의 소유주에게 문제가 있다거나, 대출이 과하게 높게 잡혀 있는 경우, 운영 상태가 부실했거나 개보수가 이루어지지 않은 경우 등도 투자 가능성이 높다. 다시 말해, 자산이 갖고 있는 어떤 문제점의 개선을 통해 자산 가치를 상승시킬 수 있는 기회가 있는 건물을 투자 대상으로 본다.

좀 더 실무적인 측면에서 보면, 리노베이션이나 운영의 개선을 통해 경쟁 시장 내에서 유사한 비교 상품 수준으로 건물의 수준을 향상시켜 임대료를 올리는 것이 목표다. 다만 여기서 중요한 비즈니스 전략은 임대료는 자산의 가치 상승만큼 높이되, 경쟁 시장 내 최고가 임대료보다는 다소 낮은 수준을 유지한다는 것이다. 이는 임차인들에게 높은 수준의 임대공간을 시장 내의 최고가 비교 상품 대비 낮은 임대료로 제공해줌으로써, 건물의 가치를 차별화해 경쟁력을 확보하는 전략이다.

[자료 4.12] 밸류애디드(Value-added) 비즈니스 전략

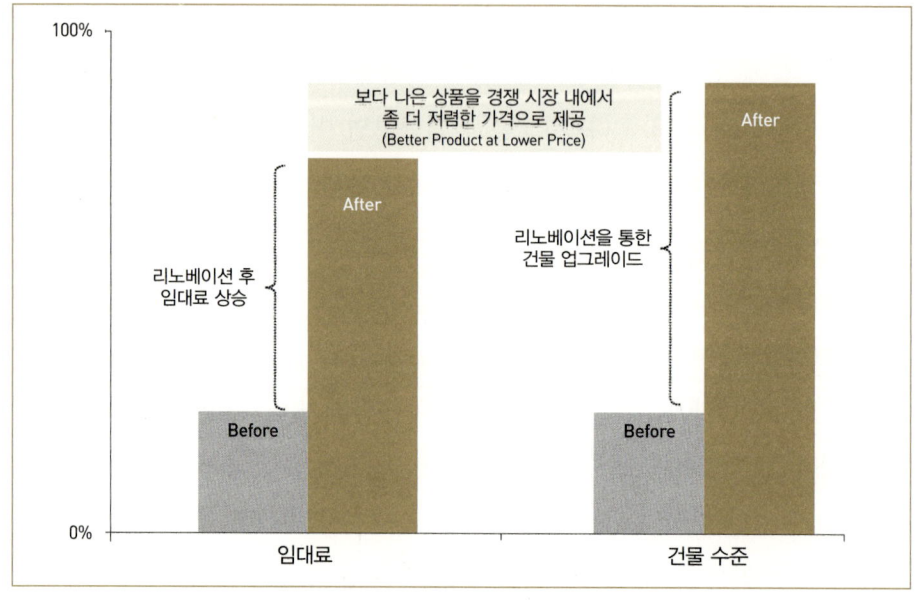

상업용 부동산의 임대 계약 방식

　임대료를 통해 수익을 창출하는 상업용 부동산에서 임대 계약 방식은 투자와 위험 관리 측면에서 매우 중요한 계약 조건이다. 우리나라에서는 다소 단순한 임대 방식이 통용되고 있으나, 점차 상업용 부동산이 보편화되고 경쟁 시장 내에서 수익을 극대화하기 위해서는 보다 정교한 임대 방식이 요구된다. 이는 부동산 자산 관리 측면에서도 변화되는 시장 환경 속에서 최적의 임대 계약 조건을 통해 수입과 지출의 위험을 관리하는 측면이 있다.

　일반적으로 임대 방식은 크게 세 가지로 분류할 수 있다.
　첫째, '풀 서비스 임대(Full Service Lease)' 방식이다. 'Gross Lease'라고 불리기도 하는데 이는 'Net Lease'와 대조된다. 보통 임대용 아파트나 오피스에서 많이 볼 수 있다. 건물주가 부동산세, 보험료,[81] 수도광열비(가스·전기·수

---

[81] 화재나 홍수, 지진과 같은 재난에 따른 부동산 파손에 대한 부동산손해보험(Real Property Insurance) 외 영업배상책임보험(Commercial General Liability)이나 개인손해보험(Personal Property Insurance) 등이 포함될 수 있다.

도료), 관리 수수료 등 건물의 유지관리와 관련된 모든 운영비용을 부담하고 임차인은 기본 임대료(Base Rent)만 부담한다. 따라서, 일반적으로 임대차 계약 시 시간의 경과에 따른 운영비용 상승을 고려해 기본 임대료에 대한 상승 조항을 둔다. 여기서 현명한 임차인이라면 합리적인 계약 체결을 위해 적절한 미래의 운영비용 상승에 대해 알 필요가 있다.

둘째, '수정된 총액 임대(Modified Gross Lease)' 방식이다. 다음에 소개할 'Net Lease'와 앞에서 살펴본 'Gross Lease'의 중간적인 임대 방식으로 기본 임대료에 보험료나 수도광열비 같은 몇 가지 운영비용이 포함된다. 따라서 임차인은 반드시 어떤 비용이 임대료에 포함되는지를 건물주와 확인하고 명확히 이해할 필요가 있다. 비용의 포함 범위는 시장 환경에 따라, 건물주와 임차인의 계약 협상에 따라 달라진다. 특히 임차인의 협상력이 높은 노후한 건물에서 'Net Lease'의 양보된 개념으로 보편적으로 활용되고 있다. Modified Gross Lease의 또 다른 형태로 '비용 스톱(Expense Stop)' 임대 방식이 있다. 이는 건물주가 운영비용 중 일정 금액만큼만 부담하고 그 이상 초과된 비용에 대해서는 임차인이 부담하는 방식으로 임대차 계약 협상을 통해 그 금액이 정해진다.

셋째, '순임대(Net Lease)' 방식이다. 'Pass-Through Lease' 또는 'Triple Net Lease(NNN)'라고도 불린다. 보통 리테일의 임대 계약에서 많이 찾아볼 수 있다. 임대면적에 비례해서 부동산세, 보험료, 공용관리비를 임차인이 부담하는 방식으로 이는 다시 세 가지 방식으로 세분화된다. 기본 임대료 외 부동산세만 내는 경우는 'Single Net Lease(Net)'라고 하며, 부동산세와 함께 보험료를 내는 경우는 'Double Net Lease(Net-Net)'라고 한다. 마지막으로, 부동산세와 보험료, 공용관리비 모두를 내는 경우는 'Triple Net Lease(Net-Net-Net)'라고 한다. 모든 'Net Lease' 방식에서 임차인들은 각각 자신들의 임대 공간에서 사용한 수도, 가스, 전기료를 해당 공급자에게 직접 지급한다. 따라서 건물주는 건물의 유지·관리에 대해 관여할 필요가 없으며, 건물 운영과 관련된 비용도 보통 발생하지 않는다.

여기서 공용관리비(CAM, Common Area Maintenance)에 대해 좀 더 살펴보면, 공용 공간은 보통 특정 임차인에게 독점 사용권이 주어지지 않는 영역을 말한다. 주차장이나 지붕, 복도, 입구 등을 광범위하게 포괄한다. 이에 대한 유지, 보수, 운영에 들어가는 비용을 앞에서 살펴본 임대 방식에 따라 임차인 또는 건물주가 부담하게 된다. 임대 공간에 대한 수도, 전기, 가스 사용료 등을 해당 공급업체에 직접 부과하지 않는 경우에는 수도광열비도 이에 포함된다. 보통은 쓰레기 처리, 제설 비용, 잔디 및 조경 관리, 외부 조명, 청소 인력 인건비 등을 포함한다.

반면, 건물의 가치 증대를 위한 자본적 지출(CAPEX, Capital Expenditure)은 포함하지 않는다. 예를 들어, 주차장 보수나 외벽 보수와 청소, 공용 인테리어 보수와 청소, 부동산 관리 수수료 등의 비용은 포함하지 않는다. 그러나 몇몇 건물주는 공용관리비(CAM) 조항을 통해 해당 부동산에서 발생하는 모든 비용을 임차인에게 전가시키기도 하므로, 추후 분쟁의 소지를 없애기 위해서는 임대차 계약 시 임차인의 명확한 확인과 이해가 필요하다.

그럼 이제 Chapter 02에서 살펴본 투자 분석 기법을 활용해 임대 계약 방식별 투자 수익의 차이를 숫자적인 사례를 들어 살펴보겠다.

실전 사례

A라는 투자자가 10,000평방피트(ft^2)의 오피스 건물을 매입하면서 가망 임차인과 새로운 임대차 계약을 맺고자 한다. 각각의 임대 방식에 대해 다음의 가정을 갖는다면 $3,800,000의 예상 매입가를 고려할 때, 어떤 임대 방식이 A라는 투자자에게 가장 유리할까?

[가정]
- 매입 시 자본환원율(Going-in Cap Rate) : 6%
- 예상 공실률과 수금손실(Vacancy & Collection Loss) : 5%
- 운영비용(Operating Expenses) : $114,000
- 관리수수료(Management Fee) : $9,000
- 임대방식별 가정

A. Full Service Gross Lease : 평방피트당 월 기본임대료 $3.00($3.00 / ft^2)
B. Net Lease : 평방피트당 월 기본임대료 $2.10($2.10 / ft^2)
   임차인이 관리수수료를 제외하고 모든 운영비용 부담
C. Modified Gross Lease : 평방피트당 월 기본임대료 $2.20($2.20 / ft^2)
   건물주가 평방피트당 연 $2.40까지 비용 부담(Expense Stop : $2.40 / ft^2)

[풀이]

(단위 : $)

구분	대안 A (GrossLease)	대안 B (NetLease)	대안 C (Modified Gross Lease)
요구 매각가격 (a)	3,800,000	3,800,000	3,800,000
수입(REVENUE)			
가능총소득(PGI) (①)	360,000 (=10,000×3.0×12)	252,000 (=10,000×2.1×12)	264,000 (=10,000×2.2×12)
공실&수금손실 (②)	18,000 (=360,000×5%)	12,600 (=252,000×5%)	13,200 (=264,000×5%)
유효총소득(EGI) (③ = ① - ②)	342,000	239,400	250,800
운영비용(OpEx) (④)	114,000	114,000	114,000
운영비 환불 (⑤)	– (환불 없음)	105,000 (=114,000-9,000)	90,000 [=114,000-(10,000×2.4)]
순운영수익(NOI) (b = ③ - ④ + ⑤)	228,000	230,400	226,800
가격(VALUE)			
계산된 자본환원율 (=b/a)	6.00%	6.06%	5.97%
부동산 가치 (@6% cap rate) (c)	3,800,000 (=228,000 / 6%)	3,840,000 (=230,400 / 6%)	3,780,000 (=226,800 / 6%)
차이 (= c - a)	0	+40,000	-20,000
최적의 임대 방식		BEST	WORST

따라서 앞의 사례에서는 '순임대(Net Lease)' 방식으로 가망 임차인과 계약을 맺는 것이 투자자에게 유리하다 하겠다.

📎 **Tip**

2008년 글로벌 금융위기의 이해

미국 역사상 다섯 번의 대규모 구제금융을 꼽을 수 있는데, 첫 번째가 1929년의 대공황이며, 그다음으로 1989년 약 2,933억 달러가 투입된 저축은행 사태(Savings and Loan Crisis)다. 그런데 놀라운 사실은 그 이후 세 번의 구제금융이 모두 2008년 한 해 동안 이루어졌다는 것이다. 이 시기 동안 미국의 국채는 2007년 5,000억 달러 대비 두 배로 커졌다. 2013년을 제외하고 2008년 약 1조 달러로 국채 규모가 커진 이후로 현재까지 1조 달러대를 유지하고 있다.

2008년 동안 세 번의 구제금융은 2008년 4월 JP 모건(JP Morgan Chase)을 통해 베어 스턴스(Bear Stearns)에 투입된 290억 달러와 2008년 9월 프레디 맥(Freddie Mac)과 패니 매(Fannie Mae)의 구제를 위한 2,000억 달러가 있다. 마지막으로 2008년 9월 AIG(American International Group)의 우선주 약 80%를 매입하면서 투입된 850억 달러까지 2008년 한 해에 약 3,140억 달러가 기업회생을 위한 구제금융으로 투입되었다. 여기에 부실자산 구제금융 프로그램(TARP, Troubled Asset Relief Program)을 통해 월스트리트에 지급된 1조 2,000억 달러는 포함되지 않았다.

레이건 대통령 시절 이전 30년간의 금융 규제가 완화되기 시작하면서 1999년 11월에 그램 리치 블라일리법(Gramm-Leach-Bliley Act)을 통해 그동안 상업은행과 투자은행의 업무를 분리했던 글라스 스티걸법(Glass-Steagall Act)[82]을 폐지했다. 이는 규제 없는 자유시장주의를 표방하면서 2008년 금융위기의 시발점이 되었다. 2011년 4월에 발표된 '월스트리트와 금융위기(Wall Street And The Financial Crisis)'라는 국회 보고서는 금융위기의 원인을 다각도로 분석하고 있다. 결론적으로 금융위기는 자연재앙이 아니며, 고위험과 복잡한 금융상품, 이해관계들의 충돌에서 빚어진 정부 규제당국과 신용평가회사, 더 나아가 월스트리트 시장 자체에 기인한 실패라고 분석했다. 이를 크게 네 가지의 카테고리로 나누어 분류했다.

---

82. 1933년 루즈벨트 대통령 시절 대공황의 원인을 상업은행들이 고객의 예금을 증권과 같은 투기용도로 사용했기 때문이라고 보면서 주식 투자를 규제하게 된 법이다. 클린턴 행정부에 대한 월스트리트 상업은행들의 정치적인 로비력으로 폐지되었다.

1. 고위험 대출(High Risk Mortgage Lending)
2. 규제의 실패(Regulatory Failure)
3. 부풀어진 신용평가(Inflated Credit Ratings)
4. 투자은행의 남용(Investment Bank Abuses)

2008년 글로벌 금융위기와 관련된 책들이 많이 출간되고 있지만, 영화를 통해 그 당시의 긴박했던 상황들과 원인들에 대해 좀 더 생생하게 이해해보길 바라며 다음의 세 영화를 추천한다. 이 외에도 2015년에 제작된 영화 '빅쇼트(The Big Short)'도 추천한다.

Inside Job

'Too Big To Fail'과 'Margin Call'에 영향을 준 작품으로 사실주의적인 냉철한 시각과 비판의식을 강하게 보여주는 다큐멘터리 영화다. 2010년 10월에 개봉되었으며 총 5부(1부 How We Got Here, 2부 The Bubble, 3부 The Crisis, 4부 Accountability, 5부 Where We Are Now)로 구성되어 있다.

찰스 퍼거슨(Charles Ferguson)이 감독하고 맷 데이먼(Matt Damon)이 내레이션을 맡았다. 실존 인물들과의 인터뷰를 중심으로 날카로운 시각으로 금융위기의 원인과 책임을 파헤쳤다. 2011년 아카데미 영화제 다큐멘터리 작품상을 비롯한 다수의 상을 수상하기도 했다.

Too Big To Fail

'대마불사'라는 뜻은 바둑에서 사용하는 표현으로 바둑돌이 많이 모여 크게 연결되어 있으면 상대방이 잡기 힘들다는 뜻이다. 이와 같이 큰 회사가 무너지는 것을 정부가 방치하지 않는다는 뜻으로 쓰인다.[83]

뉴욕타임즈의 앤드류 로스 소킨(Andrew Ross Sorkin)의 동명의 책 《Too Big To Fail : The Inside Story》을 영화화한 다큐멘터리 형식의 상업영화로 2008년 금융위기를 가장 잘 보여주는 영화라고 하겠다. 커티스 핸슨(Curtis Hanson)이 감독했으며, 영화전문채널 HBO에서 2011년 5월에 방영되었다. 2008년부터 2010년까지의 미국 재무부와 증권 시장의 생생한 상황을 영화 속 전문가적인 용어 설명과 함께 흥미롭게 엿볼 수 있다.

Margin Call

미국에서는 2011년 7월에 개봉했고, 한국에서는 2013년 1월에 개봉한 상업영화로 제이씨 챈더(J.C.Chandor)가 감독을 맡았다. 감독의 인터뷰를 보면, 영화에서 부동산 투자 관련 전문용어가 많이 나오는데 이는 메릴린치(Merrill Lynch)에서 실제로 근무했던 감독의 아버지의 도움이 있었다고 한다. 또한 영화는 단순히 2008년 글로벌 위기만을 배경으로 하지 않으며, 역사적 금융위기들의 한 시점일 수 있다고 했다.

흥미로운 점은, 제레미 아이언스(Jeremy Irons)가 맡은 회장님의 캐릭터가 메릴린치의 존 테인(John Thain)과 리만 브라더스의 딕 풀드(Dick Fuld)의 실제 모습을 닮았다는 것이다. 또한 영화 속 실제 기업의 모델은 2008년 금융위기 당시에도 미리 자산을 매각해 위기를 넘긴 골드만삭스(그 당시 별명이 'Vampire Squid'였다고 함)가 오히려 더 가깝다는 얘기가 있다.

---

83. 출처 : 《2008 글로벌 금융위기》, 최혁, 2009

PART 05 | 해외 부동산 개발

"Successful development depends on bringing the adequate real estate product
to the market at the right time at the right price."
- Thomas Wolfgang Wiegelmann

"성공적인 부동산 개발은 알맞은 시기에,
알맞은 가격으로 적절한 상품을 시장에 내놓는 것에 달려있다."
– 토마스 보프강 비겔만

흔히들 부동산 개발은 알면서도 위험을 감수하는 것이라고 한다. 그만큼 부동산 개발은 부동산 투자보다 미래의 불확실성에 대해 수요를 예측하고 트렌드를 읽는 통찰력과 판단력이 필요하다.

이 파트에서는 해외 부동산 개발의 전반적인 개론 및 해외 부동산 시장에서 최근 투자나 개발 측면에서 높은 관심을 보이고 있는 부동산 상품들에 대해 소개하겠다. 이미 국내에도 알려져 있으나 아직 성장의 잠재성이 높은 상품들도 있을 것이며, 거시경제 지표상 시장 내 성장의 한계가 있는 상품도 있을 수 있다. 블루오션을 찾아 미래의 신사업을 고민하는 부동산 개발자나 투자자들에게 작은 아이디어를 줄 수 있길 바란다.

Chapter 01

부동산 개발도
가치 증대를 위한 투자다

GLOBAL REAL ESTATE

❙ 부동산 개발의 이해 ❙

   부동산을 개발한다는 것은 단순한 금전적인 투자를 넘어서 사용자인 테넌트들의 요구 사항이나 법규적인 용도제한, 프로젝트 관리(PM) 등에 대한 깊은 이해를 갖춘 포괄적인 전문성을 요구한다. 즉, 부동산 개발은 건물의 사용자와 투자자(또는 소유주) 모두를 만족시킬 수 있어야 한다. 사용자 입장에서 부동산의 가치는 건물의 용도나 임대료, 건물 관리의 서비스 수준에서 판단될 것이다. 반면 투자자는 수익률 측면에서 부동산의 가치와 유동성에 초점을 둘 것이다. 또한 부동산 개발의 목적은 토지나 건물에 내재되어 있는 미래의 현금흐름을 증가시켜 부동산의 가치를 높이는 것이다. 다시 말해, 부동산 개발 과정을 통해 창출되는 자본 가치 상승(임대료를 통한 현금흐름과 자산 가치의 상승)을 극대화하는 것이다. 여기서 부동산 개발의 수익률을 극대화하기 위해 프로젝트의 개발 기간 동안 단계별 위험관리 전략이 필요하다. 위험을 최소화하는 개발사업의 구도로 선호되는 방식이 PART 3에서 살펴본 '고객맞춤형(BTS)' 개발이다.

[자료 5.1] 부동산 시장의 이해관계자

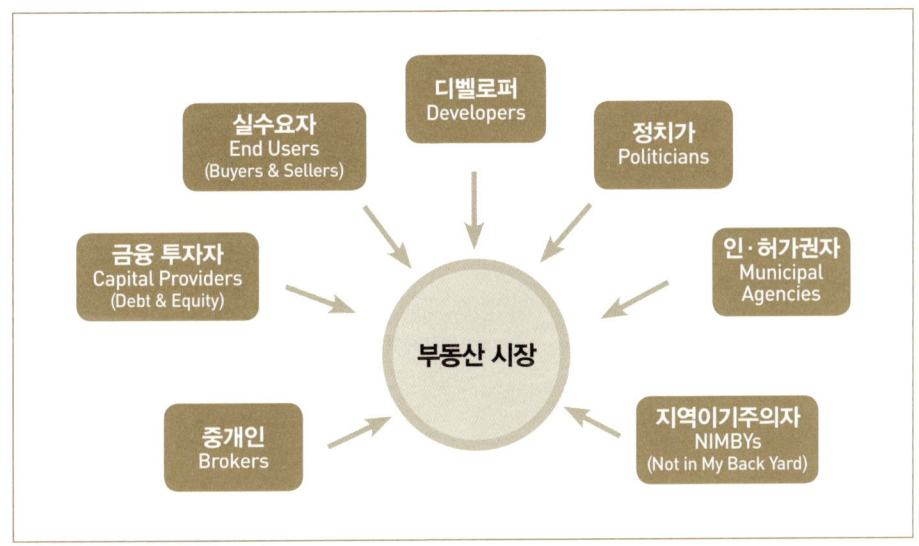

　부동산 개발 과정에는 여러 이해관계자들의 조율과 협력이 필요하다. [자료 5.1]에서 볼 수 있듯이 부동산 개발은 단순히 개인 또는 기업의 영역을 넘어서 인·허가권자나 정치가, 지역이기주의자[때로는 핌피(PIMFY, Please In My Front Yard)]와 같은 공적인 영역과의 협의가 중요하다. 북미나 유럽처럼 부동산 시장이 성숙한 국가들은 세금 정책이나 임대료 규제, 도시개발 계획 등을 통해 토지를 포함한 부동산 시장에 큰 영향을 미치고 있다. 반면 아시아의 개발도상국과 같은 미성숙한 시장에서는 부동산의 매각자나 매입자, 임대인이나 임차인이 시장에서 충분한 정보를 얻는 데 한계가 있다. 이처럼 시장이 갖고 있는 특수성으로 인해 여러 이해관계자들의 역할이나 영향은 각각 달라질 수 있으나, 부동산 개발을 이끄는 디벨로퍼의 리더쉽은 어느 경우에나 중요하다.

부동산 개발 과정은 크게 '매입(Acquisition)-건설(Production)-처분(Disposal)'의 세 단계로 구분 할 수 있다. 이를 좀 더 세분화해 단계별 주요 이슈들을 정리해보면 다음의 [자료 5.2]와 같다.

[자료 5.2] 부동산 개발 프로세스

입지의 중요성을 강조하는 부동산 시장에서의 유명한 명언이 있다. 바로 'Location, Location, Location(3L's)'이다. 몇 십년 전만 해도 입지만 좋으면 프로젝트의 성공은 따라오는 것이라고 많은 디벨로퍼들이 믿었다. 실제로 지금도 여전히 입지 선정은 프로젝트 성공의 중요한 핵심이다. 그러나 부동

산 시장의 과잉공급과 치열한 경쟁으로 이제 입지 자체는 부동산 개발 사업의 여러 성공 요인 중의 하나일 뿐이다. 기대하는 임대료를 받쳐줄 수 있는 경제적, 인구통계학적 지표나 경쟁 상품의 차별화된 특성, 법규적인 이슈들, 사회문화적인 트렌드 등이 함께 고려되어야 한다. 그리고 무엇보다 경쟁 시장의 특성을 이해하고 적절한 자본조달 방법을 마련하는 것이 매우 중요하다.

인·허가 절차와 단계, 공사비 수준들은 국가마다, 지역마다, 용도마다, 상품 수준마다 차이가 크기 때문에 일반화된 기준을 제시하기에는 어려움이 있다. 이 책에서는 288페이지(Tip)에 주요 관심 국가들의 용도별, 상품 수준별 공사비 수준을 참고로 제시했다.

스티븐 코비(Steven Covey) 박사가 《성공하는 사람들의 7가지 습관》이란 책에서 '끝을 염두에 두고 시작하라(Start with the end in mind)'고 한 것처럼 부동산 개발과 투자는 항상 매각을 염두에 두고 시작해야 한다. 즉, 초기 사업성 검토 시 계획한 부동산의 보유 기간과 목표 수익률(IRR)에 맞추어 자산 가치가 극대화될 수 있도록 순운영수익(NOI)을 관리한 후 적절한 시기에 매각을 통해 수익을 극대화해야 한다. 여기서 매각전 안정화 시기가 중요한데, 일반적으로 안정화가 된 단계란 임대료나 운영비에 큰 변화가 없고 공실률도 인플레이션과는 별개로 큰 변화 없이 일정 수준을 유지하는 시기를 말한다. 보통 주택의 경우는 임대 마케팅을 시작하기 3개월 전에 마케팅 및 홍보 계획을 완료한 후 1년 이내(월별로 약 25~35세대) 임대 완료를 목표로 한다. 호텔은 오픈 후 2년에서 3년 이내 안정화를 목표로 한다.

프로젝트 파이낸스(PF)

프로젝트 파이낸스(Project Finance)는 부동산 개발 사업에서 프로젝트의 현금흐름을 대출금 상환의 주된 재원으로 하는 대출 방식을 말한다. 실물의 부동산 자산 외에 수입 창출이 가능한 모든 자산(예를 들어, 지상권이나 임차권과 같은 계약상의 권리나 금융이자 등을 모두 포함한 총자산)을 증권이나 담보로 해서 조달하는 방식이다.

프로젝트 파이낸스는 PART 04에서 살펴본 것처럼 원칙적으로는 대출자가 채무불이행 상태가 되어도 부동산 담보에 한해서만 회수가 가능한 비소구금융(Non-recourse)이다. 따라서, 민간 사기업들이 그들의 대차대조표와는 별개로 주요 프로젝트에 대해 자본 조달이 가능하다는 점에서 선호된다. 프로젝트 파이낸스는 그리스나 로마의 상인들이 해상 무역의 내재된 위험을 분산시키기 위한 금융기법에서 유래됐다. 해상 무역을 위해 자본이 필요했던 상인들은 대출계약서를 작성한 후 바다에서 돌아오면 물건을 팔아서 벌어들인 현금으로 차입금을 상환했다.

프로젝트 파이낸스의 대표적인 모델 중의 하나가 1992년부터 영국에서 시작된 '민간투자개발사업(PFI, Private Finance Initiative)'이다. 주로 학교나 병원, 감옥, 도로 등 다양한 인프라 시설을 개발하는 데 활용된다. 미국에서 시작된 '민관협력사업(PPP, Public Private Partnership)'은 민간투자개발사업(PFI)의 변형된 형태로 거의 유사하다. 장기적으로 정부와 사기업 간의 협력 관계를 통해 공공시설의 운영 관리는 정부의 책임하에 두되, 100% 자본 출자를 통해 민간에게 사업의 시행을 위탁하고 투자금을 회수하는 방식이다. 2008년 글로벌 금융위기 이후 아시아퍼시픽 국가들의 도시화가 빠르게 진행되면서 인프라 시설 확보를 위한 자본조달 방법으로 이들 국가들은 적극적으로 해외 투자 자본을 유치하고 있다. [자료 5.3]에서 볼 수 있듯이 전 세계 프로젝트 파이낸스(PF) 시장의 약 50%를 아시아퍼시픽 지역이 차지할 정도로 대규모 투자가 이루어지고 있다.

[자료 5.3] 지역별 프로젝트 파이낸스 거래량

	2010		2007	
	US$M	%	US$M	%
Asia Pacific	98,708.30	47.42%	44,842.30	20.38%
EMEA	83,931.20	40.32%	130,667.30	59.40%
Americas	25,534.50	12.27%	44,476.30	20.22%
Global Total	208,173.90	100.00%	219,985.90	100.00%

출처 : Project Finance, David Gardner & James Wright, 2014

일반적으로 대출자는 각각의 프로젝트를 위해 특수목적회사(SPV, Special Purpose Vehicle)를 설립해 법적으로나 재무적으로 독립된 회사를 통해 프로젝트를 수행한다. 이 경우 특수목적회사는 해당 프로젝트 자산 외에는 다른 자산은 소유하지 않는다. 대출 심사과정에서 대출기관은 프로젝트의 사업성, 공정별 공사비, 부동산 시장 상황, 디벨로퍼의 역량, 대출과 관련된 리스크 등을 평가한다. 이를 위해 보통 대출자의 세무 신고서나 재무제표, 대출금의 사용 용도, 공사비 견적서, 전체 사업계획서 등을 요구한다. 이미 준공이 되어 운영 실적을 갖고 있는 부동산 투자에 대한 대출은 과거의 임대료나 공실률 변화와 같은 보다 실증적인 자료에 기반해 객관적인 자산 가치 평가가

[자료 5.4] 프로젝트 파이낸스(PF)의 구조

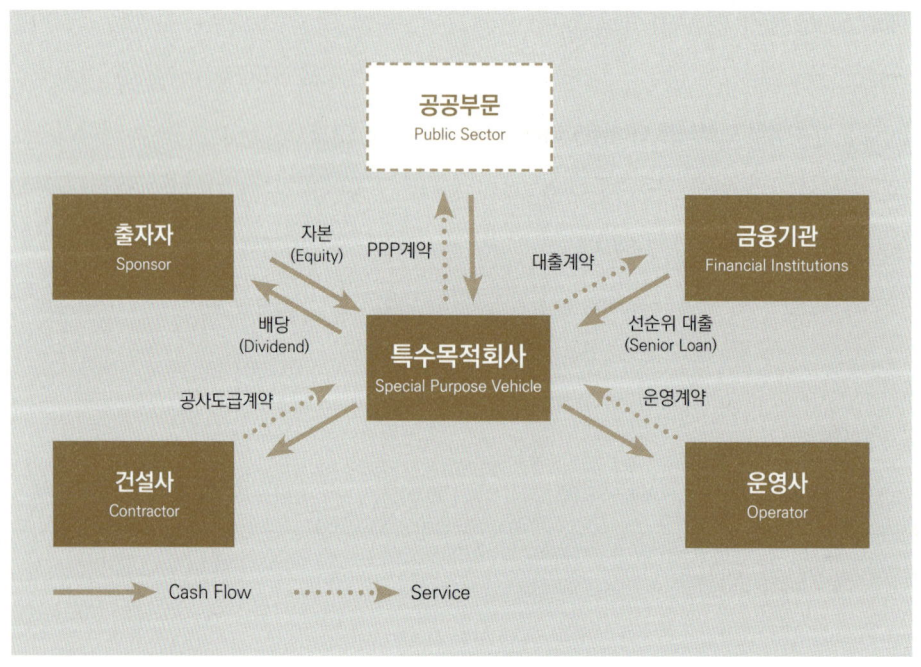

가능하다. 반면 부동산 개발은 제시된 사업성에만 근거할 수밖에 없기 때문에 대출에 따른 위험을 최소화하기 위해 대출금액이 크거나 위험이 크다고 판단될 경우, 대출자에게 개인보증을 통한 제한적인 소구금융을 요구하기도 한다. 대출이 실행된 후 프로젝트를 통한 운영수익은 운영비용과 원리금을 상환하는 데 우선적으로 할애된다.

2008년 금융위기 이후 금융권의 대출 기준이 강화되면서 프로젝트 파이낸싱(PF) 방법 중 프로젝트 채권(Project Bond)을 통한 자본조달이 중요해지고 있다. 프로젝트 채권은 1990년대 초 북아메리카와 개발도상국의 장기간 인프라 공사의 자본조달 방법으로 시작되었다. 프로젝트 채권은 신용보강을 통해 기관 투자자들이 대규모 인프라 사업이나 부동산 개발 사업에 참여할 수 있는 기회를 제공한다. 금융기관 대출과는 달리 채권 발행을 위해 전문 신용평가회사에 채권 가치를 평가받으며 신용평가회사는 최소 부채상환계수(DSCR)와 같은 평가 기준을 제시한다. 주로 대규모의 장기간 운영사업 프로젝트에서 선호되는데 절차도 복잡하고 리파이낸싱 비용도 비싸지만, 고정 이자율에 대규모 자본 조달이 가능해 금융위기 이후 선호되고 있다.

해외 건설 계약의 유형 및 특징

해외 건설 시장의 계약 방법은 크게 다섯 가지로 구분할 수 있다.

첫째, '총액계약(Lump Sum Contract)' 방식으로 'Fixed-price Contract' 또는 'Stipulated Sum'이라고 불린다. 건설사와 발주처 간의 가장 기본적인 계약 형태로 건설과 관련된 모든 위험을 건설사가 부담하는 구조로 디자인이나 계약 관련 관리비용을 줄일 수 있다. 건설사는 미래의 예측불가한 변동성에 대한 예비비를 확보하기 위해 보통 상대적으로 높은 시공비를 요청한다. 인건비와 재료비의 실제 시공비가 견적가보다 높은 경우 건설사의 이익은 줄어들게 되며, 반대로 실제 시공비가 낮은 경우는 좀 더 많은 이익을 남기게 된다. 이때 어느 경우라 하더라도 발주처가 부담하는 시공비는 같다. 프로젝트의 용역범위가 명확하고 완료된 설계 도면

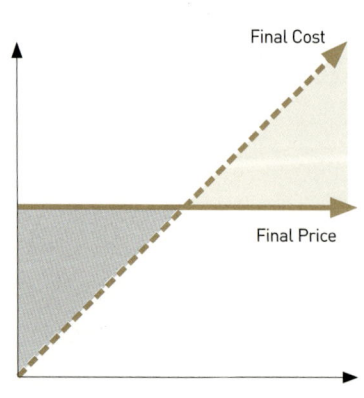

과 공사 일정이 제시되어 건설사가 시공비를 명확히 예측할 수 있는 프로젝트나 소규모 건설사업에 적합하다. 총액계약 방식에서는 발주처의 위험도가 낮고 시공 일정이나 자재에 대한 관리감독 부담이 상대적으로 낮다. 공사가 좀 더 빠르게 진행되며 입찰과정이 좀 더 용이하다는 점에서 발주처에게 유리한 부분들이 많다.

둘째, '실비정산계약(Cost-Plus Contract)' 방식으로 'Cost Reimbursement Contract'라고도 불린다. 발주처가 인건비와 재료비에 대한 전체 비용을 부담하고 그 외 별도로 건설사의 간접비(Overhead)와 이익을 보장해주는 계약 방식이다. 이러한 계약 방식은 건설의 업무 범위가 불명확하거나 모

호한 경우 또는 인건비나 재료비 등에 불확실성이 큰 경우 선호된다. 각각의 비용들은 세분화되어 명기하되, 직접비와 간접비로 분류한다. 보통 건설사의 이익은 정해진 금액으로 확정되며, 총액계약과는 달리 실제 시공비가 견적가보다 높은 경우, 발주처가 추가적인 비용을 부담하게 된다. 따라서, 총액계약과는 달리 공사비 증가에 따른 위험부담을 발주처가 지게 된다. 실비정산 계약 방식은 다시 세 가지 타입으로 세분화할 수 있다. 건설사 이익이 공사비의 비율에 기초하는 'Cost-plus Fixed Percentage Contract'와 최종적인 총공사비와는 별개로 정해진 금액으로 산정하는 'Cost-plus Fixed Fee Contract'다. 마지막으로 총공사비가 어느 금액 이상 초과할 수 없다는 조건 하에 정해진 금액으로 산정하는 'Cost-plus Fixed Fee with Guaranteed

Maximum Price Contract'가 있다.

셋째, '최대공사비보장계약(GMP, Guaranteed Maximum Price Contract)' 방식으로 'Not-To-Exceed Price(NTE)' 계약으로 불리기도 한다. 건설사가 실제 공사비 외에 발주처의 추가적인 용역 변경으로 인한 증가나 오류가 아닌 경우 공사비 증가분에 대해 건설사가 부담을 한다. 공사비 절감에 따른 이익이 건설사에게 돌아가는 총액계약과는 달리, 최대공사비보장계약(GMP)에서는 공사비 절감이 발주처의 추가적인 이익으로 남게 된다. 경우에 따라서는 이러한 공사비 절감 금액을 발주처와 건설사가 공사비를 절감한 보상금으로 협의를 통해 분배하기도 한다.

넷째, '설계시공일괄계약(Design-Build Contract)' 방식이다. 앞에서 살펴본 세 가지 계약 방식은 발주처가 설계사를 고용해 설계도서를 완료한 후 입찰을 통해 건설사를 선정하는 '설계 후 입찰방식(Design-Bid-Build System)'을 바탕으로 한다. 그러나 설계시공일괄방식에서는 건설사가 설계와 관련된 모든 엔지니어링 회사들을 고용해 설계도서를 완성시킨다. 발주처는 설계 디자인을 승인하거나 수정을 요구할 수 있는 권리를 여전히 갖지만 더 이상 설계사를 관리하거나 건설사와 설계사 간의 불협화음을 조율할 책임은 없다.

다섯째, '통합적 프로젝트 수행(IPD, Integrated Project Delivery)' 계약 방식이다. 통합적 프로젝트 수행 방식(IPD)은 좀 더 협력적인 접근 방식을 선호하는 최근 건설업계의 트렌드를 반영한다. 발주처와 설계사, 시공사, 전략적 투자자 등 프로젝트에 관련된 모든 이해관계자들이 가능한 초반에 계약 당사자로 참여한다.

이러한 독특한 계약 구조로 인해 계약 당사자인 프로젝트 관계자들 간에 투명성이 높아지고, 위험과 보상도 함께 나누게 된다. 따라서 다른 계약 방식들에 비해 인력 구성이나 관계사 간의 협의 절차나 전문성에서 높은 수준의 통합을 이룰 수 있고 설계부터 자금 조달이나 건설 등 모든 단계에서 효율성을 극대화할 수 있다.

📎 Tip

주요 국가별 건설 공사비

터너앤타운센드(Turner&Townsend)에서 발표한 '2013년 세계 공사비 조사(A Brighter Outlook International Construction Cost Survey 2013)' 보고서의 주요 관심 국가들의 부동산 유형별 공사비를 표로 정리해보면 다음과 같다. 각 국가별 경제 상황이나 부동산 건설 시장의 변화에 따라 공사비 수준이나 가격 상승률은 다양하나, 부동산 유형별 상대적인 공사비 차이를 비교해볼 수 있다.

	KOREA USD/㎡ 환율1,144기준	US USD/㎡	UK USD/㎡ 환율0.65기준	JAPAN USD/㎡ 환율97.90기준	CHINA USD/㎡ 환율6.13기준	INDIA USD/㎡ 환율58.00기준
Residential						
Individual detached house - medium standard	1,063	1,520	1,646	2,058	741	590
Individual detached house - prestige	1,572	1,840	2,354	2,409	855	737
Townhouse - medium standard	1,257	1,380	1,938	1,907	670	491
Apartments - private density	1,017	1,630	2,908	1,934	543	393
Apartments - high - rise medium	1,294	2,140	3,708	2,901	750	884
Aged care/affordable units	1,110	1,580	2,938	1,683	442	354
Commercial						
Offices - businees park	1,017	1,920	2,231	2,354	765	590
CBD offices up to 20 floors - medium(A-grade)	1,248	2,180	3,231	2,722	1,215	688
CBD offices - high - rise prestige	1,572	2,570	4,308	3,103	1,517	747
Industrial						
Warehouse/factory unit - basic	832	880	1,292	1,578	421	507
Large warehouse distribution center	647	1,160	1,446	2,124	498	641
High - factory/laboratory	2,404	1,820	2,415	4,648	958	766
Retail						
Lare shopping center including mall	1,571	200	3,923	3,105	1,008	747
Neighborhood including supermarket	878	1,400	3,154	3,763	688	511
Prestige car showroom	1,729	2,600	3,692	4,954	595	344
Hotel						
Three - star travellers	1,387	1,610	2,092	3,565	943	747
Five - star luxury	2,959	2,650	4,031	5,346	2,447	1,474
Resort style	1,898	2,350	3,538	2,957	1,427	943

Chapter 02

해외 부동산 개발의 트렌드를 포착하자

GLOBAL REAL ESTATE

｜ 틈새 시장에 대한 전망 ｜

'틈새 시장(Niche Market)'[84]은 아직 존재하지 않지만 충분히 충족되지 못한 수요들을 찾아내어 그런 니즈들을 만족시킬 만한 상품이나 서비스를 제공함으로써 창조해낼 수 있는 시장을 말한다. 특정한 시장의 니즈를 만족시키는 상품의 특징과 가격의 범위, 타깃 고객 등을 통해 틈새 시장을 규정할 수 있다.

부동산에서도 틈새 상품은 가망 구매자가 찾는 부동산의 특정화된 유형에서 찾아볼 수 있다. 이 책에서 자주 언급되는 부동산 연구단체인 ULI에서 발행한 '부동산의 최근 트렌드(Emerging Trends in Real Estate)' 보고서를 보면, 2020년 북미 지역의 부동산 틈새 상품에 대한 투자와 개발 전망에서 데

---

84. 원래 니치(Niche)란 적소, 특정 분야, 특정 활동범위를 나타내는 말로 니치 시장은 곧 적소(틈새) 시장, 특정 분야의 소규모 시장을 의미한다. 마케팅적 시각에서 니치 시장은 시장 점유율이 낮은 기업이나 후발 기업이 기존 시장에의 직접적 진출을 피하면서 아직 선점되지 않은 분야를 공략해 자신의 입지를 넓혀가는 전략을 가지고 있을 때 선택된다(출처 : 네이버 지식백과).

이터 센터에 대한 선호도가 가장 높게 나타났다. 이는 지난 2015년에서 2019년까지 5년간 도심 내 복합개발 건물에 대한 전망이 높았던 것과 비교된다. 반면 인프라 투자나 셀프 스토리지 시설에 대한 전망은 여전히 높았다. 유럽에서도 인구 성장과 도시화, 고령화 등의 사회 변화로 이와 관련된 시니어 하우징이나 학생 주거, 헬스케어 센터와 같은 부동산 상품에 대한 전망이 높으며 코어(Core) 투자 자산의 수익률 저하로 다른 틈새 시장에 대한 관심이 높아지고 있다.

[자료 5.4] 2020년 미국 부동산 틈새 상품에 대한 투자/개발 전망

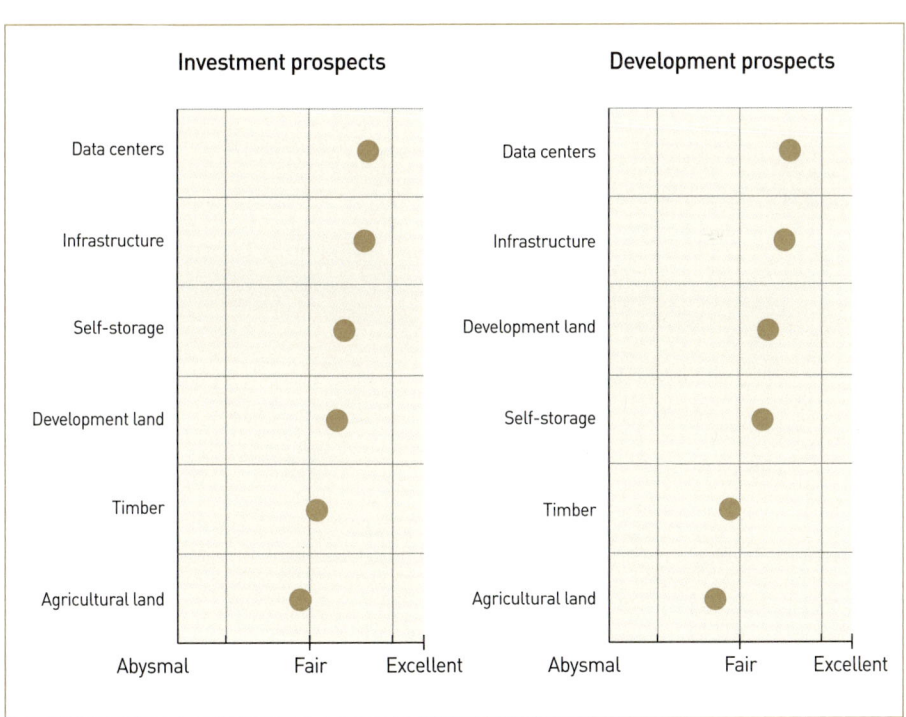

출처 : Emerging Trends in Real Estate, ULI, 2019

아시아퍼시픽 시장에서도 도시화와 고령화 등의 영향으로 레저나 엔터테인먼트, 헬스케어와 관련된 부동산이나 은퇴 주거, 학생 주거와 같은 틈새 시장에 대한 관심이 커지고 있다. 다만, 아직은 제한적인 소규모 투자 시장 규모로 장기적인 관점에서 접근할 필요는 있다.

이 장에서는 최근 미국을 포함한 유럽과 아시아퍼시픽에서 주목받고 있는 대중교통중심개발(TOD), 학생 주거(Student Housing), 셀프 스토리지(Self-Storage) 세 가지의 부동산 틈새 상품에 대한 트렌드를 살펴보겠다. 지금은 이러한 부동산 유형들이 틈새 상품으로 시장 규모가 작을 수 있으나, 신사업 개발을 통해 한 발 앞서 나가고자 하는 투자자나 디벨로퍼들에게 도움이 되길 바란다.

CASE 1. 대중교통중심개발(TOD)

보행자 중심의 가로망을 구성하는 대중교통중심개발(Transit-Oriented Development)은 자동차 중심의 도시 구조를 대중교통 중심의 거주 공간으로 도시 구조를 변화시키기 위한 고밀도 개발 방식이다. 주로 주거와 상업시설의 복합용도로 개발된다. 대중교통으로의 접근성을 극대화하고 대중교통의 이용을 유도하기 위해 특별한 공간을 계획하기도 한다. 대중교통중심개발(TOD)은 지하철역 등으로부터 보통 보행으로 접근이 용이한 약 5분 거리인 400미터에서 600미터의 반경을 최적의 범위로 간주한다. 대지면적 기준으로 보면 약 0.5평방킬로미터(km^2)에서 1.0평방킬로미터의 범위를 개발 가능 영역으로 본다.

대중교통중심개발(TOD)은 대중교통의 이용을 권장하려는 정부의 정책과 연계되어 주차시설에 대한 기준을 완화받는 경우가 많다. 수요자 측면에서도 자동차 소유의 필요성이 상대적으로 줄어듦에 따라 디벨로퍼는 필요한 주차 공간을 줄일 수 있어 사업성 측면에서도 큰 장점이 있다. 또한, 인·허가 측면에서 정책적으로 인·허가 부담금의 면제나 용도 변경과 같은 인센티브 제도들을 마련해 적극적으로 개발을 유도하고 있다. 특히 미국은 석유와 같은 화석연료 사용을 줄이고자 하는 오바마 행정부의 정책에 힘입어 정부가 대중교통중심개발(TOD) 사업에 대해 보조금을 배정하며 적극적으로 사업을 권장하고 있다. 2014년에는 시범 사업에 대해 약 200억 원의 예산을 배정하기도 했다.[85] 이처럼 정부의 정책적인 협력이 요구되는 사업의 특수성으로 대중교통중심개발(TOD) 사업은 민관협력사업(PPP)의 형태를 띠는 경우가 많다.

세계적으로 환경친화적인 지속 가능한 부동산 개발에 대한 관심이 커지고 도시화가 빠르게 진행되면서 개발도상국들 사이에서 대중교통중심개발(TOD)이 기존의 선진국들이 겪었던 지속 가능한 개발에 대한 시행착오를 극복할 수 있는 대안으로 주목받고 있다.

거주자들은 편리한 대중교통의 이용으로 교통비의 부담을 줄이고 복합개발이란 상품 특성에 기인한 수준 높은 거주 문화를 향유할 수 있고, 디벨로퍼들은 새로운 비즈니스 개발의 기회를 찾을 수 있어 관심이 높다. 또한, 투자자 입장에서도 도심 내 ClassA 자산의 공급의 한계로 경쟁이 치열해지면서 투자에 따른 기대 수익률이 점점 낮아지는 상황에서 대중교통과의 연계성을 갖춘 도심 외곽의 ClassB 자산은 높은 수익률을 창출할 수 있는 기회로 판단된다.

---

85. 출처 : www.t4america.org

한국에서도 최근 한국철도공사(코레일)와 한국철도시설공단의 유휴부지를 활용한 역세권 복합개발에 대한 관심이 높은데[86] 글로벌 트렌드인 대중교통중심개발(TOD)과 그 맥을 같이한다고 하겠다. 또한 늘어나는 1~2인 가구와 서민 주거 안정을 위해 2009년부터 시행된 도심형 생활주택도 취지 면에서는 같은 맥락으로 볼 수 있다.

대중교통중심개발(TOD)에 대한 특징과 장점을 살펴보면 다음과 같다.

항목	주요 내용
특징	· 보행으로 접근 가능한 가로변을 따라 늘어선 건물들 · 많은 사람들이 먹고, 쇼핑하고, 만나서 즐거운 시간을 보낼 수 있는 다양한 복합 용도 · 전략적인 주차장 계획(주차 감소, 공유 주차나 별도 주차대지 확보)
장점	· 도심 중심지와 낙후된 지역의 활성화 효과 · 직장으로의 편리한 접근성 · 정부와 민간의 파트너쉽을 통한 기회 창출 · 대중교통으로의 접근이 용이한 위치에 서민 주택을 제공 · 인근 부동산들의 가치 증대와 유동성 증가 효과 · 거주민과 직장인들의 교통 비용 감소

---

86. 한국철도공사에서 발주한 서울시 왕십리역 철도용지의 민간임대주택사업이나 한국철도시설공단에서 발주한 인천시 논현역 철도용지의 상가임대개발사업, 서울역 철도용지의 호텔임대개발사업이 대표적인 예다.

대중교통중심개발(TOD) 사례

델마역 주거(Avalon Del Mar Station)

- 위치 : 파사데나(Pasadena), 미국
- 대지면적 : 18,050㎡
- 연면적 : 45,008㎡
- 리테일 면적 : 975㎡
- 세대수 : 347세대
- 준공연도 : 2006년

출처 : www.avaloncommunities.com

　7층 높이의 4개동으로 구성된 포디움(Podium) 스타일의 임대형 아파트다. 파사데나 골드라인(Pasadena Gold Line) 경전철의 철로와 플랫폼이 남북으로 단지를 가르고 있다. 세대 전용면적은 55평방미터에서 126평방미터로 타입은 스튜디오(국내의 원룸) 타입과, 원베드룸(1 bedroom), 투베드룸(2 bedroom)으로 구성되어 있다. 인근에 시 공원인 '센트럴파크(Central Park)'가 자리 잡고 있으며, 역내에 인접해서 트렌디한 부티크 가게들과 유명한 레스토랑들이 인접해 있다.

탄종파가 센터(Tanjong Pagar Centre)

- **위치** : Choon Guan Street, 싱가포르
- **대지면적** : 15,023㎡
- **연면적** : 157,935㎡
- **콘도 세대수** : 181세대
- **준공연도** : 2016년
- **시행사** : Guocoland Ltd.

출처: tanjongpagarcentre.com.sg

    싱가포르의 중심업무지역과 역사적인 차이나타운이 교차하는 전략적인 위치에 있으며, 건물 높이 290미터로 싱가포르에서 가장 높은 빌딩이다. 지하철역과 고속도로에 직접 연결되는 복합개발 프로젝트로 ClassA 오피스와 트렌디한 리테일, 최고급 콘도미니엄, 5성급 럭셔리 호텔 등이 계획되어 있다. 건물 주변의 기존의 탄종파가 공원(Tanjong Pagar Park)을 재개발하는 것도 사업범위에 포함되어 있으며, 탄종파가 MRT역과 지하가 직접 보행로로 연결된다. 이 보행 연결로에는 '시티룸(City Room)'이라 불리는 약 2,980평방미터의 공공 집회공간이 계획되어 있다. 특히 친환경적인 설계로 전체 건물 에너지의 1%를 담당할 태양광 집열판과 태양광 차단 장치, 자연통풍 시설 등을 계획해 지속 가능한 건물이 되도록 고려했다.

CASE 2. 학생 주거(Student Housing)

인구 계층의 변화와 지속적인 수요를 갖는 시장의 안정성, 대부분의 대학들이 더 이상 새로운 기숙사를 신축하지 않는 상황 등으로 인해 전 세계적으로 학생 주거(Student Housing)가 선호되고 있다. 미국도 대학들이 시장의 수요에 부응하지 못하고 임대 가능한 적정한 학생전용 숙소가 급격한 공급 부족을 보이면서 학생 주거 부동산의 개발은 전문 디벨로퍼의 영역으로 넘어왔다.

경제협력개발기구(OECD)에서 2013년에 발간한 '교육 척도(Education Indicators in Focus)'에 따르면, 2011년 기준 전 세계적으로 약 430만 명의 유학생들이 거의 매년 6%의 성장률을 보이며 해외에서 공부 중이다. 2011년에 가장 많은 유학생을 배출한 나라는 중국, 인도, 한국순으로 아시아 지역 학생들이 전 세계 유학생들의 약 53%를 차지했다. 또한, 전 세계 유학생들의 약 77%가 주로 경제협력개발기구(OECD) 국가들로 유학을 갔다. 미국은 전 세계 유학생들의 17%를 맞이하며 유학생 관련 산업의 최대 수혜 국가다. 영국이 그다음으로 13%, 호주와 독일, 프랑스가 각각 6%의 비중을 차지한다.

이런 이유로 유럽에서도 학생 주거 개발은 높은 수익률을 보이며, 많은 투자자들이 틈새 상품으로 관심을 갖고 있다. 최근 학생 주거 개발은 주방을 공유하는 클러스터형 침실부터 전용 부대시설 등을 갖춘 세련된 인테리어의 최고급 1인실(Studio)까지 매우 다양한 형태로 개발되고 있으며, 점점 고급화되는 추세다. 즉, 학생들이 공부에 도움이 되고, 친목 교류를 할 수 있는 숙소를 찾게 되면서, 이전의 공유형 주거(Shared Housing)의 수요는 줄어들고 있다. 대신 비록 임대료는 조금 비싸더라도 독립적으로 사용할 수 있는 최고급 학생 주거로 수요 트렌드가 변화되고 있다. 특히, 영국의 경우는 2011년 이래 공급 부족과 높은 임대료로 다른 부동산 타입에 비해 눈에 띄는 수익률을 보이고 있다. 2013년에 조사된 부동산 연구단체인 ULI의 '2014년 유럽 최근 트렌드 조사(Emerging Trends Europe Survey 2014)'에서 학생 주거(Student Housing)가 가장 투자 전망이 높은 것으로 조사된 이래로 2018년에는 4위, 2019년에는 6위로 다소 낮아지긴 했으나 투자 전망은 여전히 높을 것으로 보인다.

국내의 투자자산운용사도 미국 내 주요 대학 기숙사 개발의 블라인드 펀드에 7년 동안 약 연 6%의 수익률을 목표로 1,000억 원을 투자했다. 대체 투자 확대 차원에서 국내의 많은 투자자들이 오피스 빌딩의 부동산 가격이 금융위기 이전 수준으로 회복되면서 호텔이나 물류창고 등 다양한 포트폴리오에 투자 중인데 학생 주거도 그중 하나로 관심을 받고 있다. 최근에는 국내에서도 대학의 캠퍼스 밖 전용 기숙사로 대학과 민간 디벨로퍼가 장기 임대계약을 맺고 '게스트하우스'라는 명칭으로 개발하는 사례도 있다. 아직은 분양형 부동산이거나 소규모 개인 건물주들이 운영하는 학생 주거 시장이 형성되어 있지만, 점차 시장의 패러다임이 변화되면서 국내에서도 100실 이상의 임대형 학생 주거 시장이 자리 잡을 것으로 기대한다.

학생 주거(Student Housing) 개발 사례

투스카니(Tuscany)

- 위치 : 로스앤젤레스(Los Angeles), 미국
- 대지면적 : 6,224㎡
- 주거 면적 : 11,935㎡
- 평균 세대 면적 : 99.5㎡
- 리테일 면적 : 1,093㎡
- 세대수/침대수 : 120세대 / 512침대
- 1Bed 월 임대료(2015년 기준) : 평방피트당 약 $3.36-$3.56($2,350-$2,450)[87]
- 준공연도 : 2006년

출처 : www.tuscanyonfig.com

    서던캘리포니아 대학교(University of Southern California) 인근에 위치한 고급스러운 학생 주거 건물로 대학에서 캠퍼스 밖 기숙사로 운영 관리하고 있다. 1층에는 리테일이 있고 상부 4개층은 주거, 지하 2개층은 주차장으로 구성되어 있다. 부대시설로 자쿠지가 있는 수영장과 휘트니스클럽, 음향시설을 갖춘 미디어룸, 세탁실 등이 있다.

---

87. 출처 : Living at USC Upperclassmen & Graduate Students 2015-2016

주거 공간은 전체 120세대로 각각 '1Bed / 1Bath' 32세대, '2Bed / 2Bath' 44세대, '3Bed / 3Bath' 40세대, '4Bed / 4Bath' 4세대로 구성되어 있다.

서던캘리포니아 대학교(USC)는 2004년 이후로 매년 8% 이상 학생수가 늘어나고 있다. 2016년 가을학기 기준 41,349명의 학부생(18,794명)과 대학원생(24,926명)들이 재학했으며, 학부생의 약 14%와 대학원생의 약 31%가 외국인 유학생들이었다. 대학은 캠퍼스 안, 밖으로 33개의 기숙사를 운영 중이긴 하나 이는 전체 학생수의 20% 정도를 수용하는 수준이다. 2016년 외국인 유학생수(10,424명)를 고려해봐도, 캠퍼스 밖 학생 주거에 대한 수요는 꾸준히 있음을 알 수 있다.[88]

특히, 투스카니의 평방피트당 임대료는 3.3달러 이상으로 이는 PART 03의 Chapter 01에서 살펴본 것처럼 '고층 아파트(High-rise)'의 평방피트당 평균 임대료 3달러에서 4달러에 준하는 높은 수준이다. 다른 포디움(Podium) 타입과 비교해봐도 매우 높은 임대료 수준임을 알 수 있다. 인근의 경쟁 상품인 2010년에 준공된 '유니버시티 게이트웨이(University Gateway)'의 침대당 월 임대료도 $1,030에서 $1,725로 매우 높은 수준이다.[89] 참고로 이 건물은 '설계시공일괄계약(Design-Build Contract)' 방식으로 개발된 복합용도 학생 주거 사례다.

---

88. 출처 : 2016 International Enrollment Fact Sheet
89. 출처 : www.livegw.com

비타 스튜던트
(Vita Student at Telephone House)

- **위치** : 셰필드(Sheffield), 영국
- **세대수** : 352세대
- **분양 가격** : 105,607파운드
  (한화로 약 1억 8,500만 원)
- **준공연도** : 2015년

출처 : www.selectproperty.com

'비타 스튜던트(Vita Student)'라는 브랜드 이름으로 운영되는 학생 주거로 영국의 대학 교육의 중심지인 셰필드(Sheffield)의 중앙부에 위치해 있다. 높은 수준의 주거 공간을 제공하는 최고급 스튜디오 타입의 352세대로 구성되어 있다. 셰필드 대학교(University of Sheffield)와 셰필드 할람 대학교(Sheffield Hallam University)의 두 개의 캠퍼스 모두가 5분 거리 내에 위치해 있어 뛰어난 접근성을 갖추고 있다. 두 학교의 전체 재학생 63,000명 중 외국인 유학생들은 11,000명으로 17% 이상을 차지하며 주 수요층을 형성한다. 전용면적 20.5평방미터 스튜디오가 일주일에 약 165파운드(약 120만 원)로 이를 미국 단위로 환산해보면 평방피트당 약 4.7달러로 매우 비싸다. 5년간 최소 연 투자 수익률은 7%로 누적 수익률 35%를 보장하는 분양형 상품으로, 시행사가 직접 운영 관리를 맡고 있다.[90]

---

90. 출처 : www.selectproperty.com

CASE 3. 셀프 스토리지(Self-Storage)

셀프 스토리지는 1958년에 미국에서 시작해 세계적으로 큰 관심을 받고 있는 특수한 성격의 산업용 부동산이다. 오랫동안 큰 관심을 끌지 못하고 대부분 소규모 영세한 건물주들에 의해 운영이 되다가, 지난 몇 년 전부터 사모펀드 투자자들의 관심을 받으면서 주목받게 되었다. 셀프 스토리지는 90%의 높은 점유율(즉, 공실률 10%)로 많은 리츠(REITs)들이 산재해 있던 소규모 운영 회사들을 사들이면서 팽창하기 시작했다.

'셀프 스토리지 협회(Self-Storage Association)'에 따르면, 미국에서 1999년 15,000개였던 셀프 스토리지 창고는 2016년에는 3배가 넘는 58,000개로 그 수가 빠르게 늘었다. 미국의 전체 스타벅스 매장이 2016년 기준 13,172개인 것을 감안할 때 4배가 넘는 셀프 스토리지 시장의 규모를 짐작할 수 있다. 전 세계적으로 가장 큰 규모의 셀프 스토리지를 운영 중인 퍼블릭 스토리지(Public Storage)의 로널드 하브너(Ronald Havner)는 이러한 셀프 스토리지의 수요를 '죽음(Death)', '이혼(Divorce)', '재해(Disaster)', '전위(Dislocation)'라는 4개의 'D'로 요약했다. 즉, 사람들이 죽음이나 이혼을 통해 삶의 방식이 변화되고 허리케인이나 토네이도로 생활을 다시 시작하거나 이동하게 되면서 창고 시설이 필요해진다는 것이다.

[자료 5.5] 미국 셀프 스토리지 리츠(REITs) 수익률 추이

출처 : www.reit.com

　개인 소득이 증가하고 이자율이 낮아지면서, 셀프 스토리지의 가치도 상승되어 전 세계적으로 신규 건설이 계속적으로 증가하고 있다. 대규모 물류창고를 임대할 경우 돈이 많이 들고 오랜 임대 계약기간이 요구되는 것에 비해, 셀프 스토리지는 단기간의 유연한 임대기간과 주로 도심에 근접한 편리한 입지로 비용 측면에서도 효율성이 높다. 특히, 셀프 스토리지는 중산층을 주요 타깃으로 하는 부동산 상품으로, 가장 큰 시장이 형성되어 있는 미국은 현재 12명당 1개의 셀프 스토리지 유닛(1인당 0.678m^2)이, 영국은 153명당 1개의 유닛(1인당 0.052m^2)이 공급되고 있다.[91] 2016년 기준 미국에서 셀프 스토리지를 임대하는 가구의 비율도 전체 가구수의 약 9%로 점점 증가하고 있

으며, 셀프 스토리지 1개 기업당 고용하는 인력도 약 17만 명 수준으로 미국 경제의 기여효과도 커지고 있다. 반면 아시아에서는 6,500명당 1개의 유닛이 공급되고 있어 아시아 국가들의 중산층이 현재 1억 명 이상임을 고려해볼 때 시장의 성장 가능성은 매우 높다고 하겠다.

아시아에서 셀프 스토리지는 아직은 초기 단계 수준으로 점점 더 부유해지고 많아지는 중산층들이 점점 더 그들의 물건들을 보관할 장소가 필요해지면서 수요는 빠르게 늘고 있다. 캠핑이나 파티 용품처럼 다양한 물건을 소장하는 서구의 선진국에서는 셀프 스토리지가 하나의 '차고'를 임대하는 개념이라면, 아시아에서는 아직은 단순히 '옷장'을 임대하는 수준으로 셀프 스토리지가 활용되고 있다. 아시아의 셀프 스토리지 시장이 아직 미국의 수준만큼 발달되지는 못 하고 상품에 대한 인식도 부족하지만 앞으로 성장의 가능성은 매우 높다. 특히, 개인 수요자가 아닌 기업 입장에서도 법률 회사나 회계 사무소처럼 법적으로 몇 년간 서류를 보관해야 되는 기업일 경우, 회사의 성장과 함께 서류를 보관할 공간도 점점 필요하게 된다. 더구나 소규모 온라인 쇼핑몰과 같은 전자상거래 시장이 빠르게 성장하면서 제품 보관을 위한 창고 공간은 도심 내에 더욱 필요해지고 있다. 이처럼 아시아 시장은 급속한 경제 발전과 도시화, 중산층의 성장과 함께 셀프 스토리지의 수요도 함께 성장하고 있다.

홍콩과 싱가포르에서는 셀프 스토리지 시장이 확대되기에는 부동산 가격이 너무 비싸서 수익을 내기에 어려운 한계가 있는 것은 사실이나 아직은 공

---

91. 2014년 기준 영국은 유럽 내 셀프 스토리지 약 2,440개의 시설 중 약 42%인 1,022개의 셀프 스토리지를 운영 중이다.

급 대비 시장의 수요는 있다. 예를 들어, PART 03에서 살펴본 것처럼 전 세계에서 주거 면적이 가장 작은 고밀도 도시인 홍콩의 경우, '콜리어스 인터내셔널(Colliers International)'의 보고서에 따르면, 가구수의 76%가 창고 공간이 부족하다고 했다. 이를 면적으로 환산해보면 약 571,000평방미터의 셀프 스토리지 공간이 필요한 것이다. 그러나 시장의 수요의 45% 수준인 260,000평방미터 정도만 시장에서 공급될 뿐이어서 수요 대비 공급이 여전히 부족함을 알 수 있다.[92] 싱가포르의 경우 수요와 공급은 어느 정도 시장에서 균형을

[자료 5.6] 아시아 지역 셀프 스토리지에 대한 수요 전망

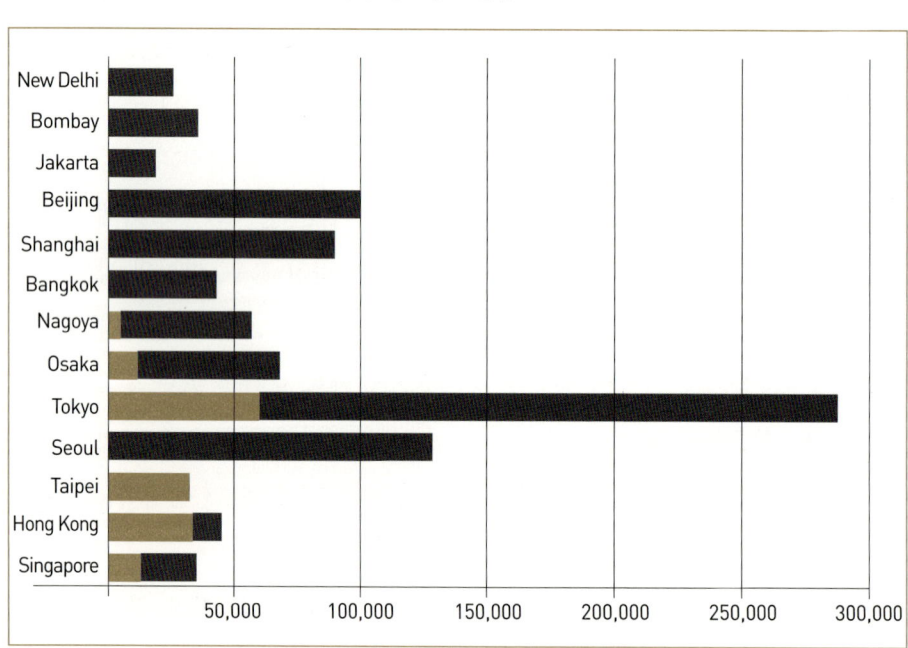

출처 : ASIA: The new frontier in Self Storage, Steel Storage, 2010

---

92. 출처 : Self-storage in Hong Kong : A Growing Niche, Colliers International, 2014

이루고 있으나 전자상거래와 밀레니엄 세대의 성장으로 장기적으로 수요는 계속 증가할 것으로 예상된다.

[자료 5.6]의 그래프에서 금별색선은 전체 예상되는 수요 대비 현재의 공급량을 보여주는데, 홍콩을 제외하고 대부분의 아시아 국가들은 수요 대비 공급량이 현저히 낮아 시장 내 개발 기회가 많음을 알 수 있다.[93]

한국의 경우도 셀프 스토리지는 아직 익숙하지 않은 부동산 틈새 상품이나 1인당 국민소득이 2만 불이 넘는 현재의 경제력과 고밀도 주거환경, 늘어나는 전자상거래 등의 시장 환경을 볼 때 성장의 가능성은 충분히 높다.

이제 국내의 물류창고 시장도 단순한 대량 보관 방식에서 벗어나 전문적인 운영 시스템을 통해 편리성과 기능성을 갖추고 변화되는 수요자의 니즈에 빠르게 대응할 수 있는 차별화된 창고 공간이 필요하다.

최근에 싱가포르에서 큰 규모의 셀프 스토리지를 운영하고 있는 외국계 운영사인 '엑스트라 스페이스(Extra Space)'가 2011년에 한국에 진출해 매장수를 늘리고 있으며, 몇몇 국내 소규모 전문 회사들도 시장 규모를 키우고 있다.

---

93. 보고서는 100명의 중산층 인당 1개의 셀프 스토리지 유닛이 필요하다고 가정했다. 아시아 전체에서 950,000개의 유닛이 필요한데, 단지 120,000개의 유닛만 공급되었다고 분석했다.

[자료 5.7] 주요 국가별 셀프 스토리지 운영사

회사명	국가	주요 특징
퍼블릭 스토리지 Public Storage (PSA)	미국 출처 : www.daigc.com	- 1972년에 설립됨. - 현재 미국과 유럽에 2,200개의 창고 시설을 보유함. - 전체 시설 전용면적은 약 13,100,000㎡에 달함. - 동일 이름의 리츠회사가 개발·소유·운영함. - 다수의 임차인을 갖고 있다는 점에서 세계에서 가장 규모가 큰 건물주임. - 평방미터당 평균 월 임대료 : $13/㎡($1.2/sf²) - 평균 점유율 : 94.4%(2012년과 2013년 사이 1.4% 점유율 상승)
세이프스토어 Safestore	영국 출처 : www.safestore.co.uk	- 1998년에 설립됨. - 영국에서 가장 크고, 유럽에서 두 번째로 큰 셀프 스토리지 운영회사 - 영국 내 98개의 창고 시설을 운영 중임. - 전 세계적으로 110개의 시설을 동일 브랜드하에 운영 중임. - 영국 내 Top 5 운영 업체(Safestore, Big Yellow, Access Self Storage, Storage King, Lok'nStore)가 전체 시장의 29.5% 점유율을 가짐(미국은 Top 5 업체가 11.5% 시장 점유율 보유).
스토어 프렌들리 Store Friendly	홍콩 출처 : www.store-friendly.com	- 2002년에 설립됨. - 홍콩에 40개 이상, 마카오에 4개의 창고 시설을 운영 중임. - 전체 시설 전용면적은 약 111,480㎡임. - 홍콩 내 40%의 시장 점유율을 가짐. - 30,000개 이상의 유닛을 운영 중이며, 싱가포르에도 시설을 운영 중임. - 유닛당 월이용료는 HK$800(US$103) - HK$2,000(US$258) 수준임.
큐라즈 Quraz	일본 출처 : www.quraz.com	- 2001년에 설립됨. - 일본 내에서 가장 큰 규모의 셀프 스토리지 브랜드임. - 일본 내 10개 도시, 48개의 시설에 약 29,000개의 셀프 스토리지 유닛을 운영 중임(도쿄에만 35개 운영). - 글로벌 투자사인 '에버그린 부동산파트너스'가 2013년에 큐라즈를 매입함.